JN085689

「一帯一路」時代の
ASEAN

中国傾斜のなかで分裂・分断に向かうのか

金子芳樹／山田 満／吉野文雄 [編著]

明石書店

まえがき

　冷戦終結が米ソ首脳によって宣言されてからちょうど30年が経過した。冷戦後しばらくの間、世界の政治・経済システムはやがて自由民主主義と市場経済へと収斂し、国家の繁栄と国際社会の安定は国際協調によってもたらされるとの認識が広く共有されていた。しかし、21世紀に入って20年を経たいま、その認識がそのまま通用すると考える者はもはやいまい。しかも、不確実性や混迷の度合いが深まるだけでなく、冷戦時代に経験した分断と対立の方向へと時代が逆行しているかのようにみえる。

　アジアでは、中国の天安門事件から今年がやはり30年目にあたる。中国の国家体制はヨーロッパのかつての社会主義同胞諸国とは異なる方向に向かったが、変化の大きさで言えば、この間の中国の変貌ぶりは他国に類をみない。しかも、世界全体を揺り動かす最大の震源としてであり、国際社会の歴史を従来の覇権国とは異なる価値観をもって牽引する新興大国としてである。

　本書はこの中国の変化、特に近年の急速な「中国の台頭」がもたらす影響を取り上げる。11名の執筆者は、東南アジア諸国や東南アジア諸国連合（ASEAN）とそれを取り巻く国際環境をすでに15年以上にわたって分析してきた「21世紀アジア研究会」のメンバーである。同研究会はこれまでに3冊の研究書を明石書店から上梓して世に問うてきた。直近の『「米中対峙」時代のASEAN』（2014年2月）では、「中国の台頭」とその一つの帰結である「米中対峙」の状況に対して、東南アジア諸国やASEANがいかに対応したかを多面的に描いた。

　本書は、その後の2014年から現在までの東南アジアと中国の関係を軸に描いている。ただし、前書の刊行から現在に至る6年間の変化がこれまでになく急激であり、かつ当時には想定外だった要素を多く含んでいるため、ここではまずこの間に起こった東南アジアをめぐる地域・国際環境の変化を整理しておきたい。

　重要な変化の第一は、「中国の台頭」の急速な進展と具現化である。顕

著な変化は、2013年に発足した習近平政権が、強まる大国意識を背景に広域経済圏構想「一帯一路」を打ち出し、それが国策としての確立と対象となる沿線諸国の参加を得て、実体化してきたことである。さらにこの「一帯一路」構想は、単なるインフラ開発プロジェクトの集合体から地政学的意味合いを持つ戦略へと進化し、欧米が築いてきた従来の国際社会のあり方に代わる新たな地域・国際秩序の構築を目指すものとしてもみられるようになった。また同様に、中国の大国意識の顕在化を示す一面として、拡大する軍事力を背景にした海洋支配の強化も挙げられる。特に東南アジア諸国と領有権を争う南シナ海問題では、国連海洋法条約に基づく仲裁裁判所の裁定を無視して領有の既成事実化へ向けた人工島の建設を強引に進めるとともに、それらを軍事拠点化する動きさえみせている。

　第二の変化は、もう一方の大国アメリカに、自国第一主義を公然と掲げ、自由民主主義や市場経済の価値と、それらを国際協調主義に基づいて実現すべく構築された制度や枠組みの否定さえ辞さずに、外交を2国間の「ディール」と捉える政権が誕生したことである。2017年1月に就任したトランプ大統領は、経済、軍事両面で「偉大なアメリカ」の復活を国内の支持者に宣言するとともに、従来の国際通念や政策的タブーを顧みない政策を次々と打ち出し、国際政治経済の不確実性を一気に高めて世界を混乱させてきた。アジアに向けては、アメリカの地位を経済、軍事、さらに科学技術の面でも脅かす存在となった中国を弱体化させようとする政策を押し進めるようになった。

　これら二大国が織り成す現状は、総じて言えば新興国が台頭して従来の覇権国の地位を脅かし、それに覇権国が対抗することで両者の対立が深まるという歴史上繰り返されてきた構図に当てはまる。米中は互いに牽制、対抗、報復を重ねて関係を悪化させ、経済分野では、相手国からの輸入品の多くに関税を掛け合う「米中貿易戦争」や、安全保障を理由に次世代のIT技術で先行する中国企業を米政府が国内市場から締め出す事態にまで発展した。

　しかし、米中関係のこのような深刻な状況も、前述の『「米中対峙」時代のASEAN』が刊行された6年前には予想さえもできなかった。「一帯一

路」の語は同書には一度も登場しておらず、トランプ政権はまだ影も形も
なかった。当時の米中関係を形容する語として選んだ「米中対峙」は本書
でも引き続き用いるが、対峙の状況は、「新冷戦」「(貿易)戦争」という言
葉が頻繁に飛び交うまでにエスカレートしている。それだけ変化は急激な
のである。

　米中両国の変化とともに本書が注目する第三の変化は、東南アジア諸国
とASEANにおける変化である。一つは、東南アジア諸国の「中国傾斜」
であり、もう一つは、その影響をも受けてASEANに忍び寄る二つの「危
機」──分裂・分断の危機と「ASEANの中心性」喪失の危機──の顕在
化である。これらは近年始まった現象ではなく、2000年代以降の中国の
台頭や米中対峙とともに進んできた傾向だが、2017年にASEAN結成50周
年を迎えた同地域の歴史の中でもいまや最も深刻なレベルに達している。
東南アジアは今、長らく追い求めてきた地域的統合と自律的発展へ向けて
極めて厳しい局面に立たされているのである。

　東南アジア諸国の「中国傾斜」は、中国の経済発展に伴って急速に進ん
だ対中経済依存の高まりに由来する。ASEAN全体の貿易額の推移を見る
と2017年までの10年間で中国のシェアが約2倍に増えて全体の2割に達し、
それぞれ1割に満たない日米両国を大きく引き離した。また、2016年には
ASEAN加盟10カ国中7カ国で中国が貿易相手国のトップに立った(2006年
には1国のみ)。投資や援助でも、中国が最大の供与国となっているカンボ
ジアやラオスをはじめとして中国のシェアは増加している。もはや中国
あってのASEAN経済なのである。このような中国との経済関係の変化は
域内各国の対中政策をも変化させ、経済以外でも中国に同調・接近・追随
する国や政権が次々と現れた。

　ASEANの「分裂・分断の危機」も、加盟国間での対中傾斜の濃淡の差
に起因する面が大きい。例えば、域内最大の安全保障上の懸案である南シ
ナ海問題に対して、ASEANは長年にわたって中国の主張や行動に共同で
抗議する統一行動をとってきた。しかし近年では、「親中派」の筆頭であ
るカンボジアが国際会議の場などで中国の代弁者のように振る舞い、同様
にフィリピンやラオスなども経済支援の代償として対中批判の矛先を緩め

るなど、統一行動への結束に乱れが生じている。中国によるASEANの切り崩しが着実に実を結んでいる証左ともいえる。元来、冷戦期の東南アジアは域外の東西大国が覇を競う舞台として分断されていた。しかし冷戦後には、西側寄りの地域機構であったASEANが東南アジアの10カ国すべてを包含する地域協力の枠組みへと拡大し（2002年独立の東ティモールを除く）、また組織としての制度整備や対外的な共同行動の蓄積などを経て、地域共同体として深化を遂げてきた。それが今、中国の台頭という外部要因によって逆流する兆候をみせている。

　「ASEANの中心性」喪失の危機とは、ASEANが果たしてきたアジア太平洋地域全体の秩序形成と安定化の機能や役割の低下を意味する。ASEANは内部の結束強化とともにASEAN地域フォーラム（ARF）、東アジア首脳会議（EAS）など、緩やかな多国間枠組の仕組みづくりにも積極的に関与してきた。その中で、多国間協力の実績や他国に脅威を与えない「弱者の協力体」としての特性を活かして多くの広域機構の「運転席」に着き、対話と調整のまとめ役を担ってきたのである（「ASEANの中心性」）。しかし近年、中国のみならずアメリカもトランプ政権下で多国間協議より2カ国間交渉を重視する姿勢に転じたため多国間枠組自体の機能が低下し、同時にASEANのイニシアティブも弱まっている。また中国が「一帯一路」やアジアインフラ投資銀行（AIIB）など新たな多国間枠組を創出し、自ら「運転席」に着くようになったことで「ASEANの中心性」はさらに薄れつつある。

　加えて、内政に与える中国の影響もある。東南アジアで漸進的に進んできた民主化の動きに逆行する傾向が近年みられるようになったが、その背後にも中国の影がある。欧米が批判する非民主的な政権や政策に対して中国は内政不干渉を盾に支援をはばからず、現地の政権がそれを後ろ盾として強権化を強めるケースが増えている。ASEANは2007年に成文規約である「ASEAN憲章」を制定し、基本原則として民主主義、法の支配、人権尊重、グッドガバナンスを明示したが、それに反する動きがいくつかの国で起こっているのである。

　本書は、このような新たな展開がみられる2010年代前半から現在まで

を対象に、中国の台頭と米中対峙の新たな側面を見極めるとともに、東南アジア地域へ及ぼす様々な影響と東南アジア諸国やASEANによる対応を分析する。書名は、『「一帯一路」時代のASEAN』とした。中国の台頭と米中対峙が通奏低音として流れる東南アジア地域の現在を描くが、とりわけ中国の対外政策の根幹を成すまでに至った「一帯一路」構想に着目する。ただし、「一帯一路」と東南アジア諸国やASEANとの関係だけを描写するのでなく、「一帯一路」を対外戦略の中心に据えて新たな地域・国際秩序の構築を目指すまでに中国のパワーと影響力が強まった「時代」の東南アジア情勢を包括的に分析していきたい。

　なお、本書における「一帯一路」についての認識と位置付けをまとめておく[1]。「一帯一路」は、2013年に中国の習近平国家主席がインフラ建設を中心とする大型開発協力の構想として提唱した。アジアとヨーロッパを繋ぐ広大な地域を、陸路の「シルクロード経済ベルト（一帯）」と海路の「21世紀海上シルクロード（一路）」で結び、それらルートに沿って交通、通信、エネルギー供給などのインフラを建設し、かつそれらを連結させて国内外の沿線地域の貿易と投資を促進する計画であり、それを中国政府が大々的に支援するという内容であった。ただし、当初から全体像ありきではなく、その後徐々に肉付けされていく。

　2015年3月には、中国政府の関連部局が共同で「一帯一路」に関する公式文書を公表し、同構想の骨格と全体像を示すとともに、政府はその推進が中国外交の重点課題もしくは国策であることを表明した。その中では、原則や理念として、共同建設、共同協議、相互連結、開放と包容、相互利益（ウィンウィン）、文化の包摂、運命共同体などが唱われており、協力の内容も沿線国のインフラ建設を通じた連結性の向上と貿易・投資の相互促進に留まらず、政策、文化、人材の交流なども含めたより包括的なものへと広がった。

　中国政府はこのような内容を基に世界に呼び掛け、2017年5月に北京で開催された第1回「一帯一路」国際協力サミットフォーラムには130カ国から1,500人もの政策担当者（そのうち29カ国からは首脳）が参加するなど、広く国際社会の関心を呼んだ。このフォーラムでは、互恵・ウィンウィ

ン・内政不干渉などの協調路線が強調されるとともに、新しい開放型のプラットフォームに基づく貿易・投資ルールの体系化や市場の融合、デジタル（先端技術）シルクロードの建設など、いわば新たな国際秩序の構築に向けた中国の意欲が示された。ただし、「一帯一路」は国際協定や定款などによって規定された制度や組織ではなく、メンバーシップや地理的範囲、政策や事業の範囲が特定されているわけでもない。現状では、あくまで中国が打ち出した構想に参加もしくは賛同した国や企業がそれぞれ個々に進めるプロジェクトや活動の総体として位置付けられよう。

　開発途上国を中心に「一帯一路」に対して高い関心と参加の意欲が寄せられる一方、これまで先進諸国や国際機関が築いてきた国際的な開発支援の秩序や国際公共財に代えて、中国独自の基準に基づく国際秩序や経済圏の構築を力に任せて推し進めようとする中国の覇権主義の表れとして警戒する見方もある。2018年には「一帯一路」の具体的な問題点として、中国に対する過度な債務に受け入れ国が困窮し、さらに返済不能に陥って資源や港湾などを中国に差し押さえられる、いわゆる「債務の罠」が先進国から厳しく批判され、支援を受ける途上国からも懸念の声があがった。ただし、中国もこれらの批判を払拭すべく見直しを図っている面もあり、「一帯一路」はいまだ進化の途上にあるといえよう。

　最後に、本書の構成について概説しておく。本書は2部11章からなる。第Ⅰ部では中国の大国化と「米中対峙」の新たな展開を俯瞰しつつ、それらが東南アジア地域にいかなる影響を与え、地域システムを変化させてきたかを以下の六つの章で論じている。

　第1章の浅野論文は、現在に至る米中対峙と中国・ASEAN関係について、インスティテューショナル・バランシング（IB）——軍事力などの強硬策に基づかず多国間枠組の設置や運用といった外交手法を用いた勢力均衡——という分析概念を軸に捉えて中国の「周辺外交」、「一帯一路」構想、「インド太平洋」構想などを対象に検討し、米中およびASEANの戦略と地域秩序の構築・変容を理論的に位置付ける。特に、中国研究者の認識、解釈、分析、論調、政策提言などを豊富に参照して立体的に分析している。

　第2章の福田論文は、ASEANが「運転席」に座るアジア太平洋地域の

多国間制度に焦点をあて、強まる米中間の対立の緩和に向けた役割について検討する。この間のASEANは対立する大国の介入により分断されて統一行動がとれず、地域の緊張緩和への取組みができないばかりか、むしろ大国間の対立・競争の舞台と化し、さらに大国主導の多国間制度の創設によってASEANが従来有してきた役割や存在感さえ低下させていると結論づける。

　第3章の平川論文は、「一帯一路」時代の日本外交をテーマに、リベラルな価値を重んじる国際機構としてのASEANを維持強化することを戦略目的としてきた日本外交が、それとはまったく異なる地域秩序観でASEANへの接近を図る中国およびそれに傾くASEANにいかに対応してきたかを分析する。その中で、経済面では「質の高いインフラ」、地政学的には「開かれたインド太平洋」という「一帯一路」への対抗概念を打ち出しつつも、アメリカとは一線を画す対中国・ASEAN外交を展開する安倍政権下の外交が論じられている。

　第4章の黒柳論文では、中国による他国への浸透と影響力行使のあり方を「シャープ・パワー」概念に沿って捉え直したうえで、中国のシャープ・パワーがアジア太平洋地域の国際情勢に影を落とす三つの地政学的新潮流――トランプ米政権の登場、「インド太平洋地域」概念の浮上、「問題国家インドネシア」とASEANの機能低下――を招いていると分析する。特に南シナ海問題では、ASEANの機能低下がシャープ・パワーに好環境を提供したと解く。

　第5章の山田論文は、中国やASEAN諸国で関心が高まる非伝統的安全保障協力の中でも特に「テロ対策」に着目し、ASEANが中国を多国間協力の場に引き入れ、かつ「ASEANの中心性」を担保しながら地域の平和を構築できるかどうかを検討する。これら国々のテロ対策には国際社会に向けた対外協力と国内の少数民族を取り締まる国内対策の両面が共存しているという特徴を指摘したうえで、後者の扱いの見直しが今後の課題であると論じる。

　第6章の吉野論文は、東南アジア地域と中国の経済関係について、「一帯一路」以前から存在する三つの側面――中国による対外経済合作、華人

と中国との関係、経済分野における中国とASEANとの制度的関係——を取り上げ、現下の「一帯一路」構想との関係を分析する。これらは「一帯一路」に先んじて両地域間に存在しており、東南アジアがすでにかなり以前から中国の経済圏に深く組み込まれていた実態を明らかにしている。

第Ⅱ部では「一帯一路」が東南アジアの五つの国にどのように浸透し、各国の政治、経済、社会に影響をもたらしているかを分析する。第7〜11章で、カンボジア、ラオス、ベトナム、ミャンマー、マレーシア、東ティモールをそれぞれ取り上げる。東南アジアのすべての国を個別には網羅してはいないが、これら以外のインドネシア、フィリピン、タイなどについても、第Ⅰ部を含めた他の章で適宜言及しているので、文末の索引などを通して参照されたい。

まず、第7章の稲田論文では、中国の援助や経済的プレゼンスの拡大が、開発・経済社会、民主化・政治体制に与える影響に着目し、カンボジアとラオスを例に論じる。カンボジアでは中国の「内政不干渉」に基づく経済的関与が欧米の民主化圧力を弱め、現地政権を権威主義に向かわせる要因となっており、ラオスでも中国依存の拡大が「債務の罠」に陥る危険性を高めているという。そのうえで筆者は、「債務の罠」に陥るリスクの軽減のためには、民主的な政権交代や議会制度のチェック機能が重要であると指摘する。

第8章の小笠原論文では、米中対立が強まる中で両国と複雑な歴史的関係を有し、現在も南シナ海問題で中国と対立するベトナムを取り上げる。そして、同国が経済発展と安全保障の両面を踏まえつつ、中国の「一帯一路」構想とそれに対抗する日米主導の「インド太平洋」構想にいかに対応をしようとしているかを探る。現在は前者に対しては「総論肯定、各論慎重」、後者に対しては「総論黙殺、各論協力」の姿勢を見せていると評価し、その実相を詳細に論じている。

第9章の工藤論文では、2011年の民政移管から8年が経過したミャンマーの対中経済関係の変容を分析する。同国は、貿易では中国依存が依然強いが、投資については中国の資源収奪型投資一辺倒から脱し、先進国の多国籍企業による投資が増え、その分野も多様化してきた。軍政時代の対

中緊密化の影響を色濃く残しつつも、一方で「一帯一路」関連事業等に対する「債務の罠」の懸念をめぐって条件や規模などの再交渉が進められていることにも注目する。

　第10章の金子論文では、「一帯一路」に深く関与するマレーシアを取り上げ、ナジブ前政権が中国に過度に依存して「債務の罠」に陥りかけた過程と要因を政権の汚職体質やスキャンダルを含めて考察し、さらにそれを批判して選挙による政権交代を果たしたマハティール政権が対中政策をいかに変えたかを検討する。そのうえで、「一帯一路」事業を見直す一方で中国の資金と技術を自ら選択的に導入しようとする新政権のビジョンと政策を評価する。

　第11章の井上論文では、独立から20年間が経った東ティモールの対中関係を三つの時期に分けて整理し、中国に対する時期ごとの認識、外交戦略全体の中での位置付け、実際の相互協力・支援の内容などについてを、中国側の視点も含めて検証する。若い小国ながらも中国と常に友好関係を保ち、かつ近隣諸国や西側支援国との間のバランスにも配慮する巧みな多角的外交によって、対外的な自律を目指す東ティモールの姿が描かれる。

2019年9月31日

編者　金子　芳樹

【注】────────────────────────────────

1) 伊藤亜聖「中国・新興国ネクサスと『一帯一路』構想」末廣昭・田島俊雄・丸川知雄編『中国・新興国ネクサス──新たな世界経済循環』東京大学出版会、2018年、渡邊紫乃「『一帯一路』構想の変遷と実態」国際安全保障学会『国際安全保障』第47巻第1号（2019年6月）など参照。両論文とも「一帯一路」の概要やこれまでの研究動向を理解するうえで有用である。

第3章　「一帯一路」時代の日本外交
──リベラルなASEANの守り　　70

第4章　シャープ・パワー概念とASEAN　　92

第Ⅱ部　ASEAN諸国と「一帯一路」（各国編）

第 I 部

「米中対峙」の新展開とASEAN
（イシュー編）

第1章

米中対峙と中国-ASEAN関係
多国間枠組みによるバランシング

浅野　亮

　この章の主な目的は、「一帯一路」の枠組みと関連づけつつ、中国とASEAN諸国の関係を、多国間枠組みを通じたインスティテューショナル・バランシング（institutional balancing; 以下、IBと略記）を手がかりに、地域秩序の変化を分析し、そのメカニズムの中での意味づけを、やや複合的な視野から論じることにある。

はじめに

　国際秩序、またアジア太平洋やインド太平洋など地域秩序の変容についての議論は数多い。地域秩序については、アメリカ・カトリック大学のヨーは、「アーキテクチャ」（architecture）という建造物を思わせる言葉で地域秩序を語る一方で、この地域の秩序は基本的に同盟と多国間枠組みによる継ぎ接ぎ（patchwork）に過ぎないとし、地域秩序の単純化した理解を戒めた（Yeo 2019）。確かに多くの分析は、地域秩序が整然とした構築物であるかのように単純化する傾向がある。しかし、継ぎ接ぎ、すなわち重層的で複合的な制度に逆に全くパターンや構造さえないとは言えないであろう。同盟と軍事力に焦点をあわせた研究（Goldstein 2017）のほか、逆に地域統合や地域主義を重視する研究もあるが（例えばBorzel & Risse 2019; Fioramonti 2013）、

ヨーのように同盟と多国間枠組みの組み合わせで議論した分析は数多い（Meng & Hu 2018; Paul 2019; Smith 2019; Zhang 2018など）。

そこで、まず同盟と多国間枠組みを組み合わせる方法から始め、特にその中でも比較的よく知られているIBについての議論を手がかりとしよう[1]。思い切って言えば、IBとは、多国間枠組みを使ったソフト・バランシングのことを指す。ここでいうソフト・バランシングとは、鋭い対立を生まないでバランスを取ろうとする行動のことである（浅野 2009）。最近の研究の言い方を借りれば、IBは、主に多国間組織の新設や運用を通じてのバランシング行動、およびこの行動による地域秩序の構築を意味している（Kai 2018; Kai & Feng 2018など）。IBのほとんどは、限定的な協力と限定的な対立が組み合わされた秩序のもとで行われてきた。

ソフト・バランシングは、当初、アメリカ「一極体制」下における中国のSCO（上海協力機構）やCICA（アジア相互協力信頼醸成措置会議）などによる対米牽制を意味していた。また、この概念は、ASEAN諸国による対中バランシングを対象とした分析でも使われた（野口 2010）。この時期に観察された、中国を含めた多くの国々が進めた「多国間主義」（multilateralism）は、実際には「制度的リアリズム」（institutional realism）、すなわち美辞麗句の陰に隠された、多国間組織の活用による自国利益の追求のためであったとされた（Kai He 2009）。示されたのは、「国益」を超えるはずの多国間枠組みが、国益の追求を行うバランシングと結合した展開であった。IBの分析では、Kai Heによる研究を多くの主要な論文が引用してきており、ヒントとなると考えられるので、ここでも使うこととする。

確かに、賀凱（Kai Heの中国語表記）の指摘したように、2010年代後半になると、IBは、ただ単に国益をそれぞれ追求するというより、排他性や競争性が以前より明確に意識されるという違いが目立つようになり、米中などがそれぞれ制度間バランシング（inter-institutional balancing）を追求したと言えるであろう（賀凱 2018）。しかし、それは、地域秩序の変容からすれば、決定的な変化であったであろうか。IBについて連続性や変化をどのように捉えることができるであろうか。また、地域の多くの国々がIBを進めてきたのはなぜであろうか。IBの進め方に違いが見られる理由は

どこに求められるのか。

　IBに関する各国の研究自体にも違いがある。日米で行われた研究では、ASEAN諸国の対外政策に関ししばしばIBが取り上げられてきた。しかし、日米は、中国の対外政策においてIBの果たす役割は必ずしも重視してこなかった。一方、中国におけるIBに関する研究のほとんどは、中国を取り巻く状況分析の立場からのものが多かった。これらの違いはどのように説明できるか。このような多様な疑問に対し、本章は複合的な分析の道筋を示すよう試みる。

　本章が複合的な性格を持つのは、IBを通して中国とASEAN諸国の関係を論じるためには、やや俯瞰的で包括的な立場からの位置づけが必要だからである。第一に、中国はASEAN諸国との関係をグロ　バルな対外戦略の中で、中国が重視する国々、特にアメリカとの関係と関連づけて展開してきた。したがって、中国とASEAN諸国の関係そのものとともに、中国のグローバルな対外戦略に関する考察も複合して進めなければならない。第二に、中国は対外戦略の中でアメリカを最も重視するが、展開はダイナミックで、一見するとアメリカのことを考えていないように見えてしまうことがあり、ある長さを持ったタイムスパンの複眼で分析する必要がある。

　第三に、中国のグローバルな対外戦略は、外交、経済、軍事などを含めたハイブリッドな、つまり複合的な内容を備えていると考えられる。これは、孫子に代表されるような中国の「独自性」によるものと広く考えられてきた特徴の一つである。しかし、それ以上に、対外戦略の国際秩序の変動が包括的な性格を持つことと表裏の関係にあり、中国の対外戦略を部分的にのみ分析してもその意味は十分に捉えることができないことは明らかである。第四に、各国の対外認識とそれに基づく対外政策の展開によって、地域秩序が徐々に形成される、また逆に形成中の地域秩序に関する認識が各国の対外認識に影響し、またそれが対外政策を左右するというフィードバック、つまり双方向の複合的プロセスが観察される[2]。大まかに言えば、対外政策の束が秩序を形成し、人々は秩序が存在すると想定して政策を決定する。ただし、個々の国の政策と秩序の与えるフィードバックの影響力は均等とは言えず、普通は大小に違いがある。大国とはその政策が秩序に

与える影響が相対的に大きく、その望む秩序を形成しやすい国のことである。

　全体として、中国とASEAN諸国の関係は多面的であり、またダイナミックに変化することに留意しなければならない。したがって、中国とASEAN諸国の関係に関しては、やや俯瞰的、包括的で複合的な分析が必要となる。

　このような俯瞰的で複合的な分析のため、本章は、いくつかの仮説に則った分析枠組みを示し、それを前提とする説明を試みることにする。仮説の厳密な検証を進めるとは限らない方法を取るのは、限られたスペースの中に意味ある議論を可能な限り詰め込みたいからである。厳密な検証だけができる種類の理論的な突破はあり得るものの、国際関係論の理論は、お互いに孤立した島々にすぎないことが多いため、厳密な検証が実りある議論に発展しにくいと言われているため、このような方法をとる。最先端の理論を使っていないという批判はありうるが、これは単なる一時的流行と将来につながる先端的研究の違いを見分けながらの分析を控えるからである[3]。

　本章が前提とする仮説の第一は、中国とASEAN諸国の関係は、基本的に相対的なパワーの違いとその変化、および国際関係の緊張のレベルに基づいて展開するというものである。また、ある限られた範囲内では、経済的相互依存は緊張の伝統的なエスカレーションを防ぐまたは遅らせると考えられる。第二に、パワーは一義的な数値によって表されるものではなく、基本的に心理的な要因であり、パワーについての認識そのものが政策決定において意味を持つものとする[4]。第三には、各国の「歴史的経験」や選択された記憶がパワーの認識にも影響する、というものである。第四に、関係には国内政治、とりわけ社会構造の変動、関連する諸組織の性格のほか、指導者（元首、実務者や助言者など）の資質、パーソナリティやその時の機嫌のような予測困難な要因も影響する、と仮定する。本稿の議論はこれらの仮説の内容を前提として展開される。

　これらの仮設群について若干の説明を付け加えておきたい。一般に、ASEAN諸国やインドを含む広義のアジア太平洋地域の特徴づけとして、

経済と安全保障が絡み、相互依存下に緊張を避けつつの競争的共存という面が強調されてきた。しかし、この地域の重要な性格は、共存とともに、国際秩序や地域秩序の変容の進行というダイナミズムを持っていることであろう。IBは、この地域の秩序変容のダイナミックなメカニズムの一つとして捉えることができる（Lipscy 2018）。

　しかし、経済と安全保障が密接に絡むため、脅威評価は極めて困難となる。さらに技術革新が急激に進展する中、事象に関する新たな定義を考えなければならず、また予測を織り込む正確な脅威評価とそれに基づく組織的対応はさらに困難を増す。サイバーと戦争の関係はその一例である。一義的な脅威評価、またその変動の方向、速度や烈度の折り込みが安定してできない状況においては、脅威は指導者の脅威認識（パーソナリティや資質に大きく影響される）や、選挙の支持母体など国内政治上の要請に大きく左右されることになる。

　また、本論で使う資料は日本、東南アジア諸国やアメリカにおける研究だけでなく、中国側が進めてきた研究も参照する。中国の研究は、単に公式見解の後追いに過ぎないと思うのは大きな間違いであり、執筆者独自の見解もあれば、また将来の政策方向を議論するものもあり、これらの意味でも複合的である。

　以下、IB、中国の「周辺外交」と「一帯一路」、「一帯一路」と「インド太平洋」について分析を試みる。

1．インスティテューショナル・バランシング（IB）

(1) インスティテューショナル・バランシング（IB）

　IBがASEAN諸国と米中関係の一つの局面であることは間違いない。しかし、米中とASEAN諸国がIBを行っているから東南アジア地域の秩序がIBであるということではなく、IBはこの地域の秩序の一部でしかない。やや広く北東アジアも含めると、地域の状況はIBで捉えることができる局面は一挙に狭くなる。IBは手掛かりにはなるが、地域秩序の一部を表すだけにすぎないかもしれない。IBについての英語論文の一部をすくい

取って都合の良い事例を当てはめる姿勢はacademic integrityに反する行為の一つであろう。

　それでも、IBが、多国間枠組みによる集団的なバランシングという現象を簡潔に表していることは否定できない。この現象、つまりASEAN諸国や米中の双方がともにIBを進めてきた背景やメカニズムおよびIBの持つ意味を明らかにしなければならない。一国の対外政策と地域秩序の形成に共通する要因として、国際秩序の基本的性格があるとすると、21世紀初頭、伝統的な形態の武力衝突が大国間で生じないという意味では国際秩序における緊張が低い状況であった。緊張の低い国際秩序の状況は、いわゆる競争的共存のメカニズムと相互に規定しあうものであった。正面から対抗をせず、しかも競争も協力も行う状況で、協力を前提とする多国間枠組みを利用し、ソフトなバランシングを行った結果、IBの性格を強く帯びた地域秩序が、東南アジアにおいても徐々にしかし明確に姿を現したといえよう。ここでも、IBは地域秩序の変化に影響を与え、また逆に地域秩序の変化はIBのあり方に影響を与える双方向のフィードバックのメカニズムがあったと考えられる。

(2) IBの推進とその分岐

　ここで、二つの疑問が生じる。第一に、なぜ各国はIBという政策を採用し進めたのか、である。第二に、各国が進めるIB政策の違いはなぜ起こったのか、である。

　まず、ASEAN各国が米中双方に対してIBを行ってきたという見解は中国でもあり、ASEAN各国がほぼ共通してIBを進める背景としては、パワーに劣るASEAN側が軍事力や経済力よりも国際的な制度の構築によって安全保障を追求すると考えられてきた（劉若楠 2019）。

　では、ASEAN諸国それぞれが行うIBの違いはなぜ起こると考えられているのであろうか[5]。一つの仮説としては、国際的緊張がある程度低く、また経済的相互依存が進んで、どの国も単独では相手や相手の同盟ネットワークを圧倒するパワーはなく、損害の大きい正面対決をどの国も望まない状況においてどの国にとっても最適（optimal）ではないがとりあえず満

足できる（satisfactory）選択肢だからというものであろう。言葉を変えれば、関与政策がある国が他の一国に対してほぼ単独で行うものであるのに対して、IBは、ある複数の国々によるネットワークが他の一国またはその同盟ネットワークに対峙する拡大型関与政策（extended engagement policy）であると言っても大きな間違いではない。この点では、実は米中やASEAN諸国も大きくは違わないと言えよう。中国では、「一帯一路」による地経学的なネットワーク型秩序の構築という構想が論じられたことがある（呉沢林 2018）。

　各国の政策の違いは秩序形成に影響するので、秩序形成を分析するには各国の政策の違いを一つ一つ事例研究を積み重ねて実証して見ていかなければならない。もしそうならば、中国が各国の政策の違いをどのように認識するかが、中国の対外政策決定を理解する上で極めて重要なテーマとなる。最も正攻法の分析は、中国とASEAN10カ国の関係を各国ごとに分析する方法であり、IBに限定しなければ、そのような研究もある（Lim, Cheng-Hin & Cibuka 2019）。

　もう一つのやり方は、理論枠組みによる見取り図を使う方法であろう。ここでは個別具体的な論述よりも、相対的に少ない変数を使って全体のメカニズムを特定し分析する方法をとることとする。一つの国がとるべき方策、あるべき地域秩序を模索するのではなく、現実の状態とそこに埋め込まれているメカニズムを理解することを追求する。

　中国に近い国々の様々な対応を分類して類型化する試みは、すでに中国の外では行われてきた。浅野は、能力、意図と国際環境（緊張のレベル）の三つによって各国がバンドワゴニングかバランシングのどちらを選ぶかのメカニズムを研究したことがある（浅野 2014）。ここでは、日本以外の研究例を二つ紹介するに止める。発表当時、韓国空軍大学の教官であったリーは、戦略の選択肢（strategic options）として8個の類型を示したことがある。その類型は、やり過ごし（hiding）、バンドワゴニング（bandwagoning）、宥和（appeasement）、順応（accommodation）、バランシング（balancing）、関与（engagement）、超越（transcending）およびヘッジング（hedging）である（Lee 2012）。

それぞれの国がどの選択肢を選ぶか、その決定要因として、リーは、戦略の不確実性、中国の関与政策、アメリカの東アジア政策、領土紛争の四つを挙げた（Lee 2012）。この議論は、理論的な枠組みによる説明を試みた研究として評価できる。しかし、ASEAN10カ国について八つの選択肢というのは、選択肢が多すぎ、やや釣り合わない。

　中国における分析の中に、各国のある国への対外政策（ここでは対中政策）の違いを引き起こす要因を、対中政策のパワーを能力と意図という二つの側面に分解し、特にそれらの強弱の違いに着目して、「周辺国家」の中国に対する対応が分岐するという枠組みを持つ研究がある。バランシングは政策の中であくまでその一つとして位置づけられる。対中政策は、バランシング（中国語で制衡、英語ではbalancing）、宥和（調適、accommodation）、日和見（投機、opportunism）、ヘッジング（対冲、hedging）の四つの類型に分けられた。

　能力と意図の両方が強いとバランシングで例として日本、能力はあるが意図が弱いと宥和（またエンゲージメントでもある）でロシア、能力が弱いのにバランシングをしようとする意図が強いと日和見（すなわち便宜主義）でベトナム、両方とも弱いとヘッジングを採るとする。ヘッジングは二つに分類され、ジレンマを抱える国として韓国が挙げられている。韓国は経済と安全保障で米中に引き裂かれ、政策の自律性も日米に比べて小さい。一方、カザフスタンは一挙両得で、自律性を増大させると同時に経済成長を遂げているとする（陳小鼎・王翠梅 2019）。

　IBに関わる分類も重要だが、この議論を深めていこうとするなら、実際の状況をもう少し詳細に見る必要があろう。そこで、まず中国の対外政策について見ていく。

2．「一帯一路」「周辺外交」とASEAN諸国

　ここでは、中国の対外政策、特に「一帯一路」と「周辺外交」におけるASEAN諸国の役割に注目して分析する。「一帯一路」と「周辺外交」はそれぞれ非常に大きなテーマなので、限られたスペースの中で、議論は概括

的なものとなる。

　「一帯一路」の展開や性格についてはすでに多くの優れた研究があるので、そちらを参照されたい[6]。公式説明によれば、「一帯一路」は2013年の習近平の二つの演説によって始まった[7]。「一帯一路」は、最高指導者が言い出したものなので（それも反腐敗闘争を進めて政治的ライバルを粛清していた）、まず走り出して肉付けはその後行われ、様々な組織や地方が参入し、それにつれてカバーする範囲や地域が拡大していった。2013年10月の周辺外交工作会議で、シルクロード経済ベルトと21世紀海上シルクロードが地域経済統合の新たな構造として位置づけられたように、当初は「周辺外交」としての性格が強かった「一帯一路」が、徐々によりグローバルな性格を強めていったということができる[8]。

　「周辺外交」は、「大国は鍵」や「周辺は最優先」「開発途上国は基礎」「多国間は舞台」という、習近平外交の四つの柱の一つとされてきた。胡錦濤政権末期の2012年2月、国家副主席であった習近平の訪米後、2013年10月には「周辺外交工作座談会」が開かれた。中台の政治の専門家として知られる松田は、2015年までの習近平政権期とその前の胡錦濤政権期の「周辺外交」の継続面と相違点の両方を分析した[9]。

　きわめて簡潔に言えば、「周辺外交」は、間接的な対米外交であった。胡錦濤政権末期に進められた対米外交が、そうやすやすと中国に有利には運ばないと判断され、アメリカとの直接のやり取りを続けると同時に、まずは中国の地理的な周辺やアメリカ以外の大国との関係を改善し周辺環境の安定を図る、という対外政策の転換があり、その時には対米とそのほかの国々では中国の態度や対応に差をつけることになるということである。大国や周辺が別々に分けられたことは、扱いも違うということを意味し、その順番は優先順位を示していたと考えられる。もちろん「周辺外交」はダイナミックな概念で、その後も変化してきた[10]。

　しかし、ほぼ一貫してきたのは、周辺外交の究極的な目的は大国外交、つまり対米外交を有利に展開することであった。そのため、座談会における習近平の演説が触れていたように、経済統合や安全保障協力のほか、宣伝、パブリック・ディプロマシーや文化交流を通じて、「命運共同体」と

いう意識を周辺諸国に定着させることを目指していた。習近平は、「周辺外交」の戦略目標は、「中華民族の偉大な復興」の実現にあると明言していた。宣伝上、「偉大な復興」は控えられるようになったが、2019年の「5・4運動」百周年記念大会における習近平演説が示したように、「中華民族」は「愛国主義」キャンペーンの中核に置かれ続けてきた。

　ここに中国の「周辺外交」に関する宣伝の限界があった。中国では、近隣諸国には「周辺意識」がないのに、「周辺外交」という表現は、近隣諸国がこの地域の中心にある中国の囲いにすぎないと言っているような印象を与えるから、中国で使われる「周辺」という用語を控えるべきとの主張があった。このような意識の違いに留意しながらも、中国にとって地政学的な周辺という位置づけには意味があると張蘊嶺も認めている（張蘊嶺 2019）。張蘊嶺は、政策決定に大きな影響力を持つとされる専門家であり、その意見は中国の政策決定サークルの認識をかなり反映していたと考えられる。

　張蘊嶺の憂慮は早くから宣伝部門でも共有されていたようで、公式宣伝のやり方の変化をもたらしていた。「周辺外交」そのものの英訳が、periphery diplomacyからneighborhood diplomacyに公式に変化したこともその表れであった。この変化は、判明する限り、2014年11月の中央外事工作会議からのようである。periphery（辺境）という階層的トーンの強い用語から、neighborhood（近隣）という価値中立的な用語になった。

　張蘊嶺は、秩序構築において、中国が構築しようとする秩序、また周辺諸国の望む秩序、秩序の外部環境など、地政学という言葉を控えながらも、実質的には地政学的な議論を展開した。一帯一路はこの秩序の外部環境の一部として議論されている。対米関係を重視する論調が多い中、彼は周辺外交の重要性を強調し、多くの政策はまず周辺地域から始まったのであり、その例として、一帯一路、命運共同体の建設、上海協力機構のような協力メカニズムの構築を挙げた[11]。しかし、朝鮮半島危機、南シナ海問題、日中関係など、最大の問題もやはり周辺から起きたと述べた。

　このような重要性を備えているにも関わらず、張蘊嶺によれば、要人の発言や白書で周辺外交への言及はあるが、政府による正式の文書はなく、

特にどのように周辺地域における秩序構築を進めるかについて様々な意見が内外で表明されてきた。アメリカや近隣諸国がこの地域における中国の意図を疑ってきたことも認めている。習近平によってまとめられたように見える「周辺外交」についても、中国国内では様々な議論があり、地政学の観点からの議論も少なくなかったようである。政治指導者は地政学的な性格を表立って強調しないが、分析者は「周辺外交」に関する地政学的な議論を展開し、その中で中国周辺の地域や多国間枠組みの役割を強調してきた（盧光盛・別夢捷 2017 など）。

　大まかにいって、中国での議論は、米中が共存する国際秩序が形成されつつあり、中国の周辺諸国の多くは、中国一辺倒ではなく、米中の間でバランスを取っているという見方をする点でおおよそ共通していた。中国自身の採るべき政策は、アメリカとの共存ということでもほぼ意見は一致している、というよりも習近平の基本方針に沿った意見の表明であった。

　特に ASEAN 諸国についていえば、ASEAN 諸国は中国語でいう「両面下注」の態度をとっていて、日韓印に比べても、ASEAN 諸国は中国に協力的であるという評価である。中国語の「両面下注」はヘッジングと翻訳されることが多いが、ギャンブルなどで両方の目に金を賭けるという意味合いが強い言葉である。つまり、二つの選択肢のうち一つだけに偏らず、両方に金をかけてバランスを取り、最悪の場合のコストを下げようとする態度や行動を指す。二者の間でバランスを取る、と言い換えても間違いではないであろう。ASEAN 諸国がかつての対米バンドワゴンから米中間でバランスを取るようになったという観察もこのような議論の一つである（連波 2019）。

　「両面下注」という表現は、ASEAN に対してだけでなく、日本、韓国の対外政策の性格づけでも同じく使われるが、アメリカの対中政策の説明、また中国のとるべき対外政策を議論する際もこの表現がしばしば使われてきた（薛力 2018）。すなわち、中国自身も含めて、ほとんどの国がバランス外交を進めてきたと認識してきたと言うことである。

　「周辺外交」と「一帯一路」の関係や、その中での ASEAN 諸国の位置づけについて分析をしてみよう。すでに述べたように、「一帯一路」の初期

段階では、中央アジアや東南アジアなどを含む「周辺外交」の一部として
捉えることができた。その後、欧州、アフリカ、北極の他、カリブ海諸国
や中南米までも「一帯一路」に含まれるか密接な関係にあるとされ延長線
上にあるなどとされた。これらの諸国は必ずしも地理的近隣ではないが、
アメリカ以外という性格から周辺的である。この意味で「一帯一路」は
「周辺」と親和性があった。しかし、伊仏など西側先進国も参加するなど、
AIIBの予想外の「成功」によって、「一帯一路」は対米外交がうまくいか
ないから他で成功を演出するような性格は小さくなり、「大国外交」との
連係が著しく強まった。これに伴い、「周辺外交」は対米関係に奉仕する
意味づけが強められる一方、「一帯一路」はアメリカ・モデルに代替でき
る枠組みを提供するものとされ、中国のグローバル化へのプラットフォー
ムとして意識されてきた。

　では「一帯一路」は、アメリカとはどのような絡みで展開してきたのか。
次に、「一帯一路」が「インド太平洋」戦略と言われるアメリカの枠組み
と展開した相互作用について分析を試みる。

3. 「一帯一路」とFOIPのバランシング

(1) FOIPとアメリカの対中政策

　中国の「一帯一路」や「周辺外交」は一方的にではなく、主にアメリカ
との関係において展開してきた。ではアメリカ側の動きはどのようなもの
があり、「一帯一路」とはどのようなメカニズムで展開してきたのであろ
うか。その手がかりは、「インド太平洋」である。「インド太平洋」をめぐ
る概念は、「セキュリティ・ダイヤモンド」の他、「インド太平洋戦略」や
「インド太平洋構想」などヴァリエーションがあり、さらにその中でも、
日米豪印戦略対話（4カ国戦略対話: Quadrilateral Security Dialogue）は、Quadと
も言われ、別に扱われてきた。日本では外務省が「自由で開かれたインド
太平洋」（FOIP: Free and Open Indo-Pacific）という言い方をしてきた。これらは
本来確かに使い分けが必要で、特にFOIPとQSDの違いは大きく、中国側
も議論はFOIPよりも具体的で軍事的性格が強いQSDに注目しがちであっ

た。しかし、本章では、特に議論の展開に大きな影響を与えない限りほぼ同義のものとして扱い、FOIPという略称で統一する[12]。

　中国では、FOIPは、「一帯一路」と対になる概念として理解されてきた（張潔 2018; 張貴洪 2019など）。4カ国は、中国を「南シナ海の仲裁裁決の合法性の拒否、南シナ海における埋め立てと軍事化、また一帯一路を利用してのインフラ建設と経済圏の設立を通して軍事基地を海外に展開する行為など、国際ルールを基礎とする地域秩序を破壊しているとみなしている」のであり、FOIPは「一帯一路を狙う力があるかどうかはわからないが、過小評価すべきではなく」、「安全保障では中国に対峙して抑止しようとする意図は比較的明瞭、経済領域では、接触（関与）と抑止という二重の特徴」があるとした（張潔 2018: 67-68）。FOIPは、アメリカの衰退が進む状況において集団協力によって同じ価値観と国家利益を守るものとされた（張潔 2018: 71）。

(2) ASEANの位置づけと地域秩序の特徴

　ASEAN諸国は、まさにこの文脈の中で位置づけられた。中国は、グローバルにはアメリカの挑戦を避け、地域レベルでは中小国のバランシングを「うまく逃げる」（中国語の原語は「規避」）ようにし、軍事と経済の二つの分野で集団的に対抗し合うようにならないようにすることが求められた（張潔 2018: 73）。ASEAN諸国は、アメリカなどによる取り込みの対象となっているが、ASEAN諸国はこの地域での中心的な役割発揮の維持を望んでおり、中国もこのトレンドに沿って、ASEANの積極的な役割をサポートすべきであるとの政策提言となった（張潔 2018: 73）[13]。中国が「ASEANの中心性」を認めるのは、このように大国間のパワー・バランスを考慮した結果であった。

　多くの場合、秩序とはパワー・バランスがどのアクターによっても簡単には大きく変えられない行き詰まった状況が長期にわたり続いた状況を指す。2008年のリーマン危機の東アジアの状況はまさにこの特徴をそなえていた。中国側の研究者によれば、アメリカの国防費は削減され、その後2019年になっても危機以前のレベルには回復して来なかった。アメリカ

の国防費の負担はアメリカにとっても過大で、さらに同盟国への負担要求も続いたため、インド太平洋におけるバランス回復は困難であり、介入にも慎重なため、アメリカは実際には台湾問題と南シナ海問題で対中牽制を図るにとどまってきたと分析された（劉勝湘・辛田 2018）。

　アメリカの置かれた状況に関するより詳細な分析では、トランプ米大統領は、経済の再活性化と軍事費増大という二つの政策を追求するという矛盾を犯しただけでなく、米露対立の緩和に失敗し、さらに中東情勢の悪化もあって、集中してアジア太平洋への「リバランシング」ができていないとした（王鵬 2018）。総じて、中国側はアメリカは中国との対立を避け、対立が生じても妥協せざるを得ないと予測していた。

　古典的なゲーム理論の「キャスティング・ボード」論を引くまでもなく、大国にもパワーの限界があり、大国が容易には動けない時期には、中小国が相対的にパワー以上に大きな役割を果たす。くり返しになるが、ASEANの中心性を説明するいわゆるスウィング・ステート論は、このような条件の下でのみなり立っていた。2019年6月、バンコクで開かれたASEAN首脳会議では、ASEANが主導する独自の「インド太平洋構想」が打ち出された。スウィング・ステート論のメカニズムから見れば、日本もASEAN諸国もほぼ共通の立場にあった。ただ、米中間の摩擦の激化が進んだ場合、日本よりも、ASEAN側が態度を明確にするとは限らない「曖昧戦略」を取りがちなのは、アメリカの戦略における日本の役割の大きさとともに、ASEAN側の行動範囲の限界が日本より狭かったからと考えることができる。

　これは、パワーの大小という考えからの説明だが、日本と同じく中国でも、ASEANの中心性をコンストラクティヴィズムの枠組みで議論することもある（韓志立 2019）。他方、日本ではあまり見られないが、FOIPがASEANの中心性に対するチャレンジであるという主張もあった（凌勝利 2018）。ASEANが米中の間でバランスを取るならば、ASEAN側がFOIPにバランシングを行うので、FOIPがASEAN側からみてチャレンジになるのは当然であろう。また、米中二元構造の下で、ASEAN諸国による対外戦略の選択に対する国内政治の影響を重視することもあるが、決定的要因と

までは見なしていない（凌勝利 2018）[14]。ASEANの中心性とは、米中から見ればお互いに大きな動きができない、またはする必要が大きくない状況を意味していた。

(3) 中国の対応と西側の再対応

中国では、アメリカに対する警戒感を示す論調とともに、「互聯互通」（interconnection）、「生態制度理論」（eco-institutionalism）などの用語を使う、やや異なるニュアンスの論文が発表されてきた。「互聯互通」の推進を通して、既存の制度枠組みを変えずに国家関係と生態システムのダイナミックなバランスを実現しようとするのである。ここでの生態制度理論とは、リアリズム、統合論とコンストラクティヴィズムを総合した枠組みとされている（趙可金・翟大宇 2018）。これに類するものもあり、例えば共存をもっと直接的に主張する論文も発表されている（金応忠 2019; 任曉 2019; 姚璐 2019）。

これらの分析の大枠は、米中関係の安定や中国の国際的イメージの改善を進めようとする中国指導部の意向を反映していたと考えられる。遅くとも2018年ごろから、中国は、「人類命運共同体」のような共通の利益を強調するレトリックを多く使うようになっている。「一帯一路」は「人類命運共同体」構築のプラットフォームとされている。かつて使われた「中華民族の偉大な復興」や「新型の大国関係」は、それぞれあまりにナショナリスティック、またアメリカと張り合おうとする性格が強いものとして、外国向けには使用が控えられた。

前記論文の多くが、リアリスティックな概念や用語は最小限に抑えて、リベラルな、またはコンストラクティヴィズムに通じるものを多用しているのは、状況の解釈だけでなく、中国イメージの改善を図るメッセージの発信を求められていたからと考えることができる。相手国の識者を対象としたパブリック・ディプロマシーと言ってよいであろう。

もちろん、米中双方とも相手を圧倒するパワーに欠けている状況を冷静に計算した分析もあった。つまり力不足のアメリカが進めるFOIPは、ヘッジング（hedging）とウェッジング（wedging）の組み合わせにより構成さ

れ、しかもアメリカ一国だけでは中国に十分対応できないので、アメリカの同盟国を含む集団的なバランシングとしての性格を備えていて、アメリカ版の集団的な「韜光養晦」に他ならないという観察があった（王鵬2018）。この政策の組みあわせは、「安全保障では中国に対峙して抑止しようとする意図は比較的明瞭、経済領域では、接触（関与）と抑止という二重の特徴が顕著である、とされた。この分析を行った識者は、FOIPには、インド、オーストラリアと日本の対中接近を阻止する意味も込められているとした。

　「味方」を無条件に信じないこの発想は、外交史を受講したことがなくとも、戦国策や資治通鑑など、中国の古典を読んだことがあればごく自然にできるであろう。FOIPのまとまりの悪さという観察から、アメリカと他の3カ国の離間を図るという構想も表れた（李沢 2018）。すでに述べた「大国外交」と「周辺外交」の使い分けにはこのような計算があったと考えておかしくない。

　中国が進める「一帯一路」に対する警戒感が強い論述として「ハイブリッド干渉」（hybrid interference）論が出現した。ハイブリッドは、混合や合成といった意味合いの用語である。「ハイブリッド戦争」（hybrid warfare）という用語はロシアによるウクライナ紛争を説明するときに使われ、正規戦争と非正規戦争という二つの異なる戦争形態が複合したものとされるように、戦争や武力行使を伴うものと理解されがちである。

　しかし、実際には伝統的な武力以外の方法も使っての政策をも内包している。「ハイブリッド干渉」には、意図を秘めた外交（clandestine diplomacy）、地経学（geoeconomics）、情報撹乱（disinformation）の三つがあるとされる（Wigell 2019）。この情報撹乱を単なる戦術ではなく、戦略的なレベルの方策であると分析しているものもある（Singer & Brooking 2018）。この中で情報撹乱は、単なる戦術ではなく、ソーシャル・メディアを駆使したそれ自体が准戦争（like war）であると重視される（Singer & Brooking 2018）。

　ハイブリッド干渉の一つとして、中国側の「三戦」（世論戦、心理戦、法律戦）を含めることもできよう。マンケンらは「政治戦」（political warfare）という表現を作っていた（Mahnken, Babbage & Yoshihara 2018）[15]。緊張のレベル

を低く抑えることができる法執行機関の活動によって既成事実を積み重ねるやり方も指摘されている（Goldstein 2017など）。

　ハイブリッド干渉は、緊張の低レベル時に行われるいわゆる「影響力」（influence）政策の変形かもしれないが、それだけにとどまらず、紛争形態の大きな転換を表している可能性は否定できない。王鵬はそこまで踏み込んでいない（王鵬 2018）が、解放軍ではハイブリッド干渉とハイブリッド戦争に関する研究が進められていたことがわかっている（例えば王湘穂 2019）。

　総じていえば、アメリカからは単なる多国間協力ネットワークではなく、中国を中心とする準同盟圏に見える地域秩序が徐々に形成されてきた。アメリカの疑念に対して中国側も対応を考えたが、それは消えることがなかった。この地域では、武力を使わないという意味では緊張は低いが、新たな戦争の形態が姿を現す途上であり、緊張のレベルが低いと簡単には言い難くなってきた中で、中国はアメリカの同盟ネットワークを切り崩そうとし、アメリカはその維持と強化を進めたといえよう。しかし、それは、対立をある限度内に抑えた中での出来事であった。

(4)「一帯一路」とFOIPによる相互のIB

　米中の間でお互いに緊張を抑える、少なくとも緊張のコントロールを失わないとする暗黙の了解がある中、「一帯一路」とFOIPの間のバランスに関する議論の中から、実際には「一帯一路」とFOIPそのものの性格が似ているとする分析が出てきた。賀凱（Kai He）は、その中国語論文において、日米などによるFOIPも、それに対する中国の対応は、両方ともIBであると結論づけた（賀凱 2019）[16]。また、中国では、FOIPの漸進性を議論したものもあった（楊慧・劉昌明 2019）。漸進性という性格を見る立場は、「一帯一路」に関する日本の研究者のそれと共通している（浅野 2018）。

　賀凱は、インドネシアがASEANの枠組みによらない地域的なリーダーシップを追求し、FOIPへの参加を考慮するなどして、ASEANの大国間競争における戦略的地位は低下してきたものの、ASEANの大部分の国々はインド太平洋概念と戦略の両方に冷淡であると観察した。この状況判断か

ら、彼は、中国はASEANとの関係を強化し、ASEANの地域多国間枠組み
の構築における役割を取り戻させるべきで、このためには中国は南シナ海
における行動を緩和し、早期にCOCに署名し、ASEAN＋3やASEAN＋1、
ARFやEASにおけるASEANの役割を増大させる政策を進め、既存の多国
間メカニズムの役割を強化するべきであると提言した（賀凱 2019）[17]。

　彼の提言はさらに次のように続いた。中国は、インド、日本やオースト
ラリアとの二国間関係を改善し、インド太平洋への集結を瓦解させる。同
時にASEANとの関係を改善してASEANを主とするアジア太平洋メカニズ
ムを構築し、アメリカのインド太平洋メカニズムを弱める。インド太平洋
メカニズムの構築に積極的に参与し、インド太平洋メカニズムの対中の性
格を弱めて敵意を少なくする。4カ国安全保障対話の拡大を通じて、積極
的に地域安全保障のアジェンダ設定と実施に影響を及ぼす。一帯一路とイ
ンド太平洋メカニズムのインフラ建設基金項目などを連結させれば、一帯
一路の国際化と多元化を進めるだけでなく、中国のグローバル・ガバナン
スにおける地位を向上させ影響力を強めることができる（賀凱 2019）。

　米中がお互いを批判する中で、緊張をコントロールしようとするところ
で共通の利益があり、ともに多国間枠組みの形式をとってIBを追求した
のである。

おわりに──地域秩序の変容とIBの限界について

　以上の議論から、IBは、地域における緊張のレベルが基本的に低く、
主要な関係国はお互いに衝突を回避しようと努め続ける状況において行わ
れたと言えるであろう。2000年代に展開されたIBは多国間枠組みを用い
たソフト・バランシングであるという性格を備えており、それは2010年
代後半になっても基本的に継承された（浅野 2005）。もしそうならば、
2010年代後半の地域情勢は、2000年代からの連続性が強いと言える。

　ただし、これは地域構造の変化がなかったということを意味していない。
IBは単なる静的なバランシングではなく、個々の規則をめぐる競争から
ダイナミックな制度間競争への移行を反映していたと考えられる（李巍・羅

儀馥 2019)。この移行が地域秩序の変化であるのか、関係諸国の行動パターンの変化なのか、またはその両方であるのか、両方であるとすればどちらの性格が強いのかは、現時点では結論できない。

ソフト・バランシングが、低レベルの緊張下における限定的な協力と限定的な対立の組み合わせであり、政策としてはヘッジングと宥和の組み合わせとして出力されるとすれば、IB下のウェッジ戦略とはソフト・バランシングの一種として相手の同盟ネットワークに対して行われる集団的なヘッジングであったと言えるであろう。

ウェッジ戦略は本来協力を旨とする多国間枠組みにはなじまないが、IBの舞台で展開されたウェッジ戦略は、基本的には多国間枠組みを装った同盟ネットワークをめぐるパワー・ポリティクスであったということである。言い換えれば、それぞれの同盟ネットワークにおいて、巻き込まれた場合の損害は極めて大きいが、当面は巻き込まれのリスクは小さく、逆に同盟国や友好国から見捨てられが起こった場合の損害も大きく、どの国も単独ではコストを負担できない状況において、それぞれのネットワーク形成とお互いの限定的な牽制が反復して行われた。このメカニズムは、米中とASEAN諸国全てに共通していた。

この種の議論から、これまでのIBをめぐる議論には、バランシングに内在する敵対的性格についてあまり触れないという大きな不足があったとも言える[18]。IBにおける敵対的性格は本格的に顕在化していないか、ごく控えめに表明されてきただけとしても、バランシングの重要な側面の一つであったことは否定できない。2014年に本格的に始まった南シナ海における中国の埋め立て、アメリカ海軍による「航行の自由」作戦（FONOP: Freedom Of Navigation Operation）や2016年の仲裁裁判の裁決を中国が受け入れなかった事例は、地域秩序を大きく変えるような軍事衝突を引き起こさなかったが、限定的にせよ敵対的な性格があった。中国側からは、仲裁裁判を主に国際法の観点に限定する批判する反論があり、中国側の慎重な対応を意味すると考えられ、さらにスカボロー礁には進出しないものの、中国側は南シナ海における実効支配を強化してきた。IBに内在する敵対的な性格に関する議論の不足自体が、結局IBは国益追求のために行われた限

られた舞台の中での手段であることを間接的に示していると言っても言い過ぎではない。

IBが展開した背景は、次のようにまとめることもできる。第一に、中国自身の国力増大とそれによる国際的役割の増大のためにアメリカと渡り合うために経済、軍事、ソフト・パワーを含む総合的な力を蓄える点である。第二に、既存の優越国が挑戦国に対し潜在的な脅威を持つことを明確に認識し、現在のまた潜在的な大国との関係を改善することによって、アメリカを中心とする対中包囲網の構築を妨害することが挙げられる。第三は、中国がアメリカ自身との良好なパートナーシップを構築することで、第四にはそのために米中間で緊密な経済関係を構築するというもので、第五にその結果は協力が緊張や疑惑とともに存在する複雑、多面的で曖昧な関係となったという結論である（Gompert & Saunders 2015: 39-70. 特に42-44）。これはオバマ政権期のアメリカにおける議論だが、基本的にトランプ政権期にも当てはまる内容であろう[19]。

このような議論の延長線上では、同盟関係が参加国を増やしてネットワーク型になり、国際的な緊張を招かないために多国間枠組みと称しているに過ぎなかったという指摘ができる。中国でも、多国間枠組みの一部である日印関係が、日米同盟のような強固な軍事同盟にはならないだろうが、「非正式同盟」（alignment）または「準同盟」（quasi-alliance）に発展する可能性を指摘する意見があった（宋海洋 2018）。

この観点から考えると、お互いに手段としてIBを行っているとすれば、多国間枠組みを通じて実際にはお互いに「ハイブリッド干渉」を行ってきたという観察もなり立つ。しかし、「ハイブリッド干渉」に含まれるサイバー攻撃を本格的な攻撃とみなすかどうかは議論が続いてきた。もちろん、サイバー攻撃が相手に決定的な打撃を与えうることは広く認められている。この意味で、サイバー攻撃は「灰色」というよりも、低強度と高強度の二つの矛盾する強度を重ね合わせて持つという新たな理論的枠組みによる脅威評価も可能である。戦争におけるそれと同じく、IBにおけるサイバー攻撃の位置づけは簡単ではなく、IBという考え方自体を変えることになるかもしれない。これについては別の考察が必要である。

IBが徐々に地域秩序を形成してきたとしても、その関係は常に安定しているとは限らない。秩序がIBから大きく逸脱する可能性があり、逸脱をIBが阻止または遅らせることができるとは限らない。逸脱とは、特に戦争など緊張が著しく高まる紛争状況への移行を指す。エスカレーションとも言えるこの逸脱がどのように起こるかは、まだ研究が進んでいる最中である。冷戦期のようなほぼ段階的なエスカレーションがここでも起こるとは限らず、突然で急激なエスカレーションが発生しうると考えることができる。これには、全てではないとしても、脅威評価がリスクではなく、不確定性に基づくものになってきたからという背景がある。

　つまり、この秩序は突然に崩壊するかもしれないということである。短期的には、米中やASEAN諸国は、お互いの敵意を招かないという以上に、それぞれの国内政治が外交的な妥協の余地を狭めて、ただでさえ困難になってきた緊張のコントロールを喪失しないように、IBという形をとったともいえよう。各国が国内政治の圧力に屈するならば、この地域の秩序は一挙に崩壊する。また、より長期的に考えれば、将来の戦争形態として考えられるハイブリッド戦争が主流となりつつある時期、平和ではないが、伝統的な武力紛争でもない、また伝統的な低強度紛争（low intensity conflict）でもない、「灰色の戦争」または「灰色の平和」とも言える新たな中間領域における対外政策がある。ここでは、激しい「灰色の戦争」という一見矛盾した観察もできよう。緊張のレベルが簡単には判断できない中で、先鋭化した国内政治の圧力が強まると、整合的な脅威認識と対策は著しく困難となる。

　IBが価値や理念をめぐる紛争という性格をあまり持たないで進んできた一方で、「文明の衝突」という捉え方が広まる可能性も指摘されてきた。これまでは、米中間では、利益の対立は冷戦期のようなイデオロギーの衝突にまでは発展しにくいと言われてきた。確かに、中国共産党が強調する「儒教」は、形而上学的で抽象的な思弁とは言いがたい。しかし、それでも、「灰色の平和」にとどまらない原理的な衝突に陥る可能性がある「文明の衝突」のような衝突が不可避というものではない。ただ、理念的な正当性をめぐる主張が中国側の宣伝や論評で多く見られるようになってきた。

この状況は、「イデオロギー競争」（competitive ideology）という用語などで象徴されている。中国による理念の強調は、経済摩擦など米中間の問題で、習近平政権が非妥協的な態度をとるうえでの立場を説明し正当化する側面があった。習近平は、国内政治上、トランプ政権との安易な妥協はできないが、同時に非妥協的な対応も難しいという立場だった。ウイグルなど少数民族に対する「中国化」政策や、香港の自治の形骸化の進行などから、中国が市民的自由を抑圧するというイメージは定着しつつあり、両者の考えの違いは大きくなった。IBは、このような原理的な衝突から目をそらすことができる時期にのみ可能と言えるであろう。

　しかし、他方、IMFによれば、2022年には中国は経常赤字になり、対外純資産も減少し始めると予測されている。中国の経済パワーが急減するとは言えないが、「中国の台頭」が転換期に近づいているとの考えを否定することはできない。もしそうならば、中国はASEAN諸国を含む国々との「周辺外交」の強化を強いられ、IBも一定程度の役割を果たすことになる。IBを規定する要因はプラスとマイナス、そして実利の計算と理念の高揚が交錯し、この意味でも複合的な分析がますます必要となろう。

　なお、本稿脱稿後に、ヘッジングについての特集号が発行された（*International Relations of the Asia-Pacific*, 19: 3（2019））。ヘッジングはIB下で各国が採る重要な形態の対外政策であり、IB下の各国の行動様式を分析するうえで、手がかりとなると考えられる。

【注】

1) IB以外に、地域主義とリアリズムを融合させようとする「地域主義の重複」（overlapping regionalism）や「協調的覇権」（cooperative hegemony）などのアプローチ（Ruland & Michael 2019）のほか、東アジアにおける「地域主義の重複」に関する研究もある（Yeo 2018）。しかし、それは主に中印関係に焦点があるか、東南アジアを含む東アジアの場合の分析はAPTやEASの重層的構築の背景分析であり、IBに関する諸分析がすでに備えているような秩序変容に関する本格的な議論の展開が少ない。

2) 国際秩序や地域秩序については、『国際政治』158号（2009）と183号（2016）および『アスティオン』88号（2018）を参照した。基本概念であるパワーが十分に定義できないとされたにも関わらず、秩序の構築や変化が熱心に議論されてきた奇妙な状況については、注4を参照のこと。

3）アメリカの最新の議論を扱うのはその価値があるからというよりも研究者だからという述懐を聞いたことがある。この立場は、権威主義体制の下でその内容を信じない宣伝を行う担当者と大きく変わらない。

4）明確に定義できるパワーが実在するとの証明は難しく、実際上不可能である。総合国力などの概念で近似的に表す努力はなされてきたが、定義とは言えない。しかし、逆にパワーが存在しないとの証明もできていない。パワーの重要な構成要素とされる軍事力と経済力についても、戦争形態の変化から軍事力のあり方も大きく変化し、経済活動の形態の変化から経済の枠組みも同じく大きく変化した。パワーの構成要素と形態も変動すると考えられるが、その認識は共有されているとは限らない。パワーは物理的に変化するし、また心理的環境の中で認識されてこそ政策決定の中で意味を持たされ、具体的な政策が出力される。パワーがあるとされた国が予想外に敗北すると、パワーがないと見なされることになる。また、その逆もたびたび起こってきた。相互作用はこのように埋め込まれたメカニズムの中で行われると仮定できる。以上の議論は、いわゆるリフレクシビズム（reflectivism）に関わる議論につながるが、本稿はあくまで事例研究を進め、「中国の台頭」による国際秩序の変容に関する分析を試みていた中でこのような考察に至ったものである。ちなみに、reflectivism は中国では反思主義や反映主義と訳され、この立場から中国のコンストラクティヴィストとして知られる外交学院の秦亜青を批判した考察もあった。

5）ここでは、具体的な説明は省略する。

6）『運輸と経済』2018年12月号は「『一帯一路』をどう読み解くか」と題する特別号で、30人以上の専門家による対談や論稿を掲載している。

7）浅野が、「一帯一路」提唱以前に、中国と東欧・中欧16カ国による「16＋1」にすでに原型があると述べたのに対して、黒柳米司（大東文化大学名誉教授）、吉野文雄（拓殖大学教授）および稲田十一（専修大学教授）が、さらにそれより前にASEAN諸国との経験を基に組み立てられているという重要な指摘をしたことはここで記録しておきたい。「21世紀アジア研究会」（基盤研究B「『ASEAN共同体』の拡大と深化：地域機構の展開とEU危機への新たな視座」（代表：金子芳樹）における指摘。2019年2月16日。

8）「一帯一路」が提唱後、段階的に性格を変化させたという議論は、中国の学者も行っている（高程 2019）。2018年4月の時点で、外交部副部長の孔鉉佑は、「一帯一路」を「周辺外交」の議論の中で協力のプラットフォームであると位置付けた。「習近平外交思想和中国周辺外交理論与創新」『求是』、『共産党員網』2018年4月18日に掲載。

9）松田康博、2015。なお、習近平『習近平国政運営を語る』北京：外文出版社、2014。

10）例えば、孔鉉佑は、習近平が周辺外交に直接注意を払い、統一的にヴィジョン（擘画）を作成したと述べつつ、「中国の周辺外交理論と実践は不断に新しくなる（創新）」とした。孔鉉佑、前掲。なお、2019年6月、孔鉉佑は駐日大使に着任した。

11）「命運共同体」という表現は、しばしば「一衣帯水」というよく知られている四字熟語とセットで使われてきた。「一衣帯水」は、南北朝時代の末期、隋の文帝が陳を

攻めて滅ぼし、「再統一」を行った時にも理由づけとしたとされる。また、五代十国時代の末期、宋の太祖である趙匡胤が南唐を攻撃し滅ぼして中国の「再統一」を完成した時にも使ったとされ、天下は一家であり、寝台で寝ているその横で他人がいびきをかいているのを許せるものか、と言ったという。

12) 2019年5月にCSBAが発表した「海上圧力戦略」（MPS: Maritime Pressure Strategy）が象徴するアメリカのハードな軍事的対応によって、中国が見るQSDの意味も変化すると考えられる。

13) 非伝統的安全保障面では対テロ協力に関する議論が目立っていた。ASEAN諸国との関係改善を図る政策提言を含む議論として、盧光盛・周洪旭、2018年。現状分析としては例えばフィリピン南部地域を対象とした李捷・靳暁哲、2018年。中央アジア地域対象では、張寧、2018年。

14) アメリカの国力低下とともに、国内の動向もアメリカの対外政策の重要な要因であるという指摘については、趙明昊、2018年。

15) Political warfareという概念は、2018年ごろに盛んに研究された。アメリカのIRの研究動向に敏感な日本だが、筆者の知る限り、あまり注目されていないようである。30年もして、今の時期も歴史の一部と見なされるようになれば、このとき何が起きたのか、何がなされなかったのか、その代わりに何が重視されたのか、などが明らかになってくるのかもしれない。

16) 本稿での表記は、Kei Heとする。本来は苗字のHeのみで良いが、英語の代名詞と紛らわしいため、フルネームを使う。なお、漢字表記は「賀凱」である。

17) 一般に、中国系の研究者は、まず現状分析を精密に行った後に政策提言をすることが多い。日本では、自分が信じている政策提言に理由づけをするために現状の説明を進める傾向があるように思える。

18) IBの相手同士だけでなく、IBのパートナー間を見ると、敵対的ではないにしても半強制的な関係を見ることができる。2019年6月の時点で、モンゴルはSCOの正式メンバーではないが、中露が渋るモンゴルに対して正式メンバーになるよう強く働きかけたという報道がある。

19) この議論のライン上にあるものとしてBoustany, Jr., Chales W. & Aaron L. Friedberg, 2019. また、CFRの講演録であるCouncil on Foreign Relations, The Future of U. S. - China Relations, February 19, 2019 (C. V. Starr & Company Annual Lecture on China) も参照のこと。

【参考資料】

〈日本語〉

浅野亮（2019）「グローバル戦略としての『一帯一路』──進化的プロセスとガバナンス追求の間で」『グローバル・ガバナンス』No.5、3月、1-21頁。

───（2018）「『一帯一路』の論理と性格──経済と安全保障の両面から」『運輸と経

済』78: 12、12月号、30-38頁。

―――（2017）「東アジア地域秩序の変容――現状とそのメカニズム」『同志社法学』69: 4、9月、65-83頁。

―――（2016）「米中対峙下におけるアジア太平洋秩序変容と中国」アジア政経学会（於 一橋大学）、6月24日、自由応募分科会4「アジア太平洋秩序とチャイナ・ファクター」配布論文。

―――（2014）「台頭する中国とASEAN――東アジア秩序の変容とメカニズム」黒柳米司（編）『「米中対峙」時代のASEAN――共同体への深化と対外関与の増大』明石書店、5-70頁。

―――（2011）「『台頭する中国』とASEAN――新たな東アジア秩序の模索」黒柳米司（編著）『ASEAN再活性化への課題――東アジア共同体・民主化・平和構築』明石書店、117-143頁。

―――（2009）「中国の多国間主義――現実的リベラリズム？――『中国の台頭』下における新たな役割の模索」大矢根聡（編）『東アジアの国際関係――多国間主義の地平』有信堂、25-46頁。

―――（2005）「中国と東アジア共同体」国際安全保障学会（於 桜美林大学）、12月3日、部会1「東アジア共同体」配布論文。

野口和彦（2010）「中国の台頭とASEAN諸国の戦略――ソフト・バランシングによるリスク・ヘッジ」天児慧・三船恵美（編）『膨張する中国の対外関係――パクス・シニカと周辺国』勁草書房、89-130頁。

松田康博（2015）「習近平政権の外交政策――大国外交・周辺外交・地域構想の成果と矛盾」『国際問題』4月、37-47頁。

〈中国語〉

陳小鼎・王翠梅（2019）「周辺国家応対中国崛起的戦略選択――一種基于制衡能力和制衡意願的解釈」『当代亜太』2019年第1期、56-87頁。

高程（2019）「中美競争与「一帯一路」階段属性和目標」『世界経済与政治』2019年第4期、58-78頁。

韓志立（2019）「関係網絡的競争―― 『印太』戦略対東盟中心地位的挑戦――以関係主義身分理論為視角」『外交評論』2019年第2期（3月）、87-108頁。

賀凱・馮恵雲（2019）「領導権移転与全球治理――角色定位、制度制衡与亜投行」『国際政治科学』2019年第3期、31-60頁。

賀凱（2019）「美国印太戦略実質与中国的制度制衡――兼基於国際関係理論的政策分析」『現代国際関係』2019年第1期、13-21頁。

―――（2018）「亜太地区的制度制衡与競争性多辺主義」『世界経済与政治』2018年第12期、60-83頁。

金応忠（2019）「再論共生理論」『国際観察』2019年第1期、14-35頁。

李峰・洪郵生（2019）「微区域安全及其治理的邏輯――以「一帯一路」倡議下的「大湄

公河微区域」安全為例」『当代亜太』2019年第1期、118-154頁。

李巍・羅儀馥（2019）「従規則到秩序——国際制度競争的邏輯」『世界経済与政治』2019年第4期、28-57頁。

李捷・靳曉哲（2018）「転型与昇級——近年菲律賓南部恐怖主義発展研究」『国際安全研究』2018年第5期、21-38頁。

李沢（2019）「戦略行為匹配程度与美国亜太聯盟凝集力」『世界経済与政治』2019年第1期、128-155頁。

連波（2019）「追随戦略的『黄昏』基于東南亜国家対中美両国戦略取向的分析」『当代亜太』2019年第1期、88-117頁。

凌勝利(2018)「二元格局——左右逢源還是左右為難——東南亜六国対中美亜太主導権競争的回応（2012～2017）」『国際政治科学』3：4（2018）、54-91頁。

劉若楠（2019）「権力管控与制度供給——東盟主導地区安全制度的演進」『世界経済与政治』2019年第3期、79-107頁。

劉勝湘・辛田（2018）「均勢制衡与特朗普政府『印太』戦略論析」『当代亜太』2018年第3期、53-89頁。

盧光盛・周洪旭（2018）「東南亜恐怖主義新態勢及其影響与中国的応対」『国際安全研究』2018年第5期、3-20頁。

盧光盛・別夢捷（2018）「『命運共同体』視角下的周辺外交理論探索和実践創新——以瀾湄合作為例」『国際展望』2018年第1期、14-29頁。

任暁（2019）「従世界政府到『共生和平』」『国際観察』2019年第1期、36-50頁。

宋海洋（2018）「『印太』時代的来臨与印日関係的発展前景」『当代亜太』2018年第5期、66-93頁。

薛力（2018）「美国対華戦略——従両面下注到全面防範」『薛力的博客』（財新）2018年7月2日。2019年4月30日アクセス。元々は『世界知識』第13期（7月1日）所収。

汪海宝・賀凱「国際秩序転型期的中美競争——基于制度制衡理論的分析」『外交評論』2019年第3期、56-81頁。

王鵬（2018）「『対冲』与『楔子』——美国『印太』戦略的内生邏輯——新古典現実主義的視角」『当代亜太』2018年第3期、4-52頁。

王湘穂（2019）「混合戦——前所未有的総合」『解放軍報』2019年5月23日。

呉沢林（2018）「『一帯一路』倡議的功能性邏輯——基于地縁経済学的視角的闡述」『世界経済与政治』2018年第9期、128-153頁。

楊慧・劉昌明（2019）「美国視域中的『印太』——従概念到戦略」『外交評論』2019年第2期（3月）、59-86頁。

姚璐（2019）「論国際関係中的『共生安全』」『国際観察』2019年第1期、51-66頁。

張貴洪（2019）「『一帯一路』倡議与印太戦略的比較分析」『現代国際関係』2019年第2期、26-34頁。

張寧（2018）「『一帯一路』框架下中国与中亜国家反極端主義合作」『国際安全研究』2018年第5期、137-154頁。

張蘊嶺（2019）「周辺形勢評估的方法与判断」『愛思想』サイト、2019年3月29日。2019年4月21日参照。

――（2018）「百年大変局再思考」『東亜評論』2018年第2期、1-5頁。

張潔（2018）「美日印『四辺対話』与亜太地区秩序的重構」『国際問題研究』2018年第5期、59-73頁.

趙可金・翟大宇（2018）「互聯互通与対外関係――一項基于整体制度理論的中国外交研究」『世界経済与政治』2018年第9期、4-21頁。

趙明昊（2018）「大国競争背景下美国対『一帯一路』的制衡態勢論析」『世界経済与政治』2018年第12期、4-31頁。

〈英語〉

Borzel, Tanja & Thomas Risse (2019) "Grand Theories of Integration and the Challenges of Comparative Regionalism," *Journal of European Public Policy*, May 2019, pp.1-22.

Boustany, Jr., Charles W. & Aaron L. Friedberg (2019) *Answering China's Economic Challenge: Preserving Power, Enhancing Prosperity, NBR Special Report* No.76, February 2019.

Council on Foreign Relations (2019) *The Future of U.S.-China Relations*, February 19, 2019. (C.V. Starr & Company Annual Lecture on China)

Fioramonti, Lorenzo, (ed) (2013) *Regionalism in a Changing World: Comparative Perspectives in the New Global Order*, London: Routledge.

Jones, Seth G. (2018) *The Return of Political Warfare*, Center for Strategic & International Studies.

Goldstein, Lyle (2017) "The US-China Naval Balance in the Asia-Pacific: An Overview," *China Quarterly*, December 2017, pp.904-931.

Gompert, David C. & Philip C. Saunders (2015) *The Paradox of Power: Sino-American Strategic Restraints in an Age of Vulnerability*, Center for the Study of Chinese Military Affairs Institute for National Strategic Studies, National Defense University.

He, Kai (2018) "Role Conceptions, Order Transition and Institutional Balancing in the Asia-Pacific," *Australian Journal of International Affairs* 72:2 (March 2018).

―― (2009) *Institutional Balancing in the Asia Pacific: Economic Interdependence and China's Rise*, London: Routledge.

He, Kai, and Huiyun Feng (2018) "Game of Institutional Balancing: China, the AIIB, and the Future of Global Governance," *RSIS Working Paper*, No.314 (May, 2018).

Lee, Jeongsok (2012) "Hedging against Uncertain Future: The Response of East Asian Secondary Powers to Rising China," paper prepared for the International Political Science Association XXII World Congress of Political Science, Madrid, Spain, July 8-12, 2012.

Lim, Alvin Cheng-Hin, & Frank Cibuka (eds) (2019) *China and Southeast Asia in the Xi Jinping Era*, Lanham: Lexington Books.

Lipscy, Philip (2018) *Renegotiating the World Order: Institutional Change in International Relations*, Cambridge: Cambridge University Press.

Mahnken, Thomas G., Ross Babbage & Toshi Yoshihara (2018) *Countering Comprehensive Coercion: Competitive Strategies against Authoritarian Political Warfare*, Center for Strategic and Budgetary Assessments.

Meng, Weizhan & Weixing Hu (2018) "Reacting to China's Rise throughout history: Balancing and Accommodating in East Asia," *International Relations of the Asia-Pacific*, September 2018, pp.1-30.

Paul T.V. (2019) "Why Balancing Toward China is not Effective: Understanding BRI's Strategic Role," *RSIS Commentary*, No.049 (March 2019).

Robinson, Linda, Todd C. Helmus, Raphael S. Cohen, Alireza Nader, Andrew Radin, Madeline Magnuson & Katya Migacheva (2018) *Modern Political Warfare: Current Practices and Possible Responses*, RAND Corporation.

Ruland, Jurgen & Arndt Michael (2019), "Overlapping Regionalism and Cooperative Hegemony: How China and India Compete in South and Southeast Asia, *Cambridge Review of International Affairs*, pp.1-23.

Shambaugh, David (2019) "U. S. –China Rivalry in Southeast Asia: Power Shift or Competitive Coexistence ?," *International Security*, 42: 4 (Spring 2019), pp.85-127.

Singer, Peter & Emerson Brooking (2018) *Like War: The Weaponization of Social Media*, New York: Houghton Mifflin Harcourt.

Smith, Jeff, M. (2019) "Asia's Quest for Balance: China's Rise and Balancing in the Indo-Pacific," *Contemporary Southeast Asia*, 41:1 (April 2019), pp.147-149

Wigell, Mikael (2019) "Hybrid Interference as a Wedge Strategy: A Theory of External Interference in Liberal Democracy," *International Affairs*, 95:2, pp.255-275.

Yeo, Andrew (2019) *Asia's Regional Architecture: Alliances and Institutions in the Pacific Century*, Stanford: Stanford University.

── (2018) "Overlapping Regionalism in East Asia: Determinants and Potential Effects," *International Relations of the Asia-Pacific*, 18, pp.161-191.

Zhang, Feng (2018) "Is Southeast Asia Really Balancing against China?," *Washington Quarterly*, 41:3, pp.191-204.

第2章

米中対峙下における
アジア太平洋の多国間制度

福田　保

　　*小国は、結局のところ、大国による強制、大国間紛争による分断、そし
　て大国間協調による周辺化に最も脆弱である。*——アリス・D・バ[1]

はじめに

　1995年に採択された「ASEAN（東南アジア諸国連合）地域フォーラム
（ARF）コンセプトペーパー」には、地域が直面する主要課題の第一として
次が明記されている。「急速な経済成長期は、力関係における大きな転換
(significant shifts in power relations) をしばしば伴う。これは紛争に発展し得る。
ARFは平和維持のために、そうした［力の］移行 (transitions) に慎重に対
応しなければならない」(ARF 1995)。ARFは力の移行に伴う秩序の変容期
において、安定を促す役割を自らに課しているのである。ARFのみならず、
ASEANおよびそれを中心とする他の多国間制度も同様に、特定の問題の
解決よりも、国家間関係の構築・維持に主眼を置いている (Ba 2012: 124;
Leifer 1996: 55)。アジア太平洋の多国間制度は、2000年代後半以後の大国間
（特に米中間）で高まる緊張を緩和し、関係の改善を促進するのだろうか2)。
この問題関心が本章の主題である。
　米中間緊張の高まりは、「一帯一路」構想が具体化される時期とほぼ軌

を一にする[3]。同構想はアジア太平洋よりも広域な経済圏構想であるが、中国の地域ないし国際秩序ビジョンの投影であり、その影響は経済に留まらない。金立群アジアインフラ投資銀行（AIIB）総裁が、「一帯一路は経済を超える。より戦略的で地政学的なもので、その目的は人々に平和と繁栄をもたらすことである」と発言した通りである（World Economic Forum 2016: 20; 伊藤 2018: 52）。「一帯一路」構想は、米中対立の原因の1つでもあり、またその帰結でもある。本章は、「一帯一路」が緒に就く少し前、米中間緊張が高まりを見せる2000年代後半から今日（2019年半ば）までの約10年間に焦点を当て、ASEAN主導の多国間制度が大国間の緊張緩和に果たす役割を考察する。

　本章の議論は次の2点である。第一は、多国間制度は米中の大国間緊張の緩和に積極的な役割を果たしているとは言い難く、むしろ米中対立の舞台と化し、大国間対立・競争の拡大を招く一要因となっていること。第二は、これに関連して、多国間制度は安定的な力の移行ないし勢力均衡をもたらす主要因とはなりえず、地域秩序におけるその機能は極めて限定的なものに留まることである。以下では、本章の学術的意義を確認した後、アジア太平洋の多国間制度における米中関係の展開を辿る（第2節）。本節では、多国間制度においてルールと規範の形成をめぐる米中争いが展開され、その争いのなかでASEANが無力化され、多国間制度が大国間の緊張緩和において有効に機能していない現状を示す。さらに2010年代は、多国間制度の無力化を一つの原因として、大国主導の多国間制度・枠組みの活性化および新設が見られた。この展開を抗争的多国間主義の概念を手がかりにひも解いていく（第3節）。ASEAN主導の多国間制度内外においてそれぞれ進展があったことを踏まえ、最終節では多国間制度に内在する課題とその原因、また大国主導の多国間イニシアティブがそれに与える影響の2点を考察する（第4節）。

1．力の移行、勢力均衡、多国間制度——本章の学術的意義

　本章は次の二点の学術的および政策的貢献を行う。第一は、2019年7月

に25周年を迎えたARFをはじめとするアジア太平洋の多国間制度が、安全保障において果たす機能の評価である。本章冒頭にて言及したように、ARFは力の移行に伴う地域秩序の変容に対して、安定を促す役割を自らに課している。本章が対象とする多国間制度はARFに限定されないが、他のASEAN主導の多国間制度もコンセンサス意思決定を含む「ASEAN方式（ASEAN Way）」と呼ばれる会議原則によって運営され、対話や信頼醸成を基に安心供与（reassurance）を通じた安定的な国家間関係の維持を主眼とする。米中の力関係が変容し、対立の側面が深化するなか、多国間制度の現状を把握することは、その成果および課題を明らかにさせ、その今後の役割を検討する際の一つの手がかりを提供しよう。

　上記と関連する第二の貢献は、多国間制度が勢力均衡の対立的側面を緩和する機能を果たすか否かを検討する点である。故マイケル・リーファー（Michael Leifer 1996: 57-58）は、ARFなどの多国間制度は「安定的な勢力均衡の存在を前提としており、それをもたらすものではない」と論じた。つまり、多国間制度は安定した勢力均衡の結果生ずるものであって、決してその原因ではないという。この見解に対して、たとえばユエン・フォン・コン（Yuen Foong Khong 1997: 296, 298）は、多国間制度（ARF）は「勢力均衡の副産物として生じる競争的・対立的関係を緩和させるメカニズム」であると反論した。すなわち、多国間制度は安定的な勢力均衡をもたらす、地域の平和と安定の源泉であるとの見方である。本章は、米中の勢力均衡が変化する過程における多国間制度を取り扱うことから、この論争に対する一回答を提供しよう。

2．米中対峙下の多国間制度──ルール・規範形成をめぐる抗争

　2000年代後半から2019年半ばまでのアジア太平洋の国際関係は、米中関係を軸とする大国間競争および対立によって大きく規定されてきた。経済面では、アジア太平洋自由貿易圏の実現に向け、アメリカ（バラク・オバマ［Barack Obama］政権）は環太平洋パートナーシップ協定（TPP）、中国はASEANが取りまとめる東アジア地域包括的経済連携（RCEP）を競争的に

推進してきた（Pempel 2019）。ドナルド・トランプ（Donald Trump）政権に入ってからは、同大統領が選挙期間中から問題視していた米中間の貿易不均衡問題に着手し、これが2018年初頭より相互の関税発動合戦へと発展、いわゆる「米中貿易戦争」と称される事態に陥った。安全保障面での米中対立の最も顕著な例は、南シナ海をめぐるものである。南シナ海をめぐる緊張は、中国の政策転換に起因する。ASEAN諸国との友好関係構築を進めていた中国が、それまでの政策を軌道修正させ、南シナ海において積極的な行動をとるようになったのは2000年代後半である（青山 2018: 99-100）。中国の積極的な海洋進出は、フィリピン・ベトナム漁民の拿捕、軍事演習や資源探査の実施、米海軍音響測定艦の活動妨害、スカボロー礁の占拠、環礁埋め立てによる人工島建設に表れている。

　米中対立はアジア太平洋の多国間制度でも繰り広げられた。対立が最も露わになったのは、2010年7月にベトナム・ハノイで開催された第17回ARF閣僚会合であった。ヒラリー・クリントン（Hillary Clinton）米国務長官は、南シナ海における武力行使および武力による威嚇への反対を明言、名指しを避けながらも中国を批判した。報道によれば、多くのASEAN諸国が同長官の発言を支持し、これに憤慨した中国の楊潔篪外交部長（外務大臣に相当）は会議室から退室、1時間以上戻って来なかったという。以後、ARFを含む多国間制度において、地域秩序をめぐる米中争いが展開されることになる。

　アメリカは多国間制度において、ルール・規範形成を通じて中国の行動の抑制を模索した。多国間制度の強化はオバマ政権のリバランス／ピボット政策の主柱の一つであった。第1期オバマ政権で東アジア・太平洋担当国務次官補（2009-13）を務めたカート・キャンベル（Kurt Campbell）氏はその著書で、アジア太平洋における「ルールに基づく制度を通じた秩序（a rules-based institutional order）」の重要性を強調し、多国間制度が「地域のルールと規範を形成し、強化する力を有する」と指摘する（Campbell 2016: 199）。だからこそ、「アメリカが共通の価値に関する合意を［模索する］のであれば……その戦略は地域制度への関与を要する」と論じる（同上: 271）。同様に、第2期オバマ政権でキャンベル氏の後任を務めたダニエル・ラッセ

ル（Daniel Russel）東アジア・太平洋担当国務次官補（2013-17）も、アメリカがアジア太平洋の多国間制度の発展を重視する理由を、「強力な地域制度はルールに基づく秩序を促進する」ためと述べている（Russel 2014）。

　国務省高官の発言を裏付けるように、アメリカはARFやEASなどの多国間制度で、地域秩序におけるルール・規範の重要性を繰り返し強調してきた[4]。EASに出席したオバマ大統領は、EAS参加国が国際ルールと規範を共有する重要性を強調した（The White House Office of the Press Secretary 2011）。2011年11月の第6回EASで採択された「互恵関係に向けた原則に関するEAS首脳宣言」は、その名称通りEAS諸国間関係を規定する基本原則を謳う宣言である。同宣言を通して、EAS参加国は「海洋に関する国際法は地域の平和と安定を維持するための必須の規範（crucial norms）を含むことを認識」した（EAS 2011）。2014年にも、ジョン・ケリー（John Kerry）米国務長官はARFで南シナ海における挑発的行為の凍結を提案した。多国間制度におけるこのようなアメリカの言動の背景には、ルールに基づく秩序構築にあたって、ASEANは「中核的役割（essential role）」を果たすとの認識ないし期待がある（Donilon 2012）。このように、アメリカは多国間制度を通じて地域諸国とともにルール・規範を形成・強化し、南シナ海における中国の行動を改めさせる、もしくは同国の行動がそれに即していないことを国際社会に広く認識させようとする多国間制度外交を展開した。

　アメリカの多国間制度外交に対して、中国が展開した外交は「制度内妨害（institutional obstruction）」である（Ikenberry and Lim 2017: 8）。制度内妨害とは、多国間制度が促進を目指している特定のルール・慣行・規範が実現ないし正統化されないよう、同制度への参加を通じてそれを制限・妨害・封じ込める行為を指す。それはたとえば、意思決定過程における妨害行為によって可能となる。ASEANを中心とするアジア太平洋の多国間制度は、コンセンサス意思決定方式を採用しているため、コンセンサスができないよう画策すれば良い[5]。中国は多国間制度の「運転席」に座るASEANの分断を図った。中国に与する国には潤沢な経済援助を行い、そうでない国には援助停止・制裁を加えるという「アメ」と「ムチ」の政策を展開した。前者の好例はカンボジア、後者のそれはフィリピン（ベニグノ・アキノ3世

（Benigno Aquino Ⅲ）政権）である[6]。

　中国の制度内妨害は功を奏した。日米が領有権の主張は国際法に依拠すべきことを主張しても、議長声明では国際法に基づく平和的解決という表現に弱められたり、挑発的行為凍結の提案や常設仲裁裁判所による裁定の遵守を強調しても、議長声明には言及すらされなかったり、多国間制度で採択された声明・宣言は、中国の意向に沿うものとなった。

　ASEANには中国の行動への強い非難を求める加盟国とそれを望まない加盟国が混在することから、地域組織として一致した見解を打ち出すことができなかった。ほとんどのASEAN諸国にとって中国は最大貿易相手国、また巨額の経済援助を行ってくれる寛大なドナーであるため、中国を強く非難することは現実的な選択肢ではなかった。ASEANの分断ぶりは、2012年の第45回ASEAN外相会議でASEAN史上初めて、議長声明の不採択に終わったことに端的に表れている。

　大国間の緊張緩和については、加盟国間の立場にバラツキがあることから、ASEANによる積極的な関与ないし介入は行われていない。2012年にASEAN外相会議が物別れに終わった際には、ASEAN加盟国間の対立緩和を目的にインドネシアのマルティ・ナタレガワ（Marty Natalegawa）外相が加盟国5カ国（カンボジア、フィリピン、シンガポール、タイ、ベトナム）を訪問し、「南シナ海の6原則」の合意に漕ぎ着けた。しかし米中関係においては、類似のイニシアティブがとられたことは一度もない。

　だが、ASEANの外交努力は、緊張緩和ではなく、米中対立悪化の回避に向けられていると捉えられなくもない。それは第一に、ASEAN首脳が機会を捉えて米中双方に自制を呼びかけていること、第二に、南シナ海問題の争点化を避けていることに表れている。後者は、中国の軍事拠点化が着々と進展しているにもかかわらず、南シナ海を「平和、安定および繁栄の海とすることで利益を享受することを確認」したように、安定を強調していることに示される（ARF 2018; EAS 2018）。2010年のARFでの事態の再現を避けるべく、中国を刺激しないようASEANの中国寄りの姿勢が目立っているが、それがASEAN流の紛争管理および大国間関係の管理といえるのかもしれない[7]。

3．アジア太平洋における抗争的多国間主義

(1) 抗争的多国間主義

　以上のように、多国間制度ではアメリカによるルール・規範形成の追求、中国による制度内妨害といった、ルール・規範形成をめぐる攻防が繰り広げられた。しかしその攻防の結果は、アメリカにとって満足のいくものではなかった。アメリカが目指したルール・規範が多国間制度で広く受け入れられず、また中国の行動を抑制させる効果も生んでいないためである。他方、中国にとっても、アメリカの攻勢を防ぐだけでは、自国の地域秩序ビジョンの拡大・浸透に資さないため、十分な成果を得たわけではなかった。両国はASEAN中心の多国間制度では不十分と考え、「場外戦」を展開するに至った。すなわち、自国の国益により沿う多国間制度ないし枠組みの強化および新設である。米中の行動は、「抗争的多国間主義（contested multilateralism）」の概念によって捉えられる（Morse and Keohane 2014）。

　抗争的多国間主義とは、既存の多国間制度のルール・慣行・ミッションに挑戦するために、異なる多国間制度を用いることを意味する。より具体的には、国家（ないし非国家アクター）が、ある既存の多国間制度から他の既存の多国間制度へと焦点を移すこと、もしくは代替となる新たな多国間制度を創設することのいずれかを通じて、既存の多国間制度との競合を図る際に、抗争的多国間主義の現象が起こる（同上: 387）。その意図は現状（status quo）の変更であり、既存の多国間制度のルール・規範・慣行に不満を抱いている国ないし国々がとる政策オプションである[8]。その政策オプションには二つの形態がある。「レジーム・シフティング（regime shifting）」と「競争的レジーム創設（competitive regime creation）」である。レジーム・シフティングは、ある既存の多国間制度のルール・規範・慣行に不満を抱いている国ないし国々が、異なる既存の多国間制度を通じて、前者とは異なる新たなルール・規範・慣行の形成を目指す。他方、競争的レジーム創設は、代替となる多国間制度の新設を通じてその実現を目指す[9]。以下では、これら二つの事例をそれぞれ取り上げる。

(2) レジーム・シフティング

　アメリカによるレジーム・シフティングの一例は、日米豪印安全保障協力枠組み（Quadrilateral Security Dialogue: QSDないしQuad）である。Quadは2007年に安倍晋三首相の提案により4カ国協議が開催されたが、オーストラリアの離脱表明などにより頓挫し、実質的な協力は行われてこなかった。同枠組みは対中牽制の色合いが強く、実際中国からも反発があったことから、中国との経済関係を深めるオーストラリアやインドはQuadに消極的であった。しかし2017年11月、4カ国がマニラで10年ぶりに集い、インド太平洋地域におけるルールに基づく秩序の確保に向けた局長級協議を行った（外務省 2017）。2017年に再開したのには、二つの関連した理由があろう。第一は、南シナ海など中国の海洋進出に対して、インドやオーストラリアが警戒感を強めたためである（神保 2018）。第二は、ASEANを中心とする多国間制度への不満である。たとえばアメリカ、オーストラリア、日本はARFの進展に不満を抱き、具体的な成果を求めてきた国々である。とりわけアメリカは、中国が近隣諸国と共通のルールを作り、そのルールに則って行動するよう説得する効果を多国間制度に期待していた（Newton-Small 2013）[10]。しかし期待した効果は生まれていない。実際、これら3国の外相らは2016年7月、常設仲裁裁判所による南シナ海の裁定への言及すら行われなかったARF会合後、日米豪閣僚級戦略対話を開き、南シナ海における人工島建設など強制的かつ一方的な行動に「強い反対」を述べ、中国とフィリピンの両国名を挙げて仲裁判断を遵守するよう求めた（外務省 2016）。

　Quadが今後どのような展開を見せるかは定かではないが、日米豪印4カ国がARFよりもQuadを重視するようになり、それによってアジア太平洋の多国間制度の重要性が相対化される恐れがあるとASEAN諸国は憂慮している（Chalermpalanupap 2018; Saha 2018）。その背景には、2017年11月のダナンでトランプ大統領が「自由で開かれたインドに太平洋戦略」を披露した際、演説ではASEANの中心性どころかASEANへの言及すらなかったことがある（Trump 2017）。そしてその2日後のマニラでは、上述の10年越しの4カ国局長級協議が開催された。翌13日の米ASEAN首脳会議でも、

アメリカのインド太平洋戦略における ASEAN の位置付けについての明確な説明はなかったという (Searight 2018)。このような経緯から、東南アジアではトランプ政権は Quad 重視に舵を切り、それが ASEAN の中心性に取って代わる枠組みとなるのではないかという不安が生まれた。その後、アメリカは ASEAN の中心性への言及を怠ることはなくなったが、大国主導の、民主主義国による価値観を共有する者同士（like-minded）で形成される安全保障協力枠組みへの ASEAN の不安は払拭されてはいない。

　レジーム・シフティングは中国にも見られる。アジア信頼醸成措置会議（CICA）や SCO である。2014 年の CICA において、習近平国家主席は冷戦思考の安全保障観は時代錯誤で 21 世紀にはそぐわないとして、名指しは避けながらもアメリカのハブ・アンド・スポークを要とする地域安全保障秩序を批判した。そして、アジア人は安全保障観を刷新しなければならず、共通・包括的・協調的・持続可能な安全保障に基づく「新たな地域安全保障協力アーキテクチャーの設立」を提唱したのである (Xi 2014)。その「真意」は、戦後構築されたアメリカ中心の古き地域秩序から脱し、アジア諸国は中国の新たな地域秩序を支持すべきであるというものと解される (Feng and He 2017: 41, 44)。既存の国際・地域秩序とは異なる新たな規範を形成し、新たなルールを書くことを中国は意図している（同上: 44）。経済・軍事大国化するにつれ、秩序の根幹を成すルール・規範や多国間制度の形成プロセスに関与する願望が強まることは、国家としてむしろ当然であろう (Capie 2012: 170)。

　中国のレジーム・シフティングの対象はアメリカ中心の安全保障秩序であり、ASEAN 主導の多国間制度ではない。実際、習国家主席は共通・包括的・協調的安全保障を強調し、安全保障における ASEAN の役割についても肯定的な発言をしている。しかし、自国中心の地域秩序構築を目指すのであれば、中国が強い影響力を発揮できる制度を重視するのは必然であろう。中国は「新たな」多国間制度の設立を提案しているが、2019 年 6 月時点においては競争的レジーム創設に向けた具体的な動きは見られておらず、CICA および SCO の強化推進を伴うレジーム・シフティングに留まっている。だが、いずれの形態の抗争的多国間主義であっても、結果的に

ASEAN中心の多国間制度の重要性は相対的に低下する恐れは十分ある。習国家主席はアジアの安全保障は包摂的でなければならないとも発言したが、ASEAN主導のアジア太平洋多国間制度はアメリカを含む包摂性である。アメリカの排除が示唆される習国家主席の新アジア安全保障観は、この点において同多国間制度と相反する。

(3) 競争的レジーム創設

　抗争的多国間主義のもう一つの形態である競争的レジーム創設の事例は、AIIBである。AIIBは「一帯一路」構想を実現するために、すべてのASEAN10カ国を含む57カ国の参加を得て2015年12月に設立された中国主導の国際金融機関である。2019年6月現在、97カ国・地域が加盟しており、アジア開発銀行（ADB）の加盟国67カ国・地域を優に超える。金立群AIIB総裁は、AIIBの目的は世界銀行やADBなど既存の多国間制度を補完することであって、競争ないし代替することではないと述べたが（Anderlini 2016; Ikenberry and Lim 2017: 10）、これらと競合することは疑いない。事実、北京大学の黄益平によれば、「一帯一路」構想の背景には世銀や国際通貨基金などの既存の国際経済機関に対する不満があるという（Huang 2016: 315）。新興国である中国は、国際経済ガバナンスにおいてより大きな責任を担う意思を常々示していたが、これら国際経済機関の改革は困難で遅々として進展しなかったため、新設のAIIBや「一帯一路」構想を通して「国際的な影響力の拡大」と「グローバル経済システムの再形成（reshaping）」を模索したのだという（同上）。また、AIIBと「一帯一路」は、中国を「意図的に排除」するアメリカ主導のTPPへの対抗措置としての側面もある（同上: 318）。

　AIIBはアメリカ（および日本）主導の国際・地域経済秩序への異議申し立てであるため、ASEAN主導の多国間制度への直接的な挑戦ではない。インフラ投資を要するASEAN諸国は、AIIBを原則歓迎している。だが、AIIBに対する懸念がまったくないわけではない。たとえば、AIIBの投資プロジェクトが対インドネシア、対マレーシアという具合に特定の国に向けられるものであって、ASEANなどの組織的枠組みを超えるものが多い。

ASEANを介さないAIIBのバイラテラル・アプローチに弾みがつけば、中国中心の経済協力がアジア太平洋に形成される可能性がある。そうなればASEAN主導の多国間制度は相対化され、アジア太平洋におけるASEANの中心性が弱まるかもしれない（Gong 2019: 643）[11]。

　以上のように、2000年代後半以後のアジア太平洋の多国間制度をめぐり、二つのダイナミズムが見られた。第一は、アジア太平洋の多国間制度におけるルール・規範形成をめぐる米中の攻防である。多国間制度は米中対立の舞台と化し、これらを主導するASEANは加盟国間で分断され、米中間の緊張緩和を図る積極的な取り組みはとられていない。大国間関係の管理の観点からいえば、多国間制度は麻痺状態に陥ってしまっている。なぜそのような状況になったのだろうか。

　第二は、米中はASEAN中心の多国間制度とは異なる他の既存の多国間制度・枠組みの強化、および新たな多国間制度の設立を行った。この動きを1990年代に始まったアジア太平洋の多国間制度の発足・進展と対比させ、米中両大国による多国間制度外交を「多国間主義2.0」と捉える向きもある（He 2019）[12]。米中による抗争的多国間主義は、日本を含む大国間関係および既存の多国間制度にどのような影響を与えるのだろうか。以下では、これら二つの点を考察する。

4. アジア太平洋の多国間制度の二つの課題

　前節までの議論で、2000年代後半以後の米中対立が激化するなか、ASEAN中心の多国間制度は、制度内に存在する課題と、制度外からの挑戦という二つの課題に直面していることが明らかとなった。前者は大国間の緊張緩和に向けた積極的な方策が取られていない点、後者は大国主導の多国間制度・枠組みがASEAN主導の多国間制度の役割および存在感を低下させる可能性である。本節では、前者についてはその理由、後者についてはそれが大国間対立および既存の多国間制度に与える影響について考察する。

(1) 大国間の緊張緩和における課題

　米中対立が激化し、それが多国間制度を一つの舞台として展開されている状況下、多国間制度においては大国間緊張の緩和に向けた積極的な努力がとられていない。その理由を、多国間制度を主導するASEANに着目すると、それはASEANの中立性（neutrality）に起因するといえよう。1971年の「東南アジア平和自由中立地帯（ZOPFAN）宣言」の採択が示すように、ASEANは中立性を保つためにいずれの大国に対しても近からず遠からず等距離外交を展開してきた（福田 2018）。ASEANの中立性は、不偏性（impartiality: 大国間関係において特定の大国に与しないこと）と自律性（autonomy: 東南アジアへの域外国による介入を制限すること）の二つを主要構成要素とするが、米中対立の激化に伴いASEANは自律性よりも不偏性を重視するようになっている（Emmers 2018）。つまり、大国間対立への巻き込まれとASEAN内のさらなる分断を回避すべく、ASEANは米中対立から意図的に距離をとっているのである。2019年6月の第34回ASEAN首脳会議で、ASEANは「インド太平洋に関するASEANの見解（"ASEAN Outlook on the Indo-Pacific"）」を採択したが、これを主導したインドネシアのジョコ・ウィドド（Joko Widodo）大統領は、同見解の背景には米中対立に巻き込まれないようにする狙いがあることを認めている（野上・貝瀬 2019）。

　巻き込まれの回避は小国の外交策としてはむしろ賢明であって、ASEANにとっては大国に自制を求めることが関の山かもしれない[13]。だが、多国間制度の「運転席」に座ることを主張し、これを参加国に念を押すように強く訴えてきた経緯を踏まえれば、ASEANは会合議長（コンビーナー）に留まるのではなく、大国間緊張の緩和促進者（ファシリテーター）としての役割が期待される。米中ASEAN三者協議の開催などを通じて、ASEANは大国間関係の管理に関与できよう。その際、ASEAN全加盟国が参加するとASEAN内の分断が露わになるだけであるため、たとえば、ASEANを代表してASEAN事務総長がファシリテーターの役割を果たすことは検討に値するのではないだろうか。ASEAN事務総長の役割強化は、ASEANの積年の課題の一つでもある。

　ASEAN外交に関連して、多国間制度で採用されているコンセンサス意

思決定方式への言及が必要であろう。アメリカによる多国間制度における
ルール・規範形成の努力が、中国の制度内妨害によって阻まれた背景には、
コンセンサス方式があるからである。アメリカ（および日本やオーストラリ
ア）からすれば、コンセンサス方式は多国間制度の進展および安全保障に
おける役割強化を阻害する一要因として映ろう[14]。だが、中国の反対を軽
視してルール・規範形成の方向に進んでいたら、中国の反発は相当に強
かったであろうことは容易に想像がつく。反発に続いて起こるのは、中国
による恫喝、米中緊張の激化であったかもしれない。すなわち、コンセン
サス方式によって、米中対立のさらなる悪化が回避された可能性は否定で
きない。また、中国がレジーム・シフティングや競争的レジーム創設を進
めていることを考慮すれば、コンセンサス方式の見直しは中国の多国間制
度離れを助長する。制度離れは、大国の緊張緩和における多国間制度の役
割をさらに弱めるだけである。大国、特に中国の関与を確保し続けるうえ
で、コンセンサス方式の功罪は慎重に評価されるべきであろう。

　米中間の緊張緩和を困難にしている要因は、米中両大国の外交にも見出
せる。それは、米中は協調的安全保障ではなく、軍事力行使の威嚇を伴う
強制外交を展開している点である。たとえば、南シナ海におけるインペッ
カブル事件（中国人民解放軍海軍艦艇を含む中国艦船が米音響測定艦インペッカブル
の進路を妨害した事件）や、アメリカの「航行の自由作戦」は、相互の行動
に対する異議申し立てを目的とした示威行動であり、こうした行動が両国
の緊張を高めている（Green et al. 2017: 52-65）。

　米中は共に、相互の不信感および敵対心を隠そうとしない。オバマ大統
領は「（我々と価値を共有しない）中国のような国に世界経済のルールを書か
せるわけにはいかない」と発言したし（Obama 2015a; Obama 2015b）、クリン
トン国務長官も「中国に支配された世界に孫を住まわせたくない」と述べ
たと報道されている（Goldberg 2016）。トランプ政権の対中不信はより強い。
2017年の『米国家安全保障戦略（NSS）』は中国を「修正主義勢力
（revisionist powers）」の一角と位置付け、同国は「アメリカの価値と国益に相
反する（antithetical）世界形成を目指しており」、「インド太平洋地域におい
ては［自らが］アメリカ［の覇権］に取って代わり……自国にとってより

都合の良い地域秩序に変更しようとしている（reorder the region in its favor）」と警戒する（The White House 2017: 25）。

一方、中国も負けてはいない。2019年6月のアジア安全保障会議（シャングリラ・ダイアローグ）で演説した魏鳳和国務委員兼国防大臣は、台湾および南シナ海におけるアメリカの政策を「誤った言動」と強く非難した（Wei 2019）。また、中国政府が同年7月に公表した国防白書は、アメリカの「一方的な政策」が「主要国間の競争を引き起こし、激化させ、……世界の戦略的安定性を損ねている」と批判した[15]。相互に信頼を欠く米中がそれぞれを脅威と捉えて強制外交を展開する状況下では、多国間制度における緊張緩和は難しい。

(2) 大国主導の多国間制度・枠組みからの挑戦

米中対立はアジア太平洋の多国間制度内に留まらず、大国主導の多国間制度・枠組みの活発化および新設へと発展した。これらはASEAN主導の多国間制度への挑戦となり得る。すでに述べたように、米中がレジーム・シフティングおよび競争的レジーム創設を推進する背景には、同多国間制度への不満があるからである。中国の行動を抑制できない多国間制度への不満が、アメリカを二国間同盟・パートナーシップ関係の強化およびQuad協力へと駆り立てている[16]。同様に中国も、アメリカからの圧力を凌ぐだけではなく、自国の影響力の伸張を目的にCICAやSCOの強化、およびAIIBの創設に力を注いだ。米中による抗争的多国間主義、特にAIIBの創設は、大国間競争・対立の加速および拡大を招いている。

AIIBを強く意識したのは、アメリカと共にADBを主導する日本である。イギリス、フランス、ドイツを含む計57カ国によってAIIBが創設されることを中国が2015年4月に発表した翌5月、安倍晋三首相は「質の高いインフラパートナーシップ」を唱え、5年間で約1,100億ドルを投資すると表明した。同パートナーシップは、ADBとの連携強化を図るもので、国際協力機構を通じて15億ドルを出資し、新たな信託基金（アジアインフラパートナーシップ基金: LEAP）を創設した。さらに2017年5月のADB年次総会において、ADBが別途新設した高度技術信託基金に日本が最初の拠出

国として2年間で4,000万ドルを提供することを表明した（ADB 2017）。ADBの融資額も増加しており、2018年の358億ドルの融資は2年前の40%増である（Bird 2019）。日本のインフラ投資支援は、東南アジアから南アジアや中央アジアにまで至る地域のインフラ整備を推進し、「一帯一路」構想で想定される地理的範囲と一部重複することから、「静かな一帯一路（silent Belt and Road）」とも形容される（同上）。中国はこれをAIIBに対する日本の対抗策と捉えている[17]。

　「質の高いインフラパートナーシップ」の一環として、日本は中国の影響力が増大するメコン地域開発にも力を入れている[18]。「日・メコン連結性イニシアティブ」や「日メコン協力のための東京戦略2018」など種々のイニシアティブを通じて、日本はハード面およびソフト面のインフラ整備を行っている（総理大臣官邸 2015）。メコンのインフラ投資を行っているのは中国[18]と日本だけではない。アメリカはメコン河下流域イニシアティブ、インドはメコン・ガンガ（ガンジス）協力やメコン・インド経済回廊、ベンガル湾多分野技術経済協力イニシアティブ（BIMSTEC）などでハード・ソフトの連結性を強化している。大メコン圏は現在、米中日印による4大国間競争の舞台の様相を呈している。

　日中競争は2000年代前半にも展開した。中国が2001年にASEAN全体との自由貿易協定交渉を開始したことを受け、翌2002年に日本が日ASEAN包括的経済連携を提唱した。その後、中国は東アジア自由貿易地域（EAFTA）、日本は東アジア包括的経済連携（CEPEA）を提案し、東アジア経済圏構想をめぐる競争へと発展した（たとえば大庭 2014）。これを「日中経済競争1.0」とすれば、AIIB発足後のインフラ投資をめぐる競争は「日中経済競争2.0」と捉えられよう。日中経済競争は、援助合戦の様相を呈することから、ASEAN各国にとってはメリットが大きいとして歓迎されている。南シナ海問題をめぐる米中対立では、ASEAN諸国がいずれかの大国を選択するよう迫られる状況へと発展しうるが、インフラ投資をめぐる日中競争においては、両方の大国を同時に選択できる（Cook 2018）。後者ではASEAN内の分断の恐れもない。インドネシアのスリ・ムルヤニ・インドラワティ（Sri Mulyani Indrawati）財務大臣は、アジアのインフラ投資を

めぐる日中間競争は健全（healthy）で東南アジアの発展を加速させると述べ、歓迎の意を示している（Tani 2017）。

しかし、日中経済競争1.0での東アジア貿易圏構想では ASEAN + 3 と ASEAN + 6 といった「ASEAN プラス」をベースとした競争であったが、ADB と AIIB を絡む日中経済競争2.0はそうではない。たとえ日米中のいずれの大国も ASEAN 主導の多国間制度の役割低下を意図していないとしても、大国主導の多国間制度がモメンタムを得れば、結果的に前者の存在感は相対的に低下する。上述した AIIB に対する ASEAN の懸念が現実となる可能性がある。

おわりに

本章は、「一帯一路」構想が公式に提唱されるやや前の2000年代後半から2019年半ばまでに焦点を当て、米中の大国間緊張緩和におけるアジア太平洋の多国間制度の役割を検討した。第一に、同多国間制度内では米中によるルール・規範形成をめぐる争いが展開されたが、ASEAN はその争いによって分断され、また中立性重視の方針から大国間関係から距離をとり、関与の姿勢を見せなかった。大国間関係の改善という地域安全保障よりも、大国との良好な関係を維持するという ASEAN 各国の国益重視の姿勢が、ASEAN の中心性を自ら制約させたのである。米中対立は ASEAN 主導の多国間制度外にスピルオーバーし、大国主導の多国間制度・枠組みの活性化・新設へと発展した。AIIB 創設は、新たな日中経済競争に拍車をかけるなど、大国間対立・競争の拡大を招いている。以上の進展から、アジア太平洋の多国間制度は、米中の大国間緊張の緩和に資する積極的な貢献を果たしているとはいえず、むしろ米中対立の舞台と化しているといえよう。

第二に、地域秩序形成・維持における多国間制度の役割、具体的には多国間制度が勢力均衡の対立的側面を緩和する機能を有するか否かについても、肯定的な結論を導き出すことは難しい。ARF の設立から25年が経ち、その間に EAS や ADMM プラスも発足したが、多国間制度は安定的な力の

移行や勢力均衡をもたらすメカニズムには未だなっておらず、その機能および有用性はリーファーが論じたように、安定的な勢力均衡があらかじめ成立していることによって発揮されるのかもしれない。すなわち、2000年代後半以後の展開を踏まえる限り、多国間制度は安定的な地域秩序の原因ではなく、結果であるとの見方がより有力といえる。

　だが、矛盾するように聞こえるかもしれないが、多国間制度に過度な期待を抱くべきではない。大国同士でも改善や解決が困難な問題を、小国の集合体であるASEANに課すことは酷である。とはいえ、大国間関係改善のお膳立てをすることは可能であろう。米中両大国は相互信頼を欠いていることから、大国任せでは緊張緩和は見込み薄である。そこにASEANの役割が求められる（Goh 2011）。すなわち、大国間緊張の緩和を促すファシリテーターの役割である。

　ASEANが主導する多国間制度は、協議に重点を置いていることから、これまで「トークショップ（おしゃべりの場）」と揶揄されてきた。しかし、対話を通じた信頼醸成の意義を軽視すべきではない。米中間の力関係が変容している今日のアジア太平洋において、このトークショップこそが、大国間の緊張を緩和させるうえで重要な役割を果たし得る。そのためには、ASEANの取り組みのみならず、大国による協力も不可欠である。

【注】

1）（Ba 2012: 122）
2）アジア太平洋の多国間制度（ないし既存の多国間制度）とは、本章ではASEAN主導の多国間制度を指し、ARF、ASEAN＋3、東アジア首脳会議（EAS）、拡大ASEAN国防相会議（ADMMプラス）などである。
3）同構想は、習近平国家主席が2013年9月にカザフスタンのナザルバエフ大学で「シルクロード経済ベルト」、翌10月にインドネシア国会で「21世紀海上シルクロード」を提唱したことから、習近平体制になってから始動したと捉えられることが少なくない。しかし、実際には胡錦濤前政権末期から類似の政策が動き出していた。たとえば、温家宝首相は2012年1月の中東歴訪の際に「新シルクロード」に言及したし、同年6月には胡錦濤国家主席が上海協力機構（SCO）理事会にて古のシルクロードに新たな意義を付与すると発言した（伊藤 2018: 20-1）。

4）この点はトランプ政権も同様である。2018年8月、ARFを含む一連のASEAN関連会議に出席したマイケル・ポンペオ（Michael Pompeo: 2018）国務長官は、ルールに基づく秩序の重要性を訴えた。

5）ARFにおいて、中国が第二ステージである予防外交への進展を受け入れながらも、その理念や定義を限定的なものにしたり、実際の運用までに発展しないよう妨げたりする行為は、制度内妨害の好例である。

6）中国は2012年6月、フィリピンの主要輸出品であるバナナに輸入規制措置を断行した。しかし、ドゥテルテ政権が中国との融和を進めたことで、2016年10月に規制は解除された。

7）特定の国に配慮して会議を運営するのはASEANだけではない。G20首脳会合においても、2017年（ハンブルク）、2018年（ブエノスアイレス）、2019年（大阪）の首脳宣言はいずれもアメリカの保護主義に対して一定の配慮を示している。2018年・2019年のそれは、アメリカの強い反対から「保護主義と闘う」との文言は明記されなかった。

8）ただし、モースとコヘインは、抗争的多国間主義は国家・非国家アクターの戦略のみならず、その状況も意味するという。

9）競争的レジーム創設は、アイケンベリーとリムの論文（Ikenberry and Lim 2017）における「外的革新（external innovation）」に類似する。

10）米戦略国際問題研究所のアーネスト・バウアー（Ernest Bower）氏のコメント。

11）ASEAN主導の多国間制度への影響以外に関するASEAN諸国の懸念も指摘されている。中国の「債務の罠」、南シナ海における中国のプレゼンスの強化などが挙げられる（Gong 2019）。

12）（He 2019）を所収する *The Pacific Review* 32: 2 (2019) は、「多国間主義2.0」をめぐる論文を掲載している。

13）ASEAN諸国首脳らは機会があるごとに、米中に自制を呼びかけてきた。2019年6月時点での直近の例は、同年5月末にシンガポールで開催されたアジア安全保障会議（シャングリラ・ダイアローグ）でのシンガポールのリー・シェンロン首相の基調講演がある（Lee 2019）。

14）アメリカの評価は（Cossa 2009）に端的に表れている。

15）（2019）「中国の国防白書、『世界の安定損ねる』と米批判」*AFP.* 7月24日、https://www.afpbb.com/articles/-/3236714（2019年7月24日アクセス）。

16）アメリカのASEAN諸国との同盟・パートナーシップ強化については（福田 2013）。

17）（2017）「中国のAIIBに対抗、日本が新たに4000万ドルを拠出すると表明——中国メディア」*Record China.* 5月7日、https://www.recordchina.co.jp/b177355-s0-c10-d0042.html（2019年6月20日アクセス）。

18）中国のメコン支援プロジェクトの一つとして、瀾滄江メコン開発協力がある。

【参考資料】

〈日本語〉

青山瑠妙（2018）「中国とアジア──中国による「関与政策」と影響力の拡大」福田保
　編『アジアの国際関係──移行期の地域秩序』春風社、89-105頁。

アジア開発銀行（ADB）（2017）「ADBが高度技術信託基金を設立、日本が最初の拠出
　国」アジア開発銀行ホームページ、5月6日、https://www.adb.org/ja/news/adb-
　establishes-fund-promote-high-level-technology-japan-first-donor（2019年6月20日アクセ
　ス）

伊藤亜聖（2018）「中国・新興国ネクサスと「一帯一路」構想」末廣昭・田島俊雄・丸
　川知雄編『中国・新興国ネクサス──新たな世界経済循環』東京大学出版会、17-74
　頁。

大庭三枝（2014）『重層的地域としてのアジア──対立と共存の構図』有斐閣。

外務省（2016）「日米豪閣僚級戦略対話 共同ステートメント」ビエンチャン、7月25日、
　https://www.mofa.go.jp/mofaj/a_o/ocn/page3_001738.html（2019年5月18日アクセス）。

──（2017）「報道発表 日米豪印のインド太平洋に関する協議」11月12日、https://
　www.mofa.go.jp/mofaj/press/release/press4_005249.html（2019年5月18日アクセス）。

神保謙（2018）「「インド太平洋戦略」と沈黙する日米豪印「クワッド協力」」（キャノン
　グローバル戦略研究所コラム）6月13日、https://www.canon-igs.org/column/
　security/20180613_5088.html（2019年5月18日アクセス）

総理大臣官邸（2015）「質の高いインフラパートナーシップ──アジアの未来への投資」
　5月21日、https://www.kantei.go.jp/jp/singi/keizaisaisei/wg/kokusai/dai2/siryou1.pdf（2019
　年6月21日アクセス）。

野上英文・貝瀬秋彦（2019）「プラごみ観光地汚染を懸念 インドネシア大統領単独会
　見」『朝日新聞』6月26日付朝刊、11面。

福田保（2013）「東南アジアにおける米国同盟──提携の多角化と仮想同盟の形成」久
　保文明編『アメリカにとって同盟とはなにか』中央公論新社、243-276頁。

──（2018）「東南アジア諸国とアジア──5つのバランシング戦略」福田保編『アジ
　アの国際関係──移行期の地域秩序』春風社、147-166頁。

〈英語〉

Anderlini, Jamil (2016) "Lunch with the FT: Jin Liqun." *Financial Times*. April 22.

Association of Southeast Asian Nations (ASEAN) (2019) "ASEAN Outlook on the Indo-Pacific."
　Bangkok, June 23.

ASEAN Regional Forum (ARF), The. (1995) "The ASEAN Regional Forum: A Concept Paper."
　Bandar Seri Begawan, Brunei Darussalam, August 1.

──(2018) "Chairman's Statement of the 25th ASEAN Regional Forum." Singapore, August 4.

Ba, Alice D. (2012) "ASEAN centrality imperiled? ASEAN institutionalism and the challenges of
　major power institutionalization." In *ASEAN and the Institutionalization of East Asia*, edited

by Ralf Emmers. London: Routledge: 122-137.

Bird, Mike (2019) "Japan's Silent Belt and Road Is Beating China's." *The Wall Street Journal* (Online). April 22. https://www.wsj.com/articles/japans-silent-belt-and-road-is-beating-chinas-11555923604（2019年6月20日アクセス）.

Campbell, Kurt M (2016) *The Pivot: The Future of American Statecraft in Asia.* New York: Twelve.

Capie, David (2012) "Explaining ASEAN's resilience: Institutions, path dependency, and Asia's emerging architecture." In *ASEAN and the Institutionalization of East Asia,* edited by Ralf Emmers. London: Routledge: 168-179.

Chalermpalanupap, Termsak (2018) "State of Play of the ARF@25." *ASEAN Focus* 5: 6-7.

Cook, Malcolm (2018) "China and Japan's power struggle is good news for Southeast Asia." *Southeast Asia Globe.* November 9. https://southeastasiaglobe.com/china-japan-rivalry （2019年6月16日アクセス）.

Cossa, Ralph A. (2009) "Northeast Asian Regionalism: A (Possible) Means to an End for Washington." An *International Institutions and Global Governance Program and Japanese Studies Program* paper. New York: Council on Foreign Relations.

Donilon, Tom (2012) "Remarks by National Security Advisor Tom Donilon: As Prepared for Delivery." The White House Office of the Press Secretary. November 15. https:// obamawhitehouse.archives.gov/the-press-office/2012/11/15/remarks-national-security-advisor-tom-donilon-prepared-delivery（2019年5月12日アクセス）.

East Asia Summit (EAS), The. (2011) "Declaration of the East Asia Summit on the Principles for Mutually Beneficial Relations." Bali, November 19.

—— (2018) "Chairman's Statement of the 13th East Asia Summit." Singapore, November 15.

Emmers, Ralf (2018) "Unpacking ASEAN Neutrality: The Quest for Autonomy and Impartiality in Southeast Asia." *Contemporary Southeast Asia* 40(3): 349-370.

Feng, Huiyun and Kai He (2017) "China's Institutional Challenges to the International Order." *Strategic Studies Quarterly* 11(4): 23-49.

Goh, Evelyn (2011) "Institutions and the great power bargain in East Asia: ASEAN's limited 'brokerage' role." *International Relations of the Asia-Pacific* 11(3): 373-401.

Goldberg, Jeffrey (2016) "The Obama Doctrine." *The Atlantic.* April. https://www.theatlantic. com/magazine/archive/2016/04/the-obama-doctrine/471525（2018年1月16日閲覧）.

Gong, Xue (2019) "The Belt & Road Initiative and China's influence in Southeast Asia." *The Pacific Review* 32(4): 635-665.

Green, Michael, Kathleen Hicks, Zack Cooper, John Schaus, Jake Douglas. (2017) *Countering Coercion in Maritime Asia: The Theory and Practice of Gray Zone Deterrence.* Washington, D.C.: Center for Strategic and International Studies.

He, Kai (2019) "Contested multilateralism 2.0 and regional order transition: causes and implications." *The Pacific Review* 32(2): 210-220.

Huang, Yiping (2016) "Understanding China's Belt & Road Initiative: Motivation, framework and assessment." *China Economic Review* 40: 314-321.

Ikenberry, G. John and Darren J. Lim (2017) "China's emerging institutional statecraft: The Asian Infrastructure Investment Bank and the prospects for counter-hegemony." Washington, D.C.: Brookings.

Khong, Yuen Foong (1997) "Making bricks without straw in the Asia Pacific?" *The Pacific Review* 10（2）: 289-300.

Lee, Hsien Loong (2019) "PM Lee Hsien Loong at the IISS 2019 Shangri-La Dialogue 2019." May 31. https://www.pmo.gov.sg/Newsroom/PM-Lee-Hsien-Loong-at-the-IISS-Shangri-La-Dialogue-2019（2019年6月3日アクセス）.

Leifer, Michael (1996) *The ASEAN Regional Forum: Extending ASEAN's model of regional security.* Adelphi Paper 302. London: The International Institute for Strategic Studies/Oxford University Press.

Morse, Julia C. and Robert O. Keohane (2014) "Contested Multilateralism." *Review of International Organizations* 9: 385-412.

Newton-Small, Jay (2013) "Burma's Thein Sein Visits Washington." *Time*. May 20. http://swampland.time.com/2013/05/20/burmas-thein-sein-visits-washington （2019年5月18日アクセス）.

Obama, Barak (2015a) "Statement by the President on the Trans-Pacific Partnership." The White House. October 5. https://obamawhitehouse.archives.gov/the-press-office/2015/10/05/statement-president-trans-pacific-partnership（2018年1月16日アクセス）.

―― (2015b) "Weekly Address: Writing the Rules for a Global Economy." The White House. October 10. https://obamawhitehouse.archives.gov/the-press-office/2015/10/10/weekly-address-writing-rules-global-economy（2018年1月16日アクセス）.

Pempel, T. J (2019) "Regional decoupling: the Asia-Pacific minus the USA?" *The Pacific Review* 32(2): 256-265.

Pompeo, Michael (2018) "Press Availability at the 51st ASEAN Foreign Ministers' Meeting and Related Meetings." Singapore, August 4. https://www.state.gov/ secretary/remarks/2018/08/284924.htm （2019年5月11日アクセス）.

Russel, Daniel (2014) "A Preview of Secretary Kerry's Trip to the 21st ASEAN Regional Forum: Remarks by Daniel Russel, Assistant Secretary of State for East Asian and Pacific Affairs." The Brookings Institution, Washington, D.C., August 4. https://www.brookings.edu/wp-content/uploads/2014/08/Daniel-Russel-transcript-final.pdf（2019年5月10日アクセス）.

Saha, Premesha (2018) "The Quad in the Indo-Pacific: Why ASEAN Remains Cautious." *ORF Issue Brief* No. 229.

Searight, Amy (2018) "Asia's Diplomatic and Security Structure: Planning U.S. Engagement." Statement before the House Foreign Affairs Subcommittee on Asia and the Pacific. May 23. https://csis-prod.s3.amazonaws.com/s3fs-public/congressional_testimony/ts180523_

Searight.pdf（2018年11月27日アクセス）.

Tani, Shotaro (2017) "The Japan-China infrastructure battle is a welcome rivalry." *Nikkei Asian Review*. May 11. https://asia.nikkei.com/Economy/The-Japan-China-infrastructure-battle-is-a-welcome-rivalry（2019年6月16日アクセス）.

Trump, Donald (2017) "Remarks by President Trump at APEC CEO Summit, Danang, Vietnam." November 10. https://www.whitehouse.gov/briefings-statements/remarks-president-trump-apec-ceo-summit-da-nang-vietnam（2018年11月27日アクセス）.

Wei, Fenghe (2019) "Speech at the 18th Shangri-La Dialogue by Gen. Wei Fenghe, State Councilor and Minister of National Defense, PRC." Singapore, June 2. http://www.globaltimes.cn/content/1152730.shtml（2019年6月30日アクセス）.

White House, The. (2017) *National Security Strategy of the United States of America*. December.

White House Office of the Press Secretary, The. (2011) "Fact Sheet: East Asia Summit." November 19. https://obamawhitehouse.archives.gov/the-press-office/2011/11/19/fact-sheet-east-asia-summit（2019年5月10日アクセス）.

World Economic Forum (2016) "Annual Meeting of the New Champions 2016: The Fourth Industrial Revolution and Its Transformational Impact, Tianjin, People's Republic of China 26-28 June." A Report. Geneva: World Economic Forum. http://www3.weforum.org/docs/WEF_AMNC16_Report.pdf（2019年6月18日アクセス）.

Xi, Jinping (2014) "New Asian Security Concept For New Progress in Security Cooperation." Remarks at the Fourth Summit of the Conference on Interaction and Confidence Building Measures in Asia. Shanghai, May 21. http://www.fmprc.gov.cn/mfa_eng/zxxx_662805/t1159951.shtml（2018年1月16日アクセス）.

第3章

「一帯一路」時代の日本外交
リベラルなASEANの守り

平川 幸子

はじめに──日本にとってのASEAN

　戦後、平和主義の通商国家として生まれ変わった日本にとって、東南アジアは非軍事的な外交力を自主的に発揮しながら、その開発に尽くしてきた地域である。戦後賠償に始まる各国への経済援助に加えて、ASEANに象徴される地域主義や経済統合の支援を一貫して続けてきた。天然資源や人口に恵まれた同地域が自由で開放的に発展し、戦前の歴史を克服し信頼関係で結ばれたパートナーになることが日本の経済発展の基本条件であり国益であった（Hirakawa 2017）。

　日本が突出した経済力で周辺諸国の経済発展を牽引できていた時代には、アジア太平洋地域全体が、法的安定性に基づく民間企業の自由な経済活動を推進する市場経済秩序の構築に向かっていた。開発独裁や権威主義的な体制があっても、経済発展後にはやがて民主化や人権の尊重に向かうのが従来のアジアの政治経済パターンだと思われた。ASEAN共同体憲章前文にも、民主主義、「法の支配」、グッド・ガバナンス、人権や基本的自由を尊重し、保護する姿勢が明確に記されている。このようなリベラルな性格を持つ国際機構のASEANが維持強化されること自体が、日本の根本的な戦略的利益である（平川 2017）。

ところが、中国が日本に代わり世界第二の経済大国になった2010年以降、違う発展モデルが浮上してきた。中国共産党は、経済発展に成功した実績を、さらなる党の権威と支配の強化へとつなげている。そして、東南アジアを早くから運命共同体と呼んで、日本とは違う地域秩序観に基づき対ASEAN接近を図っている。実際に、2013年に提唱された「一帯一路」構想のうち、「一路」に当たる「21世紀海上シルクロード」はインドネシアから発信された。もし、東南アジア諸国が中国のようなトップダウン型国家を志向し、親中国となったASEANが主権至上主義的な中国の「人類運命共同体」構想に与するのであれば、戦後日本が築き上げてきたリベラルな地域ビジョンや秩序は終焉しかねない。

　「一帯一路」時代の日本の対中国外交は、必ずしも米国への同調や追従ではなく自主的な側面が目立っている。日米の対中政策の違いが特に顕著に現れたのが、2018年10月であった。米国のペンス副大統領が、新冷戦の開始ともいえる全面的な中国との対決姿勢を明らかにした一方、安倍首相は北京を訪問して平和友好条約40周年の祝賀ムードの中、「日中第三国市場協力フォーラム」を立ち上げた。間接的ながら「一帯一路」に協力する姿勢を見せて「関与」政策を続けている。それが巨大な「一帯一路」構想を「無害化」（北岡 2018）する試みだとすれば、今ほど対中国、ASEAN、米豪印、あるいはグローバルなレベルで多元的かつ包括的に日本外交の実力が試されている時はない。

　本章では、以上の認識に基づいて、近年の日本外交の変化を、「一帯一路」への対応という観点から考察する。第一節では、南シナ海問題を雲散霧消させるように大規模な経済協力を持ちかける中国に対して、ASEANが「一帯一路」を受け入れていく過程を検証する。第二節では、その動向に対する日本の対ASEAN外交の防御的対応とプロアクティブな地域外交の両面を検討する。第三節では、「一帯一路」への地政学的対応として出された「自由で開かれたインド太平洋」概念の展開と、日中の二国間関係の交錯を論じる。結論では、これらの「一帯一路」時代の日本外交を整理して評価し、今後の課題としてまとめたい。

1. ASEANに接近する中国

(1)「一帯一路」以前の中国・ASEAN関係

中国が初めてASEAN外相会議にゲストとして参加したのは1991年、インドネシア、シンガポールが中国とようやく国交正常化を果たした翌年のことである。当時、APECなどアジア地域の多国間協力の外交舞台に登場するようになっていた中国は、ASEANが1994年に開始した地域安全保障対話の枠組みであるARF（ASEAN地域フォーラム）にも積極的な姿勢を見せた（青山 2013: 43-47）。芽生え始めた信頼関係のうえに、1996年ジャカルタでのASEAN外相会議にて、中国はASEANの「完全な対話国（Full Dialogue Partner）」と認定された。

21世紀に入ると、中国側からのASEANに対して積極的な働きかけが顕著になった。2002年11月、中国は、ASEANの対話による平和解決路線に同調し、「南シナ海における関係国の行動に関する宣言（DOC）」に署名した。加えて、中国・ASEAN間の包括的経済連携協定（ACFTA）を締結する（2010年1月発効）。当時、一国ではなくASEAN全体を一つの対象としたFTAという発想は新しく、その後にASEAN＋1と呼ばれる多国間FTAの先駆けとなった[1]。さらに、2003年10月には、従来、ASEAN域内の条約として考えられていたTAC（東南アジア友好協力条約）に中国は署名、その後、日本も追随した（大庭 2014: 203-206）。その後TACは、域外国がEAS（東アジア首脳会議）に加盟するための資格条件となり、広域地域協力におけるASEAN中心性を担保する国際条約として価値を高めた。中国の斬新な対ASEAN外交が、この時期のASEANの国際的地位上昇に貢献したのである。

2003年10月、ASEANは三つの柱からなる共同体構想を示した「第二協和宣言」に署名した。同年の中・ASEAN首脳会議では「平和と繁栄のための戦略的パートナーシップ共同宣言」が発出され、翌年にはそのマスタープランである「行動計画（POA）」（2005-2010）が発表された[2]。共同体実現のために中国はASEAN統合イニシアチブ（IAI）やサブ地域統合プロジェクトを通して、ASEAN内の格差解消に協力することが明記された。同様に、ASEANが中国の西部大開発にも参加する可能性が明記されてい

た。

　しかし、2000年代後半から中国の国力増大とナショナリズムの高揚に
よって徐々に関係が悪化する。中国は、2007年に海南省に西沙・中沙・
南沙を直轄する「三沙市」設立を決定して以来、南シナ海域での海軍およ
び海上法執行能力のプレゼンスを一方的に高めるようになった（飯田
2007; 庄司 2011; 湯澤 2017）。2010年5月、北京で行われた米中戦略経済対
話の場では、中国の指導者たちが、台湾やチベットに加えて南シナ海での
領有権の主張を含めて初めて「核心的利益」と表現した（クリントン 2015:
127）。その後、7月にハノイで開催されたARFに参加したクリントン米国
務長官は、中国の拡張主義的な「核心的利益」への返答を伝える意図を
もって、米国はいかなる領土紛争についても特定の立場を取らず、国際法
に則り力の威嚇を伴わない多国間アプローチを支持する、という内容の演
説をした。これを聞いた中国の楊潔篪外相の顔は青ざめ1時間の休憩を要
求、戻ってくると周囲のアジアの隣国代表を見回しながら「中国は大国で
あり、この場にいるどの国よりも巨大だ」と発言した（クリントン 2015:
135）。中国がASEANに対して大国意識や優越感を隠すことなく示した瞬
間だった。

　以後、ASEANの足並みは次第に乱れていく。係争国であるベトナム、
フィリピンはASEANが一枚岩で中国に対峙することを望んだ。他方、領
有権問題の利害がなく中国からの経済協力を求めるカンボジア、ミャン
マーは親中的立場を取った。南シナ海に領有権を持つマレーシアのナジブ
政権までもが、中国からの経済協力・軍事協力に傾いていった。

　2011年のASEAN首脳会議直前、温家宝首相はマレーシアと議長国イン
ドネシアを訪問した。中国の狙いは、南シナ海問題については今後、
ASEAN全体との対話交渉ではなく個別の二国間協議に持ち込むよう懐柔
することであった。結果、ASEAN首脳会議（5月7-8日、ジャカルタ）の議長
声明では、「（南シナ海の問題については）、二国間あるいは関係国間で扱われ
ることが最良である」（8日発表）という中国寄りの表現が挿入された。し
かし、11日発表版では、その部分は削除されて「ASEANと中国の両者が
一層努力する」という表現に書き換えられた。この混乱からは、議長国イ

ンドネシアが一度は中国の主張を受け入れたものの、後からベトナムが抗議して撤回させたという経緯が推察される（庄司 2011: 21）。

　2012年には、策定中の「南シナ海行動規範（COC）」ガイドラインをめぐって、ASEANの結束がさらに崩れた。6月の高級実務者会議において、COC原案として「行動規範の要素案（The Proposal Elements of a Regional Code of Conduct）」が承認された[3]。同案は、7月6日のASEAN高級実務者会議で承認され、9日から始まるASEAN外相会議（プノンペン）で正式承認される予定であった。しかし、外相会議では、中国の海洋活動を批判する文言を共同声明に入れるかどうかで、フィリピン、ベトナムと議長国カンボジアの間で対立が生じた結果、史上初めて共同声明の発表自体が見送られた。この事態を憂慮したインドネシアのナタレガワ外相の仲介で、後にカンボジア外相が「南シナ海に関するASEANの6原則」を発表したが、要素案については雲散霧消となった。この経緯から、習近平が「21世紀海上シルクロード」構想やAIIB設立のような重要声明をなぜインドネシアから発信したかが想像できる。中国に利する形でASEANを動かせるポテンシャルを持つ「支点国」だと見込んだのだろう[4]。

(2) ASEAN連結性強化のためのAIIBと「一帯一路」

　南シナ海問題をめぐっては分裂が目立ってきたASEANだが、経済協力分野では中国に対して統一的態度を維持していた。その理由は、中国がMPAC（ASEAN連結性マスタープラン）を明確に支援していたからである。ACFTAが発効となる2010年に策定された第二次「行動計画（POA）」は、中国がASEAN共同体発足（2015予定）を具体的に支援することを明確に約束していた。圧倒的な経済支援協力政策の勢いが、安全保障面での問題をむしろ鎮静化させていた。

　2013年10月、習近平と李克強は東南アジア諸国（インドネシア、タイ、ブルネイ、ベトナム、マレーシア）を歴訪した。海上シルクロードやAIIB設立は、この際に立ち寄ったインドネシアでの国会演説で発表されたものである。この時、中国首脳はASEAN全体に対しても重要提案をしている。共同声明10周年にあたる中・ASEAN首脳会議（ブルネイ）の席上、次の10年間の

戦略的パートナーシップ関係として「2＋7協力枠組み（二つの政策合意と七つの協力）」を提起した[5]。「二つの政策合意」は、今後の協力推進のためには、1）戦略的信頼醸成・善隣関係確立が重要、2）相互利益をもたらす経済開発協力が鍵となる、という大枠合意の提案である。七つの具体的提案には、善隣友好協力条約の締結、ACFTAのアップグレード、AIIB融資におけるASEAN連結性事業の優先、21世紀海上シルクロード建設、中国での防衛協力対話開催など、まさに「一帯一路」時代の具体的な新ASEAN政策が散りばめられていた。

　中国側の新提案に対して、ASEANはMPACに資する分野においては好意的に反応した。2014年内にASEAN全10カ国がAIIBへの参加を表明する。同年の中・ASEAN首脳会議（ネピドー）の議長声明では、「ASEANは中国のMPAC履行の継続的支援に感謝し、中国・ASEAN間でAIIB創設のMoUを交わし、AIIB運営のために協働する。ASEANはAIIBに対してMPACの履行に資するインフラ融資を期待する」旨が表明された。翌2015年の中・ASEAN首脳会議（クアラルンプール）の議長声明においても同様の内容が確認された。加えて、中・ASEAN戦略的パートナーシップに基づき今後もハイレベル協議を行うとともに、ASEANは中国の「2＋7協力枠組み」と「21世紀海洋シルクロード」イニシアチブを「ノートする」（留め置く）と、初めて具体的に言及した。

　2016年は、中国のASEAN関連会合参加25周年に当たることから特別首脳会議（ビエンチャン）となり共同声明が発出された。中国政府は、前年に「一帯一路」の「行動とビジョン」を発出しており、この年からASEAN文書にも「一帯一路（Belt and Road Initiative）」が登場した。第三項で、「ASEANは中国の発展は地域の発展にとって重要な機会であることを再確認し、中国の平和的発展の遂行を支持する」として、「一帯一路」や「2＋7協力枠組み」など中国イニシアチブを「ノートする」と書かれている[6]。他にも第8項では、地域連結性を高める協力方法として、1）MPAC2025[7]と中国の「一帯一路」に共通するプライオリティのシナジー（相乗作用）化、2）適切な多国間金融制度の積極的活用、という二点が記されている。従来のようにAIIBだけを特記しなかった点に日米への配慮が読み取れる。

しかも最後の第14項には、東アジアの地域協力を推進するに当たり、包摂的でルールに基づく（inclusive and rules-based）地域のアーキテクチャーに基づいての議論と調整に努める、という一文が入った。「ルールに基づく」という表現は、中国ではなく日米ASEANが多用する秩序観である。

　2017年5月、北京で開催された「一帯一路」国際フォーラムには全ASEAN諸国が代表団を送った。その後、11月の中・ASEAN首脳会議（マニラ）では、今後のインフラ連結性協力について改めて共同声明文書が発出された。同文書内で、MPAC2025と「一帯一路」の関係も、さらに深く整理された。前年の共同声明で出現した「シナジー化」の具体的な意味として、MPAC2025の五つの戦略的目標（持続可能なインフラ、デジタル・イノベーション、シームレスなロジスティクス、規則の卓越性、人的流動性）と、「一帯一路」の「行動とビジョン」が掲げる五通（政策意思の疎通、インフラ連結、障害のない貿易、資金の融通、人心の繋がり）が明示された。協力推進の担い手は、AEM-MOFCOM（ASEAN・中国経済大臣会合）、及びASEAN側のASEAN連結性コーディネート委員会（ACCC）、中国側の中国・ASEAN連結性協力委員会（CWC-CACCC）であることが明記された。これらが前文に示された後に、九つの条項が続く。その第6項は、中・ASEAN間のインフラ協力にはシルクロード基金をフルに利用するとの表現ともにAIIB、ADB、世界銀行など他の多国間制度も併記された。

　2018年の中国・ASEAN首脳会議（シンガポール）の議長声明においては、「MPAC25と一帯一路のシナジー効果」という概念に加えて、ASEANからの要望として、AIIBとシルクロード基金には開放性、包摂性、透明性、互恵性のある協力を期待する、という内容が示された。

　このように、中・ASEAN間の文言作成の過程では、2015年以降、ASEANが中国側のイニシアチブや主張を受け入れながらも、毎年、独自の主張を加えて主体性や対等性を維持する動きが見られた。その表現には、次節で述べる日本が発信するインフラ概念や地域秩序観を反映しているものも多いことがわかる。

2. 日本の対ASEAN外交の変化

(1)「質の高いインフラ」という対抗言説の形成

　中国の積極的なASEAN接近政策に対して、日本は防御的かつ競争的に対応したといえる。習近平政権がASEANに全面的な新アプローチを開始した2013年は、折しも日・ASEAN関係40周年であり、安倍首相は1月のインドネシア訪問時に、「対ASEAN外交5原則」を発表していた。それは、以下の五点である。①自由・民主主義、基本的人権等の普遍的価値の定着及び拡大に向けて、ASEAN諸国と共に努力していく。②「力」でなく「法」が支配する自由で開かれた海洋は「公共財」であり、これをASEAN諸国と共に全力で守る。米国のアジア重視を歓迎する。③様々な経済連携のネットワークを通じて、モノ、カネ、ヒト、サービスなど貿易及び投資の流れを一層進め、日本経済の再生につなげ、ASEAN諸国と共に繁栄する。④アジアの多様な文化、伝統を共に守り、育てていく。⑤未来を担う若い世代の交流をさらに活発に行い、相互理解を促進する。

　この五原則に基づいて、12月の東京での日・ASEAN特別首脳会議では、「日・ASEAN友好協力に関するビジョン・ステートメント」及びその実施計画が採択された。平和と安定のためのパートナー、繁栄のためのパートナー、より良い暮らしのためのパートナー、心と心のパートナー、を四つの柱として協力関係を強化という方針を確認したものである。

　しかし、日中関係がきわめて対立的であった当時、中国の積極的な地域イニシアチブの発信と対ASEAN接近は、日本に十分な警告と一種の危機感を与えたといえよう。ASEAN諸国が中国主導のAIIBやインフラ協力に惹かれる背景として、日本主導のADB（アジア開発銀行）の融資条件が厳格で時間がかかるなどの不満があることを改めて認識する契機になった。2014年11月の日・ASEAN首脳会議（ネピドー）では、日本のインフラ協力について説明がなされた。そこで強調されたのが、膨大なインフラ需要に適切に対応し「質の高い成長」を実現するためには、官民連携の投資で包摂性、強靭性、能力構築を重視する「人間中心の投資」の推進が不可欠だという考え方であった。

「人間中心の投資」の定義は明確ではない。しかし、中国式のいわば「国家中心の投資」との差別化を意識したものといえよう。1977年の福田ドクトリン以来、日・ASEAN間で謳われてきた「心と心の関係」や、2013年のビジョン・ステートメントでも言及している「人間の安全保障」の考え方にも符合する。市場における自由な民間経済活動を活用しながら人間の生活を普遍的に豊かにする、という民主主義的な価値に基づいたアプローチだともいえる。

　2015年にAIIBが開業し、4月に中国政府が「一帯一路」の「ビジョンと行動」を発表すると、安倍首相は日本型のインフラ開発の考え方を「質の高いインフラ」と名づけて国際的発信を活発に開始した。5月に開催された「第21回国際交流会議　アジアの未来」における「質の高いインフラパートナーシップ〜アジアの未来への投資〜」と題した講演で、安倍首相は「安物買いの銭失い」という日本語を紹介しながら、少々値段が高くても品質が高く長持ちする物を買う美徳をアピールした。そして、インフラ・ファイナンスの方法として日本のJBIC（国際協力銀行）を通じたリスクマネーの供給、JICA（国際協力機構）とADBの協力による民間インフラプロジェクト融資などの新制度を立ち上げるとともに、ADBとの連携で、5年間で総額約1,100億ドル、13兆円規模の「イノベーティブな」インフラ資金をアジアに提供すると宣言した。

　2016年5月には、G7議長国の立場を利用して「質の高いインフラ投資の推進のためのG7伊勢志摩原則」を採択させて、西側先進国間での国際標準化を図った。「質の高いインフラ」5原則とは、①効果的なガバナンス、信頼性のある運行・運転、ライフサイクルコストから見た経済性及び安全性と自然災害、テロ、サイバー攻撃のリスクに対する強靭性の確保、②現地コミュニティでの雇用創出、能力構築及び技術・ノウハウ移転の確保、③社会・環境面での影響への対応、④国家及び地域レベルにおける、気候変動と環境の側面を含んだ経済開発戦略との整合性の確保、⑤PPP（Public Private Partnership）等を通じた効果的な資金動員の促進、である。日本政府は、2017年から5年間の目標として、海外での「質」の高いインフラ作りなどに対して約2,000億ドルの資金供給等を表明した。前年の目標

額を倍増させた点に日本政府の強い決意が表れている。

　2016年9月の中・ASEAN共同声明で「MPACと一帯一路のシナジー化」が具体的に明示されると、日本もASEANとの協力文書を強化して対応した。2017年8月の日・ASEAN外相会議（マニラ）では、「ASEANの中心性と一体性を強く支持する日本が、引き続きASEANの方針とニーズに寄り添うとの観点から」、改訂版ビジョン・ステートメントを発表した。原則的な方針を示しただけの2013年版に比べて、内容がより具体的に緻密になった。「平和と安定のパートナー」16項目、「繁栄のためのパートナー」25項目、「より良い暮らしのためのパートナー」22項目、「心と心のパートナー」11項目に、新設された「ASEANの機構能力の強化」「実施メカニズム」内の3項目が加わり、質量ともに前年発表の中国・ASEAN共同声明（計14項目）を大きく上回った。すると直後に、中国はASEANとの間で新たに「インフラ連結性協力」に関する共同声明（計9項目）を発出した。まるで日中の対ASEANパートナーシップ競争の様相を呈していたのである。

(2) ASEANとの防衛協力の開始

　「一帯一路」は安全保障や地域秩序の観点からも日本外交に影を落としていた。その懸念は、中国が2014年以来、新たな地域安全保障観を積極的に発信していたことに起因する。5月、上海で開催されたCICA（アジア相互協力信頼醸成措置会議）の基調演説で、習近平は、アジアの問題はアジア主導で解決すべきという「アジア安全保障観」を提唱し、議長国のリーダーシップを示した。CICAの加盟資格は領土がアジアにある主権国家だと規定されていることから、米国はオブザーバー資格を超えることはできない。それゆえに、この演説は米国を排除してアジアにおける中国の主導的地位を確保する動きだと考えられた。

　連動しているのは、同年4月1日に中央国家安全委員会で示された中国自身の国家安全保障政策である（平川 2016）。習近平は、中国の特色ある国家安全の道として、伝統的安全保障に加えて非伝統的安全保障も重視し、政治、国土、軍事、経済、文化、社会、科学技術、情報、生態、資源、核

などの安全が一体となった国家安全保障システムを構築すると方針を示した。この「総体的国家安全保障観」に基づく新国家安全法は、2015年7月1日に最高立法機関にて可決された。中国共産党支配をいかなる外部からの脅威からも全面的に守る法律である。

　合わせ鏡のように同時期に日本の安全保障政策にも歴史的変化が表れた。2014年7月には限定的集団的自衛権の行使容認を閣議決定。2015年4月には、18年ぶりとなる「日米防衛協力のための指針」（ガイドライン）が策定され、地理的・領域横断的に日米協力の範囲が広がった。加えて、5月には「平和安全法制」が閣議決定され、衆参両議院の審議を経て9月19日に成立した（施行は2016年3月）。同法は自衛隊法を含む10本の法律改正と恒久法としての国際平和支援法を含んでいる。

　中国は日米が正式参加していないCICAや上海協力機構（SCO）を舞台に主張を強めた。2016年4月のCICA外相会議では、習近平は「アジアの特色ある安全保障ガバナンス」を以下のように説明した[8]。第一に、共同発展と同時に各国家の国内安全を維持する「アジア運命共同体」意識に基づく新型パートナーシップ関係を構築する、第二に、文明交流を通して民族宗教文化の多様性、社会制度の違いを学ぶ、第三に、対話を重視、国際法に依拠した平和的方式での問題解決を図る、第四に、複数の既存の安全保障協力メカニズムを活用する、これらが「アジア方式」だという。同日の人民日報は、「ここしばらくの間、他国の脅威を故意に誇張することで軍事同盟を強化している域外国がある。侵略の歴史を反省しないだけでなく、平和の「束縛」を段階的に突破している国がある。もめ事を引き起こし続け、後ろ盾があるので怖いものがないとばかりに地域の安定を脅かしている国がある」と日本の安全保障政策を暗に非難した[9]。

　日中の安全保障政策が進化する中、日本はASEANに対して新たなアプローチを開始した。その契機は、南シナ海に関する2016年7月の常設仲裁裁判所の判断結果であった。中国は判断を受け入れず、当事国であるフィリピンでも政権交代が起こり、「法の支配」の実効性が危ぶまれる事態となっていた。南シナ海問題でASEANの結束が揺らぐことも、日本にとって大きな懸念であった。そこで、9月の日・ASEAN首脳会議（ビエンチャ

ン）では、冒頭安倍首相より、「この地域の協力の中心であるASEANが、法の支配や民主主義といった価値を共有するパートナーとして統合を深めることを強く期待する」と述べるとともに、国際協調に基づく「積極的平和主義」と平和安全法制による日本の貢献を説明し、ASEAN側は日本の意図を「歓迎する」との言質を議長声明で引き出したのである。

　そのうえで、日本はASEANとの新たな防衛協力イニシアチブとして、「ビエンチャン・ビジョン」を立ち上げた。将来のASEANとの防衛協力に向けて、防衛省が史上初めて主体的に展開するものである。一国ではなくASEAN全体を対象とする実践的な協力枠組みの中で、①自由・民主主義、基本的人権の原則の遵守・促進、②「法の支配」の貫徹、③地域協力の要となるASEANの中心性や一体性強化、という三つの目的を一挙に実現する狙いを持っている。具体的には、①紛争の平和的解決の基礎となる「法の支配」貫徹のための、海洋及び航空分野における国際法の認識共有促進の支援、②平和と繁栄の基礎である海洋安全保障の強化のため、海洋及び上空の情報収集・警戒監視、捜索救難の能力向上の支援、③多様化かつ複雑化する安全保障上の課題に対処するための、他分野にわたるASEANの能力向上の支援、を行うとされる。

　ビエンチャン・ビジョンで強調されているのは「透明性」である[10]。国内外からの批判や警戒感を緩和する目的もあるが、中国に向けて「透明性」という価値観の重要性をアピールする趣旨もあろう。また具体的内容を長期的に固定せず、随時改定されることを前提としていることも特徴である。流動的な地域情勢に合わせ、日本の安全保障政策自体の変化にも柔軟に対応できるように設定された。たとえば、次項で述べる「自由で開かれたインド太平洋」との整合性も重要である。

3. 地域秩序の模索と日中関係の改善

（1）「自由で開かれたインド太平洋」の変遷と展開

　安倍首相は、2016年8月、ケニアのナイロビで開催された第6回アフリカ開発会議（TICAD）で、「自由で開かれたインド太平洋戦略」を提唱した。

アジアとアフリカ、太平洋とインド洋の交わりにより生まれるダイナミズムの中で、①法の支配、航行の自由、自由貿易等の普及・定着、②経済的繁栄の追求、③平和と安定の確保、を目指すという内容であった。内容からわかるように、第一義的には安全保障政策ではなく、日本の経済社会秩序観や開発協力戦略として注目された。

　しかし、翌年11月のダナンAPECでトランプ米大統領が同じ言葉を表明したことにより、米国の軍事的な安全保障戦略の文脈でのインド太平洋が注目されることになった[11]。事前に日本に立ち寄ったトランプ大統領に対して、安倍首相が「自由で開かれたインド太平洋」戦略を教示していた。米国はこの戦略概念を12月に策定された「国家安全保障戦略」に反映させ、米太平洋軍は2018年5月、「インド太平洋軍」に改称された。

　この流れの中で、「自由で開かれたインド太平洋」を推進する中核的グループとして、クアッドと呼ばれる日米豪印の枠組みが復活する動きが見られた[12]。2017年11月、マニラで実に10年ぶりに日米豪印外交当局による局長級戦略対話、2018年1月にはインドで国防当局間の4カ国対話が実現した。2月には、ビショップ豪外相が、日米豪印4カ国で「一帯一路」の代替となる質の高いインフラ計画を推進する意向を示した。6月、11月にもシンガポールで4カ国協議が行われた。ただし、現在までに目立っての軍事安全保障協力が進められているわけではない。クアッドをアジア版NATOだと警戒する中国を刺激しないよう、あえて経済社会分野での協力に徹している感が強い。外務省の発表では、4カ国協議は、共有する民主的価値を念頭に置いた上で、インド太平洋におけるルールに基づく秩序の維持・強化を共通のコミットメントとしており、開発・連結性、グッド・ガバナンス、テロ対策や不拡散、サイバー問題に関する協力を約束するものである。地域の全ての潜在能力を活用し、開放性、透明性、経済性、債務持続可能性といった国際スタンダードに則った質の高いインフラ整備の促進の支援にコミットする姿勢が合意されている。そして、地域全体の秩序に関しては、4カ国が前に出るのではなくASEANの中心性とASEAN主導の地域枠組みへの強固な支持が毎回確認されている。

　これらの経緯から、気脈を通じた域外諸国の総意としてASEANこそが

「自由で開かれたインド太平洋」の核心的アクターとして期待されていることがわかる。しかし、中国との協力関係を強化中のASEANにとって、日米豪印が推進する同概念をそのまま受け入れることは難しかった。そこでASEANは自主的に「インド太平洋に関するASEANアウトルック」（The ASEAN Outlook on the Indo-Pacific: AOIP）の策定を始めた[13]。後述する通り中国との関係改善を進めてきた日本にとっても、ASEANに主導権を譲る方がむしろ望ましかった。実際に、日本政府は2018年11月になって「自由で開かれたインド太平洋」を再定義した。「戦略」から「構想」に表現を修正、また「国際公共財」として定義し、いかなる国も排除せず、新たな機構創設や既存機関を乗り越える意図がない点を強調することで、「一帯一路」と対立的にならないように配慮をした。

　日・ASEAN間の共同文書で、「自由で開かれたインド太平洋」という文言が登場するのも、2018年11月の首脳会議（シンガポール）からである。共同声明第3項で、「我々はルールに基づき、ASEANの一体性と中心性、包摂性、透明性といった主要な原則を包含し、ASEAN共同体の創設プロセスを補完する、自由で開かれたインド太平洋地域を促進するとの見解を共有する。（途中略）これに関連し、ASEAN首脳は、インド太平洋においてインド洋と太平洋を橋渡しするというASEANの極めて重要な役割を再確認する……」と述べている。

　その後、2019年6月にはASEANが初の「アウトルック」を発表し、①ASEANを中心としたアジア太平洋とインド洋の統合、②対立ではなく対話と協力の推進、③発展と繁栄の前進、④地域アーキテクチャーにおける海洋領域の重要性、という四つの鍵要素を示した（ASEAN 2019）。ASEANが中心となって推進するアジアの「インド太平洋化」であれば、中国も参加しやすくなる可能性がある。

(2) 日中関係の改善と「一帯一路」への間接的協力

　最後に、広域地域外交と日中二国間関係の変化を見ていきたい。「一帯一路」が提唱された2013年当時、日中関係は最悪の状態であった。前年の日本政府による尖閣諸島国有化に加えて、就任直後の安倍首相が靖国神

社を参拝した。領土や歴史問題で底冷えにあった二国間関係を動かしたのは、国際行事や多国間協議の場を利用した首脳会談であった。

　改善の突破口を与えたのが2014年11月の北京APECである。日本の首相の参加は開催国の面子のために不可欠であり、両政府は事前調整を行った。その結果、発出されたのが楊潔篪国務委員と谷内正太郎国家安全保障局長による四点合意文書である。尖閣諸島に関する問題の所在についての曖昧な合意を含んだ同文書を、日本側は「日中関係の改善に向けた話し合い」と呼び、中国側はこれを「原則共識」と高いレベルで表現する。この思い切った政治的妥協の枠組みが改善の基盤を用意したといえる。APECでの初対面の場面では、笑みを見せる安倍首相に対して、習主席が仏頂面で視線も合わさない様子が世界に配信された。しかし、その後の会談で、先の四点合意に基づいて大局的、長期的な視点から関係改善を進めていく意思を首脳同士が直接確認しあった意義は大きい。

　2回目の安倍・習会談が開催されたのは2015年4月、ジャカルタでのバンドン会議60周年記念行事の際のことである。この時の習近平は、北京での写真を取り直しに来たような穏やかさで安倍首相に向かい合った。両首脳は互いに両国関係の改善を重視し、安全保障対話の復活を目指し、歴史問題を慎重に取り扱うこと（特に戦後70年安倍談話を控えていた）などを確認した。AIIBや「一帯一路」構想も、この会談で初めて話題に上った。安倍首相は、AIIBについては、アジア地域に高いインフラ需要があるとの認識は共有するが、公正なガバナンスの確保や借入国の債務持続可能性について説明を求め、「一帯一路」については、今後どのように具体化されるか注目しているとのみ発言している。その後、11月にソウルでの日中韓首脳会議の場を利用して、李克強総理と初会談を行った安倍首相は、関係改善の流れを具体化する経済協力のスキーム作りに合意した。

　2016年7月、ウランバートルでのASEM会合では、再度、安倍・李会談が設定された。この時、従来からの議題に加えて、安倍首相は核・ミサイル実験を繰り返す北朝鮮制裁のため国連安全保障理事会における中国の協力を求めている。日本の安全保障上の切実な問題が、更なる対中配慮や日中協力推進を促していた。同月には杭州G20を利用して3度目の安倍・習

会談が行われた。両者は、東シナ海、南シナ海、歴史問題などでは意見の相違や懸念があることを確認しつつも、経済社会協力分野を中心に更なる協力を、特に日中国交正常化45周年に当たる翌2017年の行事を利用しながら進めることに合意した。安倍首相は特に、G20開催中の会談当日にも弾道ミサイルを発射した北朝鮮を「許し難い暴挙」と非難し、習主席に直接協力を要請した。両者の間に友好的な雰囲気が醸成されてきたことは、同年11月リマでのAPEC会合の際、関連行事後に自然に歩み寄る形で予定外の約10分間の会談を行ったことからも伺える。

　2017年5月14-15日に北京で開催された第1回「一帯一路」ハイレベル国際フォーラムに際して、日本は正式な政府代表団ではないが、松村経済産業副大臣、二階自民党幹事長、榊原経団連会長、林自民党幹事長代理等を出席させた。松村副大臣はインフラ連結性分科会に参加し、ライフサイクルコストから見た経済性、強靱性・安全性等を踏まえた「質の高いインフラ」の整備・活用こそが、国際社会の健全な基盤を構築し、世界経済の持続的な成長を実現するという日本の立場を表明した。16日の習主席との会談では安倍首相の親書も手交された。

　この流れに沿って翌6月、安倍首相が初めて「一帯一路」について前向きな発言を公的に行ったのである。「第23回国際交流会議アジアの未来」の晩餐会の席上、「一帯一路」は、「洋の東西、そしてその間にある多様な地域を結びつけるポテンシャルをもった構想」だと評価した上で、インフラに関する国際社会共通の考え方を取り入れる観点から日本は協力したいと述べた。それは、利用の開放性、調達の透明性や公平性、プロジェクトの経済性、借入国側の財政健全性であり、G7やASEAN、そして北京でも日本が主張し原則化に努めてきた「質の高いインフラ」概念であった。

　「一帯一路」への条件つき支持が表明された後、日中関係改善は劇的に進んだ。9月の東京の中国大使館主催の日中国交正常化記念行事には、安倍首相が日本の首相として15年ぶりに出席し45周年を祝い、日中戦略的互恵関係について講演した。11月にはダナンAPEC、マニラでのASEAN関連会合の場を利用して、安倍首相はそれぞれ習近平、李克強との会談を行い、「「一帯一路」を含め、両国の地域や世界の安定と繁栄に対する貢献

の在り方を議論していく」という言説を繰り返し確認した。中国側も、12月13日の南京事件80年にちなんだ国家追悼日の式典に出席した習近平が、歴史演説を見送ることで日本への配慮を見せた。

2018年1月には河野太郎外相が訪中、新華社の取材を受けて、「「一帯一路」協力の推進に関して、アジアの旺盛なインフラの需要に日本と中国が協力して対応していくことは、両国の経済発展及びアジアの繁栄に大きく貢献する」と発言し、中国全土で報道された[14]。そして、5月の東京での日中韓サミットの際の安倍・李会談において、第三国における日中民間経済協力についての大筋合意が図られた。日中ハイレベル経済対話の下、省庁横断・官民合同で議論する新たな「委員会」を設け、具体的な案件を協議すること、また、民間企業間の交流の場として「フォーラム」を安倍訪中に合わせて開催することで一致した。

果たして2018年10月に安倍首相が訪中、日中両政府は、第三国における日中企業間の共同事業協力の推進に正式合意した。両国の政府関係機関・企業・経済団体等の間でインフラ、物流、IT、ヘルスケア、金融など、幅広い分野にわたり52件の協力覚書が署名交換された。1,500人を超える日中の企業幹部を招いた「日中第三国市場協力フォーラム」の席上、安倍首相は「日中協力の主役は企業」と語り、国際標準に沿ったプロジェクトづくりの重要性を強調した。李首相は、「質の高いインフラ」に直接言及しなかったものの、中国自身が国内において一層のビジネス環境の最適化を図るとして費用削減、行政手続き、税率軽減、一層公正な監督管理、知的財産権保護、そして自由貿易の発展を語った。

日中第三国市場協力は、日本の対「一帯一路」外交の一つの到達点だと言える。安倍・習という強いリーダーが揃ったことで領土や歴史問題をうまく管理できたうえに、それを支える良好な民間関係や国民感情があった。特に2015年以降、訪日中国人の数が激増し、中国側に多くの親日的な民意が生まれていることが日中関係の改善を後押しした（馬 2018）。

おわりに

　本章では、日本が築きあげてきた戦後アジアのリベラルな国際秩序が中国の台頭によって挑戦を受けているという問題認識に立って、日中の対ASEAN政策、インド太平洋戦略（構想）、そして日中関係という視角から主に考察した。2013年の提唱から約5年間の動きを観察すると、「一帯一路」がもたらした波紋は、安倍・習という価値観の違うアジアの二強リーダーの攻防と妥協であったように見える。

　日本にとってASEANは主戦場であり守勢に回る立場であった。「一帯一路」構想の具体化を見ながら、日本も「質の高いインフラ」という対抗概念の形成と主流化を図っていく。日・ASEAN関係で伝統的に培われてきた「人間中心」の自由で民主的な価値観が発想の原点となり、従来の豊富な経験に基づいた開発援助方針を中国式と差別化しながら精緻化することができた。ASEANとの関係をめぐっては日中のパートナーシップ競争の様相も呈した。ただし、中国とは一線を画した立場を確立したことで却って「一帯一路」との関係や距離が明確になり、結果的に「条件付き支持」という妥協を日中間で直接導くことができた。

　攻撃は最大の防御とばかりに、日本は「質の高いインフラ」をG7で採択、日米豪印の枠組みも巧みに使って中国の大規模性と向き合っていく。「一帯一路」への地政学的対応から提唱した「自由で開かれたインド太平洋」は、軍事安全保障面戦略としてはその主たる役割を米国に任せ、日本はリベラルな価値に基づく地域構想の普及と経済社会発展という日本外交の持ち場を守っている。アジアの「インド太平洋化」の中心的役割をASEANに譲ることで、広域枠組みを通じて中国も地域構想に取り込めるチャンスを待っているといえるだろう。

　今後、地域のリベラルな価値を守っていくためには、米中の覇権による国際秩序ではなく、日本やASEANのような中小国が外交の知恵を絞っていくことが一層重要である。力ではなく言論による多国間外交の場を最大限に利用し、「一帯一路」以後に生まれた数々の言説や概念を調整し練磨することを持続的に習慣化しなければいけない。そのために日本が今後必

要とする外交資源は膨大になるが、政府だけでなく民間部門が有力なアクターとなって国際的に発信し続けることが一つの解決策である。そのスタイルこそがボトムアップ型の民主主義的な価値の体現でもあり、日本が目指すリベラルな地域秩序の実践でもあるだろう。

【注】

1) 寺田（2013: 88-104）はASEAN + 1FTAの定着がASEAN内の統合を促進する機運を高めたと論じる。

2) 行動計画文書は、参考文献記載のASEAN中国関係関連文書ウエブサイト上のKey Documents Guiding Dialog RelationsにPlan of Action to Implement the Joint Declaration on ASEAN-China Strategic Partnership for Peace and Prosperityとして整理されている。

3) 1月の高級事務者会合で提出されたフィリピンの草案は、DOCにはない数々の新提案が盛り込まれた急進的なものであった。中国は、当初DOC内の協力事項の実施を優先すべきとして、COC関連協議自体を拒絶していたが、その後突如立場を変更してASEAN内の草案作成会合への参加を要求した。カンボジアを除く全加盟国が、まずはASEANとしての草案を作成すべきとして反対したため実現しなかった。しかし中国は、カンボジアを通してASEAN内の協議の様子を逐一把握していた（湯澤、2017: 45-46）。

4) 習近平政権の外交チームは、発足時から米国への対抗策としてアジアの周辺国を取り込む戦略を練っていた。アジア60数カ国を北東アジア、東南アジア、南アジア、中央アジア、南太平洋の6地域に分類し、それぞれ「支点国」と呼ばれる外交上の重点対象を定めたという。その条件は、①地域の強国、②中国との良好な関係、③中国と核心的利益の衝突がない、④米国との関係が比較的良好、という4点だった。「支点国」として中央アジアからカザフスタン、東南アジアからはインドネシアが選ばれた（近藤 2016: 72-72）。

5) Parameswaran（2013）が当時の報道を整理して分析している。

6) ちなみに、その直後には「ASEAN諸国は「一つの中国政策」の堅持を再確認する」という一文が唐突に続いている。従来の文書では見られなかった内容であるが、台湾で国民党に代わり民進党の蔡英文政権が始動した年でもあり、中国が強く要求したものだと考えられる。

7) MPAC2025は、ASEAN共同体発足後の2016年に採択された改訂版MPAC（ASEAN Connectivity 2025）のことである。

8) 中国は2014年から2年の任期を延長して2018年までCICA議長国を務めた。演説全文は、http://www.cica-china.org/chn/zxghd/yxdwcwzh/t1359699.htm（2019年8月13日アクセス）

9）「アジアの安全保障問題解決の「最大の鍵」をつかむ」人民網日本語版2016年4月
　28日　http://j.people.com.cn/n3/2016/0427/c94474-9050451.html

10）日・ASEAN防衛協力については防衛省HPの広報を参照できる。https://www.mod.
　go.jp/j/approach/exchange/dialogue/j-asean/index.html

11）「自由で開かれたインド太平洋」の概念の変遷や解釈の推移については、相澤
　（2018、2019）が整理している。

12）元来、「インド太平洋」の発想は2007年の第一次安倍政権期に提唱された構想の復
　活であり、4カ国対話も当時、アジアからユーラシアにかけて民主主義国の連合を描
　いた「自由と繁栄の弧」という価値外交を唱えていた日本政府が準備していたもので
　ある。しかし、ケビン・ラッド豪首相（当時）が、中国との経済関係に配慮し、同時
　にインドとの協力も躊躇したために2008年に離脱した経緯があった。

13）ASEAN内部でもインドネシアがかつて豪印など多くの域外大国を含むEASの場で
　「インド太平洋ビジョン」を提起し、ナタレガワ外相はインド太平洋友好協力条約を
　提案したこともあった。（Parameswaran 2019）

14）新華社（中国）による河野外務大臣インタビュー（2018年1月26日付）https://www.
　mofa.go.jp/mofaj/p_pd/ip/page4_003723.html

【参考資料】

〈日本語〉

相澤輝昭（2018）「外務省HPから読み解く『自由で開かれたインド太平洋戦略
　（FOIP）』の理念と実践」笹川平和財団海洋政策研究所。
　https://www.spf.org/oceans/analysis_ja02/hpfoip.html

───（2019）「その後の『自由で開かれたインド太平洋（FOIPS）』の変遷と展開」笹
　川平和財団海洋政策研究所
　https://www.spf.org/oceans/analysis_ja02/post_20190621-copy.html

青山瑠妙（2013）『中国のアジア外交』東京大学出版会。

飯田将司（2007）「南シナ海問題における中国の新動向」『防衛研究所紀要』第10巻第1
　号。

伊藤剛（2008）「「新安全保障観」の生成と発展──　『国家間協調』の徹底化」天児
　慧・浅野亮編著『中国・台湾』ミネルヴァ書房。

大庭三枝（2014）『重層的地域としてのアジア──対立と共存の構図』有斐閣。

北岡伸一（2018）「インド太平洋構想　自由と法の支配が本質」（2018年12月17日）
　『読売新聞』。

クリントン、ヒラリー・ロダム（2015）『困難な選択（上）』日本経済新聞出版社、2015
　年。

近藤大介（2016）『パックス・チャイナ　中華帝国の野望』講談社。

庄司智孝（2011）「南シナ海の領有権問題――中国の再進出とベトナムを中心とする東南アジアの対応」『防衛研究所紀要』第14巻第1号。

――（2014）「ASEANの「中心性」――域内・域外関係の視点から」『防衛研究所紀要』第17巻第1号。

寺田貴（2012）「日本とアジア地域主義の50年」梅森直之・平川幸子・三牧聖子編著『歴史の中のアジア地域統合』勁草書房。

――（2013）『東アジアとアジア太平洋――競合する地域統合』東京大学出版会。

平川幸子（2016）「アジアにおける安全保障観の対立と協調――守るべき「地域」「国家」「党」「人間」の交錯」山田満編『東南アジアの紛争予防と「人間の安全保障」』明石書店。

――（2017）「リベラルなアジア太平洋地域秩序と日本外交――ASEAN共同体と台湾に光を」『問題と研究』46（3）。

馬立誠（2018）「和解とは何か、いかに和解するか――「対日関係新思考」を四たび論じる」『中央公論』2018年8月号。

湯澤武（2017）「ASEANの対南シナ海外交の効用と限界――ルール形成の取り組みを中心に」『アジア研究』Vol 63, No.4。

〈英語〉

Hirakawa Sachiko (2017), "Japan: Living in and with Asia," Lee Lai To and Zarina Othman (eds.) *Regional Community Building in East Asia: Countries in Focus*, Routledge

Parameswaran, Prashanth (2013), "Beijing Unveils New Strategy for ASEAN–China Relations," *China Brief*, Vol 13 (21), https://jamestown.org/program/beijing-unveils-new-strategy-for-asean-china-relations/

―― (2019), "Indonesia's Indo-Pacific Approach: Between Promises and Perils," *The Diplomat* (March 15, 2019), https://thediplomat.com/2019/03/indonesias-indo-pacific-approach-between-promises-and-perils/

【外交資料】

外務省　日・ASEAN協力

　　https://www.mofa.go.jp/mofaj/area/asean/j_asean/index.html

　　平成25年12月14日　日・ASEAN特別首脳会議（概要）

　　平成28年9月7日　日・ASEAN首脳会議

　　平成29年8月6日　日・ASEAN外相会議

　　平成30年11月14日　日・ASEAN首脳会議

外務省　中華人民共和国・過去の要人往来

　　https://www.mofa.go.jp/mofaj/area/china/visit/index.html

　　平成26年11月10日　日中首脳会談

　　平成27年4月23日　日中首脳会談

平成27年11月1日　日中首脳会談・外相会談

平成28年7月15日　日中首脳会談

平成28年9月5日　日中首脳会議

平成28年11月20日　ペルーAPECの際の日中首脳間の会談

平成29年11月13日　日中首脳会談

平成30年1月28日　河野外務大臣の中国訪問

平成30年5月11日　李克強・中華人民共和国国務院総理の訪日

平成30年10月26日　安倍総理大臣の中国訪問

外務省　安倍首相の東南アジア訪問（評価と概要）（平成25年1月18日）

　　https://www.mofa.go.jp/mofaj/kaidan/s_abe2/vti_1301/gaiyo.html

外務省　日中関係の改善に向けた話合い（平成26年11月7日）

　　https://www.mofa.go.jp/mofaj/a_o/c_m1/cn/page4_000789.html

外務省　第21回国際交流会議「アジアの未来」晩餐会 安倍内閣総理大臣スピーチ　（平成27年5月22日）

　　https://www.mofa.go.jp/mofaj/ic/dapc/page1_000106.html

外務省　G7伊勢志摩サミット（平成28年5月27日）

　　https://www.mofa.go.jp/mofaj/ms/is_s/page3_001697.html

外務省　日米豪印会議（平成30年6月7日）

　　https://www.mofa.go.jp/mofaj/press/release/press4_006095.html

首相官邸　第23回国際交流会議「アジアの未来」晩餐会 安倍内閣総理大臣スピーチ（平成29年6月5日）

　　https://www.kantei.go.jp/jp/97_abe/statement/2017/0605speech.html

経済産業省　松村経済産業副大臣が中国に出張しました（平成29年5月17日）

　　https：//www.meti.go.jp/press/2017/05/20170517003/20170517003.html

ASEAN Secretariat　https://asean.org/asean/external-relations/china/
　　Chairman's Statement of the 17th ASEAN-China Summit (2014)

Joint Statement of the 19th ASEAN-China Summit to Commemorate the 25th anniversary of ASEAN-China Relations. (2016)

Joint Statement between ASEAN and China on Further Deepening the Cooperation on Infrastructure Connectivity (2017)

ASEAN (2019), "ASEAN OUTLOOK ON THE INDO-PACIFIC"
　　https://asean.org/asean-outlook-indo-pacific/

第4章

シャープ・パワー概念とASEAN

黒柳 米司

はじめに──「シャープ・パワー」とは何か

　マルクス゠エンゲルス『共産党宣言』に倣っていえば、「一つの妖怪が途上国を徘徊している。【シャープ・パワー】という妖怪が」。この新造語は、わずか数年前には言及されることもなかったが、近年、強権諸国による民主諸国への脅威──いわゆる「シャープ・パワー」──をめぐる言説として定着・拡大しつつある。

　この概念の初出は、2017年12月、「全米民主主義基金」（NED）によるレポート「シャープ・パワー──権威主義の影響力増大」においてである[1]。その主題が示すように、この概念は中露両国──とりわけ習近平治下の中国──の国際的影響力の高揚に対する民主諸国──とりわけ米国──の警戒心を反映したものであることは明らかである。もちろん中国は、当然のように、こうした論調に対して強い不快感を表明し、米側の冷戦的固定観念の産物として反駁している。

　この概念は国際関係専門家のみならず、政府関係者や政策決定論者らの関心を呼ばずにはおかなかった。ウェブ上でも2018年以降、この文脈で、「価値戦争」（value war）、「思考の戦争」（war of ideas）、あるいは「言葉の戦争」（war of words）などの文脈で多くの論考が展開されてきた。中国側がこ

れを「言説戦争」(discourse war) と位置づけたことで、シャープ・パワー論議には、米中対峙の新造語的側面とみなしていることを物語っている。

　では、「シャープ・パワー」とは一体どのようなものか。なぜに急速に定着・拡散するにいたったのか。そしてそれは、米中対峙という状況にいかなる影響を及ぼすのか、また米中間の緊張緩和機能を果たしてきたASEANにとっていかなる意義を有するのか。こうした一連の疑問符への回答を探るのが本報告の目的である。

　このため以下には、筆者が理解する二つの助走路について概観したのち、「シャープ・パワー」概念の特性や意義を論じ、次いで南シナ海紛争の趨勢に象徴される――ASEANの域内大国インドネシアの持つ問題性との関連で――そのインパクトの全容を考察する。

1．「シャープ・パワー」概念への二つの助走路

(1) 国際関係論におけるパワー論議の推移

　「シャープ・パワー」という概念の意義を考察するに先立って、国際関係論における主要概念たる「パワー」そのものについて概観しておく必要があろう。

　きわめて重要な概念がそうであるように、「パワー」(power) という概念を的確に定義することは容易ではないが、紙幅の都合もあり、ここでは2013年、ハーバード大学の碩学ジョセフ・S・ナイが米学士院で行った講演における簡潔な解説を紹介しておこう[2]。ナイによれば、パワーとは「自らが望むものを獲得するため他者に影響を与える能力」であり、「威嚇、報酬、あるいは説得」という三つの方法で行使することができるという。これらのうち前者の威嚇と報酬は、伝統的な国際関係論において力の実体的源泉たる軍事力や経済力、いわゆる「ハード・パワー」をいい、後者は、これと対照的に国家の魅力や説得力、つまり「ソフト・パワー」である。

　第二次世界大戦後、とりわけ敵陣営への優位を至上命題とする冷戦期にあっては、米ソ両大国にとってパワーは主として戦いに勝利する軍事力、および第三世界諸国を自陣営に取り込むための経済力に他ならなかった。

当時国際関係理論を主導していた現実主義者もまたこうした認識を共有していた。

　しかし、1980年代末に冷戦構造が崩壊するという国際関係における地殻変動にともない、米国は圧倒的な覇権的位置を確保し、威圧や買収などハード・パワーによって他国に影響を与えるという敵対的行動様式の妥当性が後退した。かくしてジョセフ・S・ナイが「国家が魅力や威信に基づいて他国に影響力を与える」という新たなパワー概念――「ソフト・パワー」――を提唱し、冷戦の勝者たる欧米先進諸国に広く浸透していった。

　こうした「ソフト・パワー」論に翳りが生じ始めたのは、2000年代に入って新たな大国の浮上・NPOの台頭などによる米国の圧倒的地位が疑問視されるにいたったためである。日本のような自由民主主義を共有する国家は別として、欧米主導型の国際秩序そのものの転換を企図する――いわゆる「修正主義国家」（revisionist）――中国の台頭は米国にとって全力で阻止すべき事態であった。

　ソフト・パワー概念の創始者たるジョセフ・ナイは2003年、米国の力量はなお後退してはいないとしつつ、ソフト・パワーとハード・パワーとのバランスに配慮した「スマート・パワー」という概念を提唱した[3]。米戦略国際問題研究所（CSIS）は2006年「スマート・パワー委員会」を設置し、翌2007年には「よりスマートでより安全な米国」、2009年には「中国のスマート・パワーと米国にとっての意義」、および「米中関係におけるスマート・パワー」と題する報告書を相次いで完成するなど、この分野に多大のエネルギーを注いだ。

(2) 通奏低音としての「中国脅威論」

　冷戦期には共産主義中国は、ソ連陣営の一角を占めるものとして欧米諸国からの激しい敵意に直面していた。1960年代に中ソ対立が顕在化したことで米国は中国との便宜的提携を目指して対中接近に踏み切った。しかし「中国脅威論」は一時的に背景に退いたものの、米中両国は基本的な相互不信を払拭し得なかった。

　1980年代末の冷戦構造崩壊で、米国はいわば一極覇権状況を享受した

が、ポスト冷戦期の平和的環境の下で日本を含む東アジア諸国の経済発展にともない、「多極化世界」へと移行していった。

　その延長線上に1990年代以降、中国が目覚ましい経済発展を遂げると、潜在してきた「中国脅威論」が再浮上することころとなった。この過程はほぼ三つの時期に大別できる。第一は、毛沢東・周恩来亡き後に最高指導者として再起した鄧小平が領導した「韜光養晦」戦略——低姿勢に徹し、国力を増進する——および「改革開放」政策の下中国脅威論を払拭し、国際社会との相互依存を高める中で持続的な高度成長に邁進した時期である。

　第二は、2000年代に入って江沢民・胡錦濤らに指導された移行期で、中国はその国力増進に自信を強めながらも国際社会との協調に腐心していた時期である。この時期を象徴するのが、2003年、胡錦濤＝温家宝体制によって唱えられた「和平崛起」——平和裏にトップに到達する——という意欲的なスローガンである。

　そして第三が、2012年、習近平の党総書記就任以降今日まで継続している台頭期で、大国としての自信と対米対峙への意欲とを両輪とした「中国の夢・中華民族の偉大な復興」という抱負が語られている。このことを米国との関係において集約したのが習近平の「新型大国関係」という概念である。

　中国政府は「和平崛起」の「崛起」が覇権志向と受け止められることを懸念して「平和的発展」と言い換えるなど周辺諸国の警戒心抑制に腐心した。それでもなお、米国際関係論や外交軍事専門家の間では、中国の長期にわたる高度成長と軍事費増加にともなう影響力高揚をめぐって様々な言説が相次いで浮上している。たとえば、⑴「微笑外交」（Charm Offensive）は中国による経済援助や投資を通じた周辺諸国での存在感増大に注目したものであり、⑵「北京コンセンサス」（Beijing Consensus）は米国主導型の発展戦略や規範——「ワシントン・コンセンサス」——に対抗する国家主導型発展モデルや内政不干渉原則のインパクト、さらに ⑶「アジア的価値」は個人より社会、自由より安定、権威への従順に力点を置く中国を含むアジア諸国独自の価値観を論じている。

　やがて「台頭する中国」という認識に「衰退する米国」という認識とが

交錯するに及んで欧米からアジアへの「力の移転」（power transition）という
文脈をもたらさずにはおかなかった。2011年に米クリントン国務長官に
よって提唱された「アジア回帰」（pivot to Asia）という戦略は米国の危機感
の表明に他ならなかった。

　こうした推移の延長線上に浮上したのがG・アリソンのいう「ツキディ
デスの罠」（Thucydides's Trap）という警告である[4]。つまり、「新興国スパル
タの台頭とこれに対する既存の大国アテナイの恐怖感がペロポネソス戦争
を不可避なものとした」とするローマ時代の歴史家ツキディデスの歴史観
を米中対峙状況と二重映しにしたものである。

2.「シャープ・パワー」概念

(1)「シャープ・パワー」概念の登場

　上述のような環境の下に、2017年12月、NEDが「シャープ・パワー
──強権国家の影響威力台頭」と題する報告書を刊行。注目すべきことに
NEDは、わずか半年前に「大疑問──中国のソフト・パワーを理解する」
と題する報告書を刊行している。「シャープ・パワー」という概念はこの
間に結晶したものであることが分かる。ほぼ同時期に米国内では、議会行
政委員会中国委員会における「中国の長い腕」に関する公聴会[5]（2017年
12月）、下院外交委員会アジア太平洋小委員会における「中国の対外影響
力工作」に関する公聴会[6]（2018年）などが開催されており、この分野への
関心が高揚していたと知れる。

　このことは、二つのことを意味している。一つは、「シャープ・パワー」
という概念は長い時間をかけて結晶化したのではなく、突如として浮上し
たという事実。もう一つは、この概念と既存の「ソフト・パワー」との差
異化は必ずしも明瞭ではないという事実である。

　NEDのウォーカーとルドウィクが注目したのは、強権統治下にある諸
国（とりわけ中露両国）が、国内では強権支配を貫徹し、対外的には民主制
を貶める方向で影響力を拡大しつつあるという状況である。いくつかの理
由でこれら強権国家の台頭はとりわけ懸念すべきものであるという。たと

えば、経済力が飛躍的に強化された中国と民主諸国の経済・貿易体制とが不可分なまでに交錯しつつあるという現実や、影響力拡大に自信をつけた中国が民主諸国主導型の国際秩序をめぐって「形勢逆転」を射程にいれつつある動向などがこれである

　ウォーカーとルドウィクが中露両国の対外影響力に「シャープ・パワー」という概念を用いて説明しようとしたのは、それが軍事力による威嚇や経済力による買収という「ハード」なツールに訴えてはいないものの、魅力や説得力という「ソフト」な資産の発揮とは似て非なるものであることを強調する必要を認めたためである。これら強権諸国は、抑圧的体制下で体制批判を圧殺すると同時に、民主諸国の開放性——とりわけ脆弱な文化・学術・報道・出版など、いわゆる「Ｃ・Ａ・Ｍ・Ｐ部門」——につけこんで民主諸国内の言説を操作し、対中批判を自粛せしめるべく「突き刺し・浸透し・穿孔する」がゆえに「シャープ」と形容されるにふさわしい。

　『ニューヨーク・タイムズ』前特派員Ｒ・バーンスタインは「ニューヨーク・レビュー・オブ・ブックス」への「中国に叩頭した企業名」と題する寄稿で、デルタ航空、マリオット・ホテル、メルセデス＝ベンツ社の

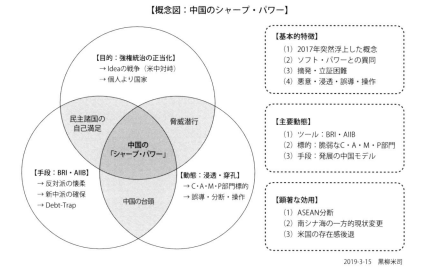

【概念図：中国のシャープ・パワー】

【目的：強権統治の正当化】
→ Ideaの戦争（米中対峙）
→ 個人より国家

民主諸国の
自己満足

脅威潜行

中国の
「シャープ・パワー」

【手段：BRI・AIIB】
→ 反対派の懐柔
→ 新中派の確保
→ Debt-Trap

中国の台頭

【動態：浸透・穿孔】
→ Ｃ・Ａ・Ｍ・Ｐ部門標的
→ 誤導・分断・操作

【基本的特徴】
(1) 2017年突然浮上した概念
(2) ソフト・パワーとの異同
(3) 摘発・立証困難
(4) 悪意・浸透・誤導・操作

【主要動態】
(1) ツール：BRI・AIIB
(2) 標的：脆弱なＣ・Ａ・Ｍ・Ｐ部門
(3) 手段：発展の中国モデル

【顕著な効用】
(1) ASEAN分断
(2) 南シナ海の一方的現状変更
(3) 米国の存在感後退

2019-3-15　黒柳米司

ような著名な国際的大企業でさえ、チベットや台湾をめぐって対中謝罪を
表明してきたことを論評している[7]。他方、ウィルソン・センターのアン
＝マリー・ブラディは、2014年9月、習近平が中国外交の「統一戦線工
作」を伝家の宝刀――「法宝」（magic weapon）――として、(1) 華僑の力を
結集し、これを中国外交の尖兵とする、(2) 人民と人民・党と党・中国と
海外企業の関係を利して外国人を中国外交の味方につけ、(3) 国際コミュ
ニケーション戦略を発揮し、(4) 中国中心の経済・戦略陣営を形成するとい
いう手法に言及したことを詳述している[8]。これらはほとんど「シャー
プ・パワー」の別名ともいえるものではないか。

(2) 「理念の戦争」としての「シャープ・パワー」概念

　当然、中国からはこれに対して激しい反発が表明されてきた。たとえば、
対外影響力について欧米が行使すれば「ソフト・パワー」として評価され、
中露が行使すれば「シャープ・パワー」として警戒するというのは欧米中
心のダブル・スタンダードではないかとする批判がある。また、こうした
反中的言説に固執する論者の身体は21世紀にあっても、精神的には依然
として20世紀のゼロ・サム型敵対思考に囚われているともいう。たとえ
ば、中国政治協商会議スポークスマンの王国慶や、現代国際関係研究所長
の李志業は、異口同音に「シャープ・パワー論は【第三の中国脅威論】で
ある」と論駁している[9]。

　これとの関連で想起さるべきは、習近平が中国共産党指導者として台頭
してきた2013年、中国共産党中央委員会布告（第9号文件）で、「七つの西
洋的価値観は中国にとっての災厄であり、教育現場で教授してはならな
い」――いわゆる「七不講」――が指示されたことである。このことは、
この時点では習近平指導部が欧米的規範・秩序を敵視・警戒していたこと
を物語っている。ところが習近平国家主席は2017年「改革開放40周年記
念日」演説で、中国が世界の中心に接近しつつあり、国際社会が公認する
世界平和の建設者……国際秩序の維持者となるという使命について語って
いる[10]。単純化を恐れずにいえば、自国の力量が米国と並ぶ超大国の域に
達するにいたって、中国主導型の国際秩序・国際規範の標榜を志向するに

いたったといえよう。

　ちなみに、米共和党下院議員ロン・ポールは、かつてNEDについて海外で非公然活動に従事する個人や組織に関与する危険なNPOであり、このような組織に補助金を与えるのは「米国の敵」を庇護することに等しいと警告している[11]。

　これらの論調は、いわばNEDの概念提示への真正面からの反論であり、冷戦起源論争の文脈に照らせば、正統主義対修正主義に比定しうる。で、第三の立場たる「ポスト修正主義」については、たとえば「ソフト・パワー」概念の提唱者たるジョセフ・ナイの見解がこれに当たる。ナイは、『プロジェクト・シンジケート』誌によせた「中国のソフト・パワーとシャープ・パワー」と題する論文で[12]、（欧米も重視する）ソフト・パワーとしての文化広報外交も「一定程度の情報操作（framing）を行う」と認めつつ、中国のように「極端な欺瞞」が混じれば「暴力を用いなくとも威圧的であり、人々の適切な選択を阻害する」へと変質すると指摘する。それゆえ、中国が「ソフト・パワー型行事をシャープ・パワーのツールとして行使する」ことに対処するには、「このプログラムを公開することが有効で、民主諸国はこの点で優位にある」という。

　ナイはまた『フォリン・アフェアーズ』誌に寄せた論文「シャープ・パワーはいかにソフト・パワーを脅かすか」で[13]、これら二つのパワーを分かつのは「公開性と欺瞞の程度」であるという。かくして、欧米民主諸国はシャープ・パワーに対処するに際して、公開性の削減に頼ってはならないと助言する。それは民主制の優位を放棄することに他ならないからである。加えてナイが警告したのは米国政府や国民が抱く自由民主主義という規範への確信がいわば「自己満足のカーテン」となって、強権諸国の対外影響力の深刻さに気づかないという現実である。

　かくして「シャープ・パワー」概念をめぐる論議は、国際秩序や規範をめぐる米中対峙の「理念戦争」（war of ideas）に他ならず、今後とも米中対峙の一つの主戦場ともなりかねない契機をはらんでいる。実際、中国は強権統治と「国家主導型の発展モデル」をセットで展開してきたのであり、共産党治下の国論統一を基盤とする国家主導型経済発展こそ他の途上国世

界にも敷衍さるべき戦略であるとみなしてきた。

このことは、われわれに米中関係に関わる一つのデジャヴを想起させる。1990年代の欧米諸国の「人権外交」を中国が「和平演変」として警戒したことである。ポスト冷戦期に欧米諸国は自由民主主義・人権こそ普遍的な正義・規範であるとみなし、これを途上国世界にも浸透させようとして外交的圧力を辞さなかったが、中国からは、これは欧米的価値の一方的押しつけであり、中国の体制崩壊を画策する陰謀を秘めていると非難されてきた。冷戦期には「灰色でも赤よりはまし」――独裁であっても反共であれば支援の対象とする――とみなしてきた米国が、冷戦終結後、少なからぬアジア諸国について自由と民主主義を抑圧している側面に厳しい目を向ける「人権外交」に対して「アジア的価値」論で対抗したのとパラレルな関係にある。

3. 広域アジア国際関係へのインパクト

(1) 米トランプ政権の登場

中国の「シャープ・パワー」は、さらに広域アジア国際関係に多様かつ複雑な衝撃波を及ぼさずにはおかなかった。とりわけ注目すべきは、今日もなお広域アジア太平洋方面の国際情勢に影を落とし続けている三つの地政学的新潮流を触発したことである。第一は、米トランプ政権の登場である。もちろんこのことは、トランプ政権が中国の影響の産物であることを意味するものではない。ただし、「アメリカ・ファースト」を唱えるトランプ大統領の登場が国際関係における中国の台頭――裏返していえば「米国の衰微」――に対する米国民の不満が背景にある以上、「シャープ・パワー」が無視し難い追い風となっていたことには疑問の余地があるまい。

実際、トランプは共和党大統領候補受諾演説で「米国がグローバリズムに依存している限り国際社会は米国に敬意を払わない」と断言し、その経済的・軍事的優越性を回復することによって「米国を再び偉大にする」(Make America Great Again: MAGA) というスローガンを標榜するにいたったのである。それは正しく「反ソフト・パワー」宣言ともいうべきものである。

当然ながら、「ソフト・パワー」の提唱者たるジョセフ・ナイはこれと対極をなすトランプ政権に対してきわめて批判的で、トランプには外交政策がない（あるのは姿勢だけ）、トランプは米国のソフト・パワー後退をもたらすなどと酷評している。トランプとナイの外交感覚の隔絶は、両者の「偉大さ」に関する認識の乖離に起因する。実際、トランプ流の路線で達成される——万一達成されることがあったとしても——「偉大さ」とは「強大さ」（軍事力や経済力などハード・パワーの増強）に他ならない。元インド外相シャシ・タロールが簡潔に指摘しているように、「ハード・パワーは（他国に対して）行使されるが、ソフト・パワーは（他国から）喚起される[14]」のである。かくして、トランプの大統領当選は、外国嫌いで・女性蔑視で・悲観主義的で・利己的な米国というイメージを世界中に振りまき、米国のソフト・パワーの終焉をもたらし、この趨勢を逆転することはきわめて困難——とりわけかれの在任中はほぼ不可能——であるというのである。

(2)「インド太平洋」地域概念の浮上

　次いで注目すべきは、中国の「シャープ・パワー」の一局面たる「経済力」の発揮たる「一帯一路」戦略が周辺諸国の対中傾斜をもたらすことに脅威を覚えた諸国によって「インド太平洋」というあらたな地政学的概念が模索されたことである。この新概念は、その重要性にもかかわらず——あるいはそれゆえに——その源泉を含め、複雑な様相を呈しており、慎重な考察を必要とする。

　まず、この概念については、1960年代央、豪国立大国際問題研究所が核拡散に関するセミナーで「インド太平洋」という地域に言及したこともあるが、その後この地域が注目を浴びることはなかった。2007年8月、日本の安倍晋三首相がインド国会で行った「二つの海の交わり」と題する演説がこの概念に半世紀ぶりに新たな生命を吹き込んだことになる。

　安倍首相は、「民主主義的諸原則に基礎をおいた平和と繁栄の維持を確保することは二つの大洋の両端に位置する日印両国が分かち合う責任であります」と呼びかけ、「日本とインドが結びつくことによって、「拡大アジア」は米国や豪州を巻き込み、太平洋全域にまで及ぶ広大なネットワーク

へと成長するでしょう」と語っている。

　加えて、「インド太平洋」概念は順調に確立・定着したわけではなく、錯綜した軌跡を描いて今日まで命脈を保ってきた。2007年当時には米チェイニー副大統領・豪ハワード首相・印マンモハン・シン首相らの同意を得て、米日印豪の「4カ国安全保障対話」(QSD)——いわゆる「ザ・クアッド」——が実現した。しかし、豪労働党のK・ラッド政権は、2009年、これに反発する中国の意を汲んで身を引き、あわせて安倍首相が辞職し対中融和的な福田政権が登場したことで、いわば「第一次クアッド」は短命に終わった。

　「インド太平洋」の戦略的意義が改めて確認されたのはようやく2016年、米トランプ政権の登場によってであり、この過程で浮上したのが、「自由で開かれたインド太平洋地域」(Free and Open Indo-Pacific: FOIP) という概念であった。米カーネギー国際平和財団のマイケル・スウェインはこの概念に批判的で、一連の欠陥を列挙している[15]。

　一つには、「ザ・クアッド」は一枚岩でなく、むしろ「同床異夢」に近いということである。これら諸国が自由民主主義の担い手であったこと、および「台頭する中国」に対する懸念と警戒を共有したことは疑う余地がないとしても、その政策的位置には侮りがたい乖離があった（表4-1参照）。つまり、対中対抗派の米日両国と、対中関与と牽制を意図するが中国の敵意を煽ることは極力回避しようとするインドを両極とする顕著な対中温度差が存在した。このことを端的に物語るのが、2018年、英国際戦略研究所 (IISS) 主催の「アジア安全保障首脳会議」——いわゆる「シャングリラ・ダイアローグ」——におけるモディ首相の基調講演である。端的には、モディ首相は、同国のインド太平洋政策につき、(1)「自由で開かれ、包括的な」(Free, Open, Inclusive Indo-Pacific: FOIIP) という新たな形容詞を追加し、(2)「インド太平洋」は地理的概念であり、他のいかなる国に敵対するものではないこと、そして (3) ASEAN中心性を尊重することを強調しているのである。

表4-1　錯綜する「インド太平洋」概念の位置づけ

米国	トランプ大統領 （2017）	自由で開かれたインド太平洋（FOIP）
日本	安倍首相 （2007）	「二つの海の交わり」が自由と繁栄の弧を形成する
豪州	外交白書 （2013）	開かれ包摂的で繁栄するインド太平洋地域
インド	モディ首相 （2018）	自由で開かれ包摂的なインド太平洋（FOIIP）
ASEAN	AMM議長声明 （2019）	開かれ、透明・包摂的でルールに基づいた対応・相互信頼および互恵などの基本原則に基づき、ASEAN中心性を補強する
インドネシア	ナタレガワ外相 （2013）	2011年の東アジア首脳会議宣言へのコミットとしての「インド太平洋友好協力条約」

（筆者作成）

　第二に、トランプ流のインド太平洋戦略は、前政権が維持していた「対中牽制と関与」のバランスを失ったゼロ・サム型で敵対的な性格を帯びるがゆえに、必然的に中国からの反発を招き、結果的に米中間の緊張を激化するという「自己充足型予言」に他ならない。

　そして最後に、さらに重大なことに、トランプのFOIP戦略はその延長線上で周辺諸国に「米中間の二者択一」を迫るという重大な欠陥を有する。2018年、1億1,300万ドルの資本投下を提示しつつFOIP戦略への支持を模索すべくASEAN諸国を歴訪したポンペオ副大統領に対するこれら諸国の対応は決好意的とはいいがたかった。中国の人民日報系の *Global Times* 紙（2018年8月3日）は、ASEAN諸国は名称が新規なだけで内容的に空疎で、結果的に米中間の二者択一を迫る曖昧なFOIP戦略に対しては慎重で、容易には同調しようとはしなかったと報じている。

(3) 内憂外患とASEANの機能低下

　そして第三は、中国の「シャープ・パワー」が、この地域の平和と安定に独自の貢献をしてきた地域機構としてのASEANの機能低下を増幅したことである。しばしば指摘されてきたように、弱者の協議体たるASEANがアジア太平洋における「対話を通じた平和の獲得と維持」という独自の影響力——いわゆる「ASEAN中心性」——を発揮できたのは、米中日な

ど域外大国からの理解と支援が前提となっていた。

　しかし、上述したところが示すように、米トランプ政権は基本的に力の政治学に立脚しており、「弱者によるイニシアティブ」のような論理には期待も評価もしていない。他方中国も、「シャープ・パワー」を発揮してASEANの分断に成功した分だけASEANとの距離をおくにいたった。かくしてASEANは、米中両大国の理解と支援を失い、その機能を少なからず後退させるところとなった。いわば「域外大国による遺棄」という状況である。

　もちろん、ASEANの存在感後退は、こうした外的影響のみによるものではない。それどころか、域内の問題がなければこれら外的影響のインパクトは多かれ少なかれ削減されたはずである。域内の問題とは、具体的に、(1) 不協和音の常態化、(2) 地域協力機構としての使命感の摩耗、および(3) 「問題国家」の輩出に類別できる。1990年代の一時期「ASEANの周辺化と不適切化」への懸念が喧伝されたことがあるが、今日のASEANが直面しているのがまさにこの内憂外患の二重苦である。

　こうしたASEANの窮状を微妙に反映したのが、域内大国インドネシアの「ASEAN離れ」への懸念である。表4-2に示すように、インドネシアの「ASEAN離反」への懸念が浮上したのはこれが三度目である。

表4-2　インドネシア「ASEAN離反」の軌跡

時　期	インドネシアの位置	離反の契機
1980s カンボジア紛争期	対中警戒感から対話を通じたベトナム撤退を模索	対越強硬派＝対中提携派（S・T）からの抵抗
1990s 民主化推進期	自らの民主化成功への自信ゆえに域内の人権・民主化推進	新規加盟諸国（CLMV）・域内保守派（B・M・S）の抵抗
2010s ジョコウィ政権期	利益なければ友なし	"ASEAN Way"への違和感

（筆者作成）

　これまでの事例は——対中警戒派vs.対中提携派、あるいは「域内民主化先進国vs.強権・保守派のごとく——いわば「路線対立」に起因するものであった。しかし、ジョコウィ政権に関しては、ジョコウィ自身の

ASEANへのアイデンティティが希薄であるために惹起された事態である。大統領の認識や態度が変われば状況も改善されるとみるか、指導者の性向は、地政学のようには変動しないとみるかは即断しかねるところだが、筆者はこの事態を「問題国家インドネシア」という文脈で理解しておきたい。相互信頼の低下ともいうべきこうした状況そのものがASEANの漂流感の追加要因となっていることは疑問の余地がないからである。

表4-3　ユドヨノ前大統領とジョコウィ大統領の対比

	ユドヨノ	ジョコウィ
経歴	陸軍第4師団長 陸軍大将（退役） 「陸軍きっての秀才」	ソロ家具商・スラカルタ市長 ジャカルタ特別州知事 「田舎者の顔、国際的頭脳」
外交理念	「友は千人・敵はなし」	「利益なければ友もなし」
外交スタイル	エリート主義 国際主義	庶民派 国益優先
南シナ海紛争	中国と「領土問題なし」 公平な仲介者	ナツナ島EEZ問題顕在化 「国際海洋枢軸」（PMD）
ASEANの位置	外交の「礎石」	外交の「礎石の一つ」

(筆者作成)

4．南シナ海紛争の変容

(1) 中国による「一方的現状変更」

　上述した三つの新潮流——中国の「シャープ・パワー」発揮、トランプ政権登場、およびASEANの機能低下——の集約的表現というべきは南シナ海紛争の近況である。

　南シナ海における錯綜した領土紛争は、2014年ころから三つの方向で推移してきた。一つのベクトルは、中国が「九段線」内の七島嶼で人工島造成・軍事化を進行したことである。中国は2014年以降、南シナ海の七島嶼——ミスチーフ、ジョンソン・サウス、クアルテロン、ファイアリー・クロス、ヒューズ、ガベン、スービ礁——における人工島造成を推進し、要所に港湾・飛行場・レーダーなどを設置して軍事基地化すること

で、「南シナ海における現状の一方的変更」を推進した。

　もう一つのベクトルはアキノ大統領のフィリピンが2013年1月、南シナ海における中国の「九段線」の国際法的妥当性、中国の同海域における一方的規制の妥当性など15項目につき常設仲裁裁判所（PCA）に提訴したことである。

　その狭間にあって、米国は、南シナ海における航行・飛行の自由を確保するとして人工島近海に米軍艦を遊弋させる作戦──いわゆる「航行の自由作戦」（FONOP）──を展開して中国への牽制とした。しかし、中国はこれに直面して人工島造成・軍事化を抑制するどころか、これを「南シナ海の軍事化は領土防衛のため」という絶好の口実として逆用してみせた。米国内にはより攻撃的になった中国に対して強硬な威圧を企図する強硬派も存在したが、いわゆる「ツキディデスの罠」を忌避すべしとする警戒論が大勢を占め、これ以上の対抗策が講じられることはなかった。

　米国による軍事的圧力シナリオも、フィリピンが推進した国際法廷による裁定シナリオも中国による南シナ海戦略に修正を迫ることはできなかった。ASEAN諸国にはさらに中国との間で合意された地域的取り決め──「南シナ海行動宣言」（DOC）──に期待するシナリオも残されていたが、中国はここでも、「南シナ海情勢の緊張をもたらすような行動を自粛する」という項目は等閑視し、「フィリピンのPCA提訴は、当事者間の対話を重視するDOC違反」というねじれた主張に結びつけてみせるという対応で矮小化している。

　かくして周辺諸国に残された唯一のシナリオは「現状維持」という名の無作為であった。中国は、こうした無策に乗じて着々と人工島造成と軍事化を進め、現実を積み重ねることによってこの海域における制海権を既成事実化していった。かくして、2018年9月20日の『ニューヨーク・タイムズ』紙によれば、米インド太平洋軍司令官に内定したデヴィドソン提督が、「米軍との全面戦争なしには中国の南シナ海制圧は阻止されない」と言明するにまでいたった。東南アジア専門家のD・K・エマーソンはかつてA・カーター国防長官が、「われわれは国際法が許す限りどこででも飛行し、航行し、行動する（FSOP）。南シナ海も例外ではない」と誇らしげ

に標榜したにも関わらず、中国の「サラミ・スライス作戦」を阻止できなかったことを捉えて、「現実主義政治が道義主義政治を凌駕した」と断じている[16]。

(2) ASEANの対応

　確かに、中国の「一方的な現状変更」の成功は一面、ASEAN諸国における黙認あるいは諦観というべき対応にも助けられてきた。その典型例として、PCA裁定で全面勝利を得ながらフィリピンのドゥテルテ政権がこれを対中折衝の武器とせず、事実上棚上げすることで中国の軟化を引き出そうとしたことに見ることができる。これに対して同国のデ・リマ上院議員（前法務相）は、⑴ フィリピンは（PCA裁定における）勝利を放棄し、「中国への叩頭政策」に着手した最初の国家となったとし、⑵ 中国の南シナ海支配との闘いの主導権をベトナムに委ね、⑶ カエターノ外相は（ラオスやカンボジアよりも）「ASEANにおける中国のスポークスマン」になり下がったとまで酷評している（Senate Press Release, 2017）。しかしドゥテルテは、「叩頭外交」を非難する論調や報道に直面して、「では、中国に対して戦争を宣言せよというのか」などと反発し、対中戦争の力量を欠くフィリピンとしては「これ以上人工島造成を実施しない」とする中国当局の誠意を信じるのが最善の選択と弁明している（Philstar, March 21, 2017）。

　2016年王毅外相は、中国とブルネイ・ラオス・カンボジアの4カ国間で、⑴ 南シナ海問題は中＝ASEAN間の争点ではない、⑵ 領土問題の解決方法は国際法に則して当該係争国自身が選択すべきで、特定国の意思を押しつけてはならない、⑶ 海洋権益上の紛争はDOC第4条に則し、直接係争国間の対話と協議により解決さるべきである、⑷ 中国とASEAN諸国は協力して南シナ海の平和・安定を維持しうるという「4項目合意」が成立したと発表し（中国外務省 2016）、係争国ブルネイも対中協調派に取り込まれことを誇示してみせた。

　そして、もっとも微妙なのが域内大国インドネシアの動向である。南シナ海紛争をめぐる同国の位置づけについて二つの方向で重大な問題性が論議されることとなった。確かに、中国・インドネシア両国間には南シナ海

における島嶼の領有権についての係争はなく、中国はインドネシアのナツナ諸島の領有には同意しているが、両国とも同島に付随するEEZについてはあえて言及せず、意図的に曖昧さを放置してきた。ところが、2013年3月、インドネシア海域で違法操業したとして中国漁船を拿捕したが、中国公艦の威嚇によってこれを釈放せざるを得なかった事件を契機にインドネシアの対中姿勢が明示的に硬化した。見落とせないことに、この事件をめぐってコラムニストのディン・ガンは、2016年3月13日の *Global Times* 紙の「漁業紛争は前進に向けた機会を提供する」と題する論評で、「インドネシアは中国漁船がナツナ島沖のEEZで操業したというが、それは九段線と重複してもいる」と指摘している。

この事件の翌年、ムルドコ国軍司令官が『ウォールストリート・ジャーナル』紙（*Wall Street Journal*, April 24, 2014）に「中国がその九段線内にインドネシア・ナツナEEZを含めていることは不快である」との論評を載せた。しかし、ナタレガワ外相は、インドネシアは南シナ海紛争の係争国ではなく、中国とASEAN係争国との間の「公正な仲介者」であるという伝統的な役割を強調し、軍部との見解の乖離が白日の下に曝された。

そもそもASEANのような弱者の連合体が、アジア太平洋地域の平和と安定に貢献できた——いわゆる「ASEANの中心性」——のは、一方ではASEANが「対話を通じた信頼感の醸成と平和の構築」という弱者なりのイニシアティブを発揮しえたためであり、他方では米中両大国がこれにメリットを見いだし、これに理解と支援を与えてきたからである。

しかし、2010年代後半、中国による「シャープ・パワー」の発揮、米国におけるトランプ大統領の「米国第一主義」への傾斜は、これら両大国が「弱者のイニシアティブ」ともいうべき対話による緊張緩和と平和の維持というシナリオへの期待を失ったことを意味する。つまり、「ASEANの中心性」は米中両国による遺棄によってその機能を後退させたのである。

(3) 米中「言説戦争」

2017年末に提唱された「シャープ・パワー」概念は、米中対峙状況と表裏一体をなして次第に活発な論議を触発しつつある。もともとの端緒を

切ったNEDは、ほぼ1年後の翌2018年末、民主主義論の権威スタンフォード大のL・ダイアモンドらを共同議長とする作業グループによるほぼ1年間の研究成果をとりまとめた「中国の影響力と米国の国益——建設的警戒のすすめ[17]」と題する大部の報告書を刊行した。ダイアモンドらは、中国の多方面にまたがる影響力拡大は、欧米の自由民主主義よりも中国の権威主義の方がより効果的な発展モデルであるとの言説を移植しようとするものと警告しつつ、これに対する「不十分な対応と過剰な対応」の双方を戒めることを説いている。

　「シャープ・パワー概念」には理論面と動態面で疑問符を伴うと思われる。理論的には、「合切袋」（catch-all）ともいうべき理論枠組みには、民主国家の陥る危機のあれこれを、（中露など）強権国家の悪意に帰そうとする固定観念に陥るおそれがありはしないかという懸念を意味する。他方、動態的疑問符とは、「欧米諸国が行使すればソフト・パワーで、強権諸国が行使すればシャープ・パワーとみなすのは【欧米中心のダブル・スタンダード】ではないのかという問いかけである。参考までに上記NED報告書には、作業部会メンバーのカリフォルニア大学サン・ディエゴ分校のスーザン・シャークが、中国による「影響力拡大」工作を拡大解釈し、中国の正当な外交政策との差異化を見落としているとした「少数意見」も収録されている。

　上述したところから読み取れるのは、一見奇妙なことに、習近平指導部の基本的対外戦略と「シャープ・パワー」の論理とは「中国の対外影響力増大という一つの事象を、肯定否定の相反する視点から観察した」という位置関係にあるという論理的位置づけである。歴史的に回顧すれば、この地域は冷戦期には熾烈なイデオロギー闘争が展開され、ポスト冷戦期にも欧米が展開する「人権外交」に対して域内諸国が——アジア的人権という見解を含む——「アジア的価値」論で対抗した記録がある。これら事例と「シャープ・パワー」論議は「アイデアの戦争」という点で相似形をなす。

　一方で「シャープ・パワー」概念の論理は、台頭する中国が民主諸国の開放性につけ込んで強権統治の正当化を図り、民主主義を貶め、強権統治型国際秩序の構築を企図すると警告する。これに対して中国は、「シャー

プ・パワー」概念は「中国脅威論」の焼き直しに過ぎず、こうした論理に固執する論者は冷戦期のゼロ・サム型対立の固定観念に囚われていると反発する[18]。しかし、上述のごとく、南シナ海における一方的現状変更に成功し、「一帯一路」と「アジア・インフラ投資銀行」を両輪とするメガ・プロジェクトの着実な進展に自信を強めた習近平指導部は、次第に米欧主導型の国際秩序への対抗心を隠さぬところまで歩を進めた（表4-4参照）。2018年6月、習近平主席は「対外関係中央工作会議」で、中国の主権・安全・発展を堅持すること、「国際統治システムの変革」の領導に積極的な役割を果たす」ことの必要性を強調している[19]。

表4-4　習近平路線と「シャープ・パワー」論議

	習近平政権の論理	「シャープ・パワー」的解釈
南シナ海	PCA提訴はDOC違反 PCAに紛争管轄権なし 国際法より「中国の歴史」優先 FONOPは南シナ海の軍事化 自国領土の防衛は正当	「九段線」は国際法的に無効 FONOPは国際公共財の防衛
一帯一路	途上国は開発資金が必要	「債務の罠」の陥穽 「債権者帝国主義」 「腐食型資金」
米中対峙	「言説戦争」 「国際統治システムの改編」必要 七不講 Magic Weapons（法宝）としての「統一戦線工作」	「シャープ・パワー」 中露は「戦略的競争者・修正主義国」 自由民主主義的規範への挑戦者 強権統治の正当化

（筆者作成）

おわりに──「シャープ・パワー」概念と「チキディデスの罠」

　G・アリソンが「ツキディデスの罠」論を紹介したのは2012年8月21日の『ファイナンシアル・タイムズ』紙においてであった。新興国アテナイの台頭に直面した既存の覇権国スパルタの恐怖感が両大国間の戦争をもたらしたとするギリシア時代の歴史家ツキディデスの指摘を現代国際関係に

即して論じた「ツキディデスの罠」論は、台頭する中国への米国の警戒心に当てはめて警告したものである。アリソンによれば、過去500年間に16の大国間対峙が見られたが、うち12例が戦争という結果に陥った。戦争を回避しようとすれば、挑戦国にも既存の大国にも「膨大で苦痛に満ちた行動・態度の調整」が求められるという[20]。

遺憾ながら、2010年代の米中対峙は、トランプ大統領と習近平国家主席という強烈な個性とあくなき大国志向を有する指導者が登場したことによって両国ともこのような軌道修正が弱さの反映と解されることを避けようと、非妥協的に角突き合わせる傾向が顕著である。とりわけ「貿易戦争」とまで評される最近の経済対立の局面では、いわゆる「チキン・ゲーム」の様相を呈するにいたった。

トランプ政権の側では、2018年10月、ペンス副大統領がハドソン研究所で「トランプ政権の対中政策」と題する講演を行い、世上「第二の鉄のカーテン演説」と評されるほどに強硬な対中認識を表明している。ペンス副大統領は、中国が自由・公正・相互的である限り友好的な米中関係を期待するとしながら、中国が悪意に満ちた手法で米国を弱体化させ、国際社会への影響力を拡大しつつあると指弾するなど、明示的には言及されていないが、その文脈はNEDが展開した「シャープ・パワー」概念と見事なまでに重複する[21]。

他方、中国側では、2019年6月冒頭の「シャングリラ・ダイアローグ」における魏鳳和国防相が中国国民は「対話？ 歓迎だ。戦闘？ 結構。威嚇？ あり得ない」との信念を共有していると言明し、「譲歩や妥協はさらなる圧力を誘発する」との見解を表明している[22]。

かくして米中対峙は、「シャープ・パワー」という通奏低音の下で、今や出口の見えない状況に立ちいたった。すなわち、米中両国はともに「ツキディデスの罠」への警戒心を抱いてはいるが、妥協は敗北とみなす「チキン・ゲーム」の論理によって抑止されるという陥穽——いわば「チキディデスの罠」とも呼ぶべき事態——に陥ったとみなすことができよう。

最後に、中国の「シャープ・パワー」にとってASEANはいかなる位置にあると見るべきか。単純化していえば、その対象であり、犠牲者であり、

伴走者でもあった。

　上述したように、ASEANはこの時期、⑴ 不協和音の常態化、⑵ リーダーシップの喪失、⑶ 使命感の摩耗、および ⑷ 域外大国による遺棄という内憂外患のゆえに顕著な機能低下に直面している。それゆえ、南シナ海紛争のような重大かつ深刻な地域紛争に対処する力量を決定的に欠いてきた。

　そもそも領土問題のような係争当時国間の「ゼロ・サム型」紛争においては、力量において優勢な当事国はときに武力行使などの威嚇（極端な場合は軍事占領）に訴えがちである。ただし、こういう戦術は他の係争国の反撃や第三国（国際機関をふくむ）の介入を触発しかねない。結果的に、こうした事態を回避する有効かつ経済的な手法が「既成事実化」だったのである。ASEANの劣化という現状は、シャープ・パワーにとって絶好の環境を提供していたということになる。果たしてかつてのような「ASEAN中心性」が復活される日は訪れるだろうか。そしてそれはいつ、またいかに実現されるであろうか。

【注】

1）Christopher Walker, Jessica Lutwig, *Sharp Power: Rising Authoritarian Influence: New Forum Report*, December 5, 2017, National Endowment for Democracy.
https://www.ned.org/sharp-power-rising-authoritarian-influence-forum-report/

2）Joseph S. Nye, "The Future of Power," *Bulletin of American Academy of Arts and Science*, Spring 2011, 45-52pp.

3）Doug Gravel, "Joseph Nye on Smart Power," Belfer Center, July 3, 2008.
https://www.belfercenter.org/publication/joseph-nye-smart-power

4）Graham Allison, "Thucydides's Trap has sprung in the Pacific," *Financial Times*, August 22, 2012.
https://www.ft.com/content/5d695b5a-ead3-11e1-984b-00144feab49a

5）China's Long Arm: Exporting Authoritarianism With Chinese Characteristics, Hearing Before the Congressional-Executive Commission on China, December 2018.
https://www.cecc.gov/sites/chinacommission.house.gov/files/documents/GPO%20Transcript.pdf

6）U.S. Responses to China's Foreign Influence Operations, Hearing Before the Subcommittee on

Asia and the Pacific of the Committee on Foreign Affairs, House of Representatives.
https://docs.house.gov/meetings/FA/FA05/20180321/108056/HHRG-115-FA05-
Transcript-20180321.pdf

7）Richard Bernstein, "The Brands That Kowtow to China," *The New York Review of Books*, March 2, 2018.
https://www.nybooks.com/daily/2018/03/02/the-brands-that-kowtow-to-china/

8）Anne-Marie Brady, "Magic Weapons; China's Political Influence Activities under Xi Jinping," paper presented to the Seminar on June 201, Wilson Center,
https://www.wilsoncenter.org/sites/default/files/magic_weapons.pdf

9）Manya Koetse, "On 'Sharp Power' & China Threst 3.0: The West is Mentally Stuck in Cold War Era," *What's On Weibo*, March 5, 2018.
https://www.whatsonweibo.com/on-sharp-power-the-china-threat-3-0-the-west-is-mentally-stuck-in-cold-war-era/

10）"Xi Summarizes achievements of China's 40-year reform, opening-up," December 18, 2018, *en.people.cn*.
http://en.people.cn/n3/2018/1218/c90000-9529604.html

11）Ron Paul, "National Endowment for Democracy: Paying to Make Enemies of America," October 11, 2013, *www.Antiwar.com*.
http://www.antiwar.com/paul/paul79.html

12）Joseph S. Nye, "China's Soft and Sharp Power," Jan. 4, 2018, *Project-Syndicate*,
https://www.project-syndicate.org/commentary/china-soft-and-sharp-power-by-joseph-s--nye-2018-01?barrier=accesspaylog

13）Joseph S. Nye, "How Sharp Power Threatens Soft Power: The Right and Wrong Ways to Respond to Authoritarian Influence," January 24, 2018, *Foreign Affairs*,
https://www.foreignaffairs.com/articles/china/2018-01-24/how-sharp-power-threatens-soft-power

14）Shashi Tharoor, "Hard power is exercised, soft power is evoked: Shashi Tharoor," April 29, 2018.
https://www.connectedtoindia.com/hard-power-is-exercised-soft-power-is-evoked-shashi-tharoor-3968.html

15）Michael D. Swain, "Creating an Unstable Asia: the U.S. 'Free and Open Indo-Pacific' Strategy," *Carnegie Endowment for International Peace*, March 2, 2018.
https://carnegieendowment.org/2018/03/02/creating-unstable-asia-u.s.-free-and-open-indo-pacific-strategy-pub-75720

16）Donald K. Emmerson, "Matching power with purpose in the South China Sea: a proposal" *PacNet#81*, November 8, 2017.
https://www.pacforum.org/analysis/pacnet-81-matching-power-purpose-south-china-sea-proposal

17) Larry Diamond and Orville Schell, eds., *China's Influence & American Interests: Promoting Constructive Vigilance*, Hoover Institution, 2018.

https://www.hoover.org/research/chinas-influence-american-interests-promoting-constructive-vigilance

18) On 'Sharp Power' & the China Threat 3.0, *What's on Weibo*, March 5, 2018

https://www.whatsonweibo.com/on-sharp-power-the-china-threat-3-0-the-west-is-mentally-stuck-in-cold-war-era/

19) "Kevin Rudd on Xi Jinping, China and the Global Order," *Asia Society Policy Institute*, June 26, 2018.

https://asiasociety.org/policy-institute/kevin-rudd-xi-jinping-china-and-global-order

20) Graham Allison, "The Thucydides Trap: Are the U.S. and China Headed for War?" *The Atlantic*, September 24, 2015

https://www.theatlantic.com/international/archive/2015/09/united-states-china-war-thucydides-trap/406756/

21) "Remarks by Vice President Pence on the Administration's Policy Toward China," Hudson Institute, October 4, 2018

https://www.whitehouse.gov/briefings-statements/remarks-vice-president-pence-administrations-policy-toward-china/

22) Speech at the 18th Shangri-La Dialogue by Gen. Wei Fenghe, State Councilor and Minister of National Defense, PRC.

http://www.globaltimes.en/content/1152730.shtml

第5章

アジアにおける非伝統的安全保障協力
ASEAN主導の「平和」の制度化：テロ対策を事例にして

山田　満

はじめに

　「一帯一路」構想がASEANに与える影響とは何か。大きく分けて3類型が考えられる。第一に、陸路続きの大陸部東南アジアとの関係である。1992年にアジア開発銀行主導で始まった大メコン圏（Greater Mekong Sub-region: GMS）開発プログラムは、国際河川であるメコン河流域諸国の開発を目指したものである。GMSは中国雲南省昆明、その後広西チワン族自治区から東南アジア5カ国が参加する開発構想である。同構想に基づきながら、中国の大規模インフラ援助の後押しもあり、東西経済回廊と南北経済回廊を通じた「ASEAN連結性」が推進されている。

　第二に、島嶼部東南アジア諸国との関係である。海洋強国を目指す中国は、南シナ海のスプラトリー諸島やパラセル諸島を含む独自の領有権を主張する九段線を引いて、フィリピン、マレーシア、ベトナムとの間で軍事衝突も引き起こしている。第三に、地域機構としてのASEAN統合への揺さぶり問題である。中国の大規模な経済援助をめぐってASEAN10カ国間でも不協和音が起きている。中国援助に大きく依存するカンボジアから一定の距離感を保つシンガポールやマレーシアなど毎年開催されるASEAN外相会議や首脳会議でも南シナ海問題に対する中国への対応に亀裂が入っ

ている。

　このように、中国の進める巨大経済圏構想「一帯一路」政策をめぐり、まだASEAN未加盟国の東ティモールも含めて東南アジア地域への影響は計り知れない。とはいうものの、各ASEAN諸国の対中国政策も、経済援助への過度の依存が引き起こす「債務の罠」に対して敏感になっていると同時に、中国の援助を通じた「新植民主義」への懸念もあり、むしろ安全保障の観点から一定の距離感を持とうとしている域内国も現れている。

　本章の主題は、中国やASEAN諸国で広く受け入れられている非伝統的安全保障（Non-Traditional Security: NTS）協力の視角から、むしろ中国を多国間協力の場に引き入れることで中国の影響を減殺し、かつASEANの中心性を担保する地域の平和をいかに構築できるのかを検討する。具体的には、非伝統的安全保障領域の中でも「テロ対策」に焦点を当ててASEAN主導の「平和」の制度化を考えてみる。

1．なぜ「非伝統的安全保障」なのか

　東西冷戦の終結を迎えた1990年代に「人間の安全保障」（Human Security: HS）概念が新たな安全保障の概念として登場した。特に、HSを国際社会に広めたのは1994年に国連開発計画（UNDP）が発行した『人間開発報告書』（Human Development Report: HDR）であった。HDRは人間の基本的な人権を人間開発や人間中心との関係で論じており、経済、食糧、健康、環境、個人、地域社会、政治の7領域で構成している。

　また、HSは「飢餓や病気、抑圧などの慢性的な脅威からの脱却」を意味する「欠乏からの自由」と、「家庭、職場、地域社会などの日常の生活様式が突然に破壊されて困らないように保護する」という「恐怖からの自由」に大別される。これら二つの自由は、1941年1月6日のフランクリン・ルーズヴェルト（Franklin D. Roosevelt）が一般教書演説で提唱した四つの自由に含まれており、その後同年8月の米英首脳で発表した大西洋憲章でも反映され、さらには1948年採択の世界人権宣言の前文にもみることができる（UNDP 2014; 山田 2016; 山田 2019）。

四つの自由は米英主導の連合国が構想した第二次世界大戦後の国際社会の秩序のあり方を示したものであった。つまり、国家主導による戦争の被害を受けた多くの民間人の人権を改めて問い直すことであり、それが半世紀近く後にUNDP発行の『人間開発報告書』で「人間開発」と「人間の安全保障」として再認識されたのである。

　このようにHSは米英を中心とした西欧社会の人権概念を淵源としている。個人の権利や福祉を重視した内容である点で、国家主権の強い東南アジア地域諸国や中国が導入する権威主義体制とは一線を画している。なぜならば、個人の人権は第一義的に国家の専権事項であり、主権国家として国家が国民の安全保障を担当するからである。要するに人権は内政不干渉原則に基づく国内の問題として捉えられている。

　カナダのヴィクトリア大学のウー（Guoguang Wu）は、その編著『人間の安全保障に向けた中国の挑戦』で、中国が「国家の安全保障と国家主権に執着」しており、中国政府はすでに「包括的安全保障」とNTSの両方の概念を採用する一方で、HSという言い方はしていないと述べる。中国の安全保障の中心的な課題は、国家が安全を牽引する責任とそれを成し遂げる威信を持っているという、国家中心主義の考え方であると述べる（Wu 2013: 17）。

　また、王名はHSとNTSともに「非軍事的・非武装的安全保障」として捉える。特に中国におけるNTSの典型として、2009年7月5日に新疆ウイグル自治区で起きた大規模暴動（ウルムチ事件）の事例を挙げ、六つの特徴を指摘する。①安全保障の主体は非国家、②被害者は不確定多数、③加害者は非武装、④防衛は非正常、⑤損害対象は人間、⑥発生は不可測、とまとめている（王名 2011: 15-17）。

　しかしその一方で、NTSには従来の軍事に基づく伝統的安全保障に含まれないもののほとんどが対象となっており、その結果曖昧な概念になってきたと指摘する。そして、上記の六つの特徴を踏まえて中国におけるNTSに関わる10大事件を表5-1のようにまとめている（同上: 18-23）。

表5-1　中国における非伝統的安全保障の10大事件の分析

事件名	事件分析の6つの要素					
	安全主体	被害者	加害者	防衛	損害	発生
SARS 2003	非国家 全社会	社会の不確定多数	SARS ウイルス	非正常	健康生命	不可測
エイズ	非国家 社会一部	社会の不確定多数	HIV ウイルス	非正常	健康生命	予防可能
太湖汚染 2007	非国家 社会一部	地域住民	関連企業	非正常	環境	予防可能
氷凍災害 2008	非国家 全社会	社会の不確定多数	自然	非正常	生産・生活の基盤	不可測
粉ミルク汚染 2008	非国家 全社会	社会の不確定多数	関連企業	非正常	健康 経済	予防可能
ラサ事件 2008	非国家 全社会	地域住民	チベット 独立派	非正常	財産 生命	不可測
四川大地震 2008	非国家 社会一部	地域住民	自然	非正常	生産・生活の基盤	不可測
金融危機 2009	非国家 全社会	社会の不確定多数	関連企業	非正常	経済	不可測
HIN1 2009	非国家 全社会	社会の不確定多数	HIN1 ウイルス	非正常	健康 生命	不可測
新疆事件 2009	非国家 社会一部	社会の不確定多数	新疆 独立派	非正常	財産 生命	不可測

＊HIN1は、豚インフルを指す。事件名の下の数字は発生年度である。
（出典）王名（2011: 22、図表1-4）

　王名は改めて10大事件を通じて中国におけるNTSについて、第一に
「一部の事件は、社会全体ではなく一部に限られた影響を与えたもので、
しかも被害者は社会の不確定多数に及んでいること」、第二に「加害者も
武装されたもの」ではなく、「ウイルスや自然災害はもちろんですが、ラ
サ事件や新疆事件にしても加害者は武装していませんでした」と述べてい
る（同: 21）。ただ、王名の説明では本章で扱うテロリストによる事件とは
齟齬を生じることになる。第一の「被害者が社会の不確定（不特定）多数」
であるものの、テロ事件の加害者は武装蜂起しており、ラサ事件や新疆事
件とは異なる。また、現在中国政府による新疆ウイグル問題への対応とも
異なっている（第4節を参照）。
　中国のNTSネットワーク・システムはアメリカをモデルに「国家安全
保障システム」が構築されており、自然災害保障、公共安全保障、生産安

全保障、公共健康安全保障の各システムに分けられている。2007年の全国人民代表大会で「突発事件対応法」として同年11月に法律として整備され、2006年には国務院も「国家突発公共事件総体応急予備案」を発表している。現在25の分野別予備案と80の省庁別応急予備案で政府の財政から資金を支給されていると説明する（同上: 25）。

次に、ASEANでいうNTSとはどのような領域を指しているであろうか。アジアでNTS問題を学問的に主導する南洋理工大学NTSセンター長のメリー・カバレロ＝アントニー（Mely Caballero-Anthony）は、編著『非伝統的安全保障研究入門――学際的アプローチ』で、NTSは非軍事的脅威に焦点を合わせ、特徴として以下の6項目があると指摘する（Caballero-Anthony 2016: 6）。

①脅威は起源、発端、結果に関して国家を超えた自然現象である。
②脅威は国家と力の均衡の変化の間の競争から生じるのではなく、しばしば政治的、社会経済的な条件で定義される。
③資源の欠乏や変則的な移民のような非伝統的安全保障の問題は社会的政治的な不安定を引き起こす。それゆえ、安全保障に対する脅威となる。
④気候変動のような他の脅威は、人間によって誘発された騒擾で自然の脆弱な均衡がしばしば回復も逆戻りも困難になることで、国家と社会の両方に悲惨な結果をもたらす。
⑤国家だけの解決ではしばしば不十分であり、したがって地域的多元的な協力が不可欠になる。
⑥安全保障の指示対象はもはや国家（主権または地域的な統合）だけではなく、個人的社会的水準の両方で人々の生存、福祉、尊厳が対象になる。

なお、同書ではマブーブル・ハク（Mahbub ul Haq）のHS概念を紹介し、NTSとの相違を確認している。ハクは「国家の武器ではなく、人々の生命を反映させた新しい安全保障の概念」としてHSを議論する。具体的には、「領土の安全保障ではなく、人々の安全保障」であり、「国民の安全保障で

はなく、個人の安全保障」であると述べる。また、「武器を通じた安全保障ではなく、発展を通じた安全保障」であり、「至る所すべての人々の安全保障、それは家庭の、仕事の、街の、コミュニティーの、環境の安全保障」であると述べ、究極的には「人間の安全保障は個人を保護することである」と指摘する（同上: 7-8）。

　ハクはすでに述べたUNDPの『人間開発報告書』の基本となっている人間開発の考え方に大きな影響を与えたパキスタン出身の経済学者である。ハクがHSで想定する対象者は個人であることは間違いないであろう。他方で、カバレロ＝アントニーのNTSが想定する安全保障の対象者は、広く個人のみならず国家も含まれている。ただ両者に共通するのは伝統的安全保障とは異なり、ともに非軍事的領域である。軍事が国家の専権事項の一つであることを考えると、この分類は理解しやすい。

　このように、中国においてもNTSは重要な国家の安全保障に関わる脅威として認識されており、ASEANに日中韓を加えた「ASEAN＋3」による協力は今後ますます促進されるものと思われる。また、中国は2001年に創設された中露と中央アジアの計6カ国からなる上海協力機構（SCO）、さらに1998年に設立されたAPEC、東アジア首脳会議（EAS）でも多角的貿易体制の推進を謳う一方で、テロや国際犯罪などの問題も積極的に議論しており、中国のNTSネットワークは拡大している（王名: 26）。

2．テロ対策に対するASEANと中国の立場

　ASEANと中国においてテロリズムの脅威を共有するに至った端緒が米国における2001年9月の同時多発テロ（9・11事件）であったことは間違いないであろう[1]。同年10月に上海で開催されたAPEC（アジア太平洋経済協力会議）首脳会談では「反テロ声明」が採択され、引き続き同年11月のブルネイで開催された第7回ASEAN首脳会議においても、9・11事件を踏まえて「反テロ共同行動ASEAN宣言」が採択されている。同宣言では「経済発展のみならず、地域や国際平和ならびに安定に対するテロによる恐るべき挑戦に深く懸念を抱いている」ことを述べている（データーベース「世界

と日本」ASEAN関連文書)。

　テロの脅威は翌年2002年10月12日（10・12事件）のバリ島爆弾テロ事件が起きたことで、より深刻な域内のテーマになった。10・12事件は国際テロ組織ジェマー・イスラミア[2]の犯行であったが、米国政府は東南アジアがテロの「第二戦線」（The Second Front）であり、特に総人口の約90％をムスリムで占めるインドネシアに関しては「テロリストの基地」、あるいは「テロリズムの温床」とまで指摘した。また、国際テロ組織アル・カイーダとの関係性も問われた（山本 2009: 81-88: Acharya 2015: 35-37）。

表5-2　2018年度東南アジア地域におけるテロリズム状況

国名	順位（138カ国）	スコア（最悪10：000）	順位変動
フィリピン	10	7.181	2等級悪化
タイ	17	6.252	1等級改善
ミャンマー	24	5.916	13等級悪化
中国	36	5.108	5等級改善
インドネシア	42	4.543	変化なし
マレーシア	70	2.700	9等級改善
ラオス	85	1.675	5等級改善
ヴェトナム	104	0.663	58等級悪化
カンボジア	135	0.019	5等級改善
東ティモール	138	0.000	変化なし

＊ブルネイは未掲載。参考に中国も含めた。
　なお、テロの定義は様々であるが、GTIは「恐怖、強制や脅しを通じて政治的、経済的、宗教的、あるいは社会的目的を達成する非国家アクターによる不法な武力や暴力を実際に使用した脅威」と定義としている（GTI 2018: 6）。
（出典）Global Terrorism Index: GTI 2018, pp.8-9.

　10・12事件は、上記の通り犠牲者の数も含めて大きな衝撃をASEANに与えた。なぜならば、9・11事件後に「反テロ共同行動ASEAN宣言」を採択し、矢継ぎ早に、2002年2月にはバンコクでASEAN非公式外相会議、4月にはクアラルンプールでASEANテロ防止特別外相会議を開催し、テロ防止の共同声明を発表した。翌月の5月にはインドネシア、マレーシア、フィリピンの3カ国による海賊防止を含むテロ防止協定も締結するなど、テロ対策に関わる重要な会合を継続して行っていたからである（遠藤 2006: 179）。

10・12事件後の2003年7月には、マレーシアのクアラルンプールに、域内のテロに関する情報収集、調査、分析を行う東南アジア地域テロ対策センター（Southeast Asia Regional Center for Counter-Terrorism）も設立されている。2004年11月にはラオス首都ビエンチャンで開催された日本とASEAN首脳会議が開催され、「国際テロリズムとの闘いにおける協力に関する日ASEAN共同宣言」が採択されている。

　日ASEAN共同宣言では、国際社会のレベルで国連が主導的役割を果たすべきことを確認した2001年の反テロ共同行動ASEAN宣言を踏まえて、改めて「全ての形態の国際テロリズムを予防、抑制、根絶する決意を再確認し、テロリズムの闘いにおいて、国際連合が主要な役割を果たすべきことを再確認」し、「アセアン及び日本国は、情報交換、インテリジェンスの共有、キャパシティ・ビルディングをつうじて国際テロリズムを予防し、壊滅させ、闘うための協力の枠組みを有することの重要性を再確認する」（外務省ウェブサイト 2004、同上宣言仮訳）ことを宣言の第1の目的に据えた。

　また、同宣言採択後の対テロ協力として、2005年5月にはバリで第25回ASEAN警察長官会議が開催された。ASEAN以外に日本、中国、韓国、豪州、NZなどもオブザーバーとして参加し、①ASEAN各国間の既存の協力・調整メカニズムの強化、②テロ対策の訓練、セミナー、協議、情報共有を通じたASEAN各国の警察の強化、③テロリスト、テロ組織、テロの手口についての正確かつ時宜を得た情報交換、④メンバー国間での合意に従い、拘束されたテロリストの情報共有、および事情聴取の便宜を図ること、⑤メンバー国間での合意に従い、テロ関連資産の追跡、凍結、押収を含む支援をメンバー国に供与することの5項目が共同コミュニケで採択された（外務省ウェブサイト 2005、「日本の国際テロ対策協力」）。

　このようにテロリストに関する情報交換および法的執行機関間の協力の具体的な対策がASEANを中心に東アジア諸国を巻き込んだ形で話し合われ、アジア域内を中心に協力体制が明確になっていく。具体的には、テロ資金対策、出入国管理の強化、航空保安、海上安全保障、港湾保安、東南アジア域内のテロ対策に関わるセンターの協力体制などである（同上ウェブサイト）。

2007年にフィリピンのセブ島で開催された第12回ASEAN首脳会議で、2015年までに三つの共同体から構成されるASEAN共同体の発足をアロヨ（Gloria Macapagal-Arroyo）フィリピン大統領が会議後の共同声明で述べた。その中の一つであるASEAN安全保障共同体（後にASEAN政治安全保障共同体へ変更）では、テロリズムに直面する現状に鑑みて対テロASEAN協定に関する法的取り組みである「テロリズム対策に関するASEAN協定（ASEAN Convention on Counter Terrorism: ACCT）」を加盟国間で締結している。

　ACCTは23条から構成されている。上記してきた対テロに関する各ASEAN宣言を踏まえて、改めて国連憲章、国際法、テロに関する国際協定や議定書、国連決議などを背景に人権、公正な扱い、法の支配、さらには1976年に加盟国間で締結した東南アジアの友好、平和、協力に基づく東南アジア友好協力条約（TAC）の原則に照らし合わせた内容になっている。特に、テロリズムが無辜の人々の生命を奪い、インフラ設備、環境や地域のみならず国際社会、さらには経済開発への深刻な脅威になっていると指摘している。

　ACCTの第一条の目的には、あらゆる形態や示威行動に基づくテロリズムに対抗し、予防し、鎮圧するための地域協力の枠組みと、テロリズムに対抗する妥当な当事者機関や法的執行機関間の協力を強化することを規定している。ただその一方で、テロに対する脅威の共有を謳っているものの、第三条では上記機関が他国の内政問題に関わることへの内政不干渉原則、国家間の主権平等や領土的統合の原則に基づく責任を果たすことにも言及している（データーベース「ASEAN関連文書」上記協定文書）。

　このように、ASEANのテロリズムに関する脅威の共有認識は深まっていく。他方、中国ではテロリズムに関してどのような認識を持っていくのかを確認したい。すでに第一節で中国のNTSに対する昨今の流れをウーや王名の論考から紹介した。また、後井は上海社会科学院の傳勇の定義として「非国家主体による、国家の主権や利益、個人、集団および全人類の生存と発展に対する非軍事的な脅威と侵害」に対処することであると紹介する。そして、中国でNTSが焦点になった背景として、アジア金融危機、米国同時多発テロ、SARSへの対応であったと述べる（後井 2010: 244-245）。

中国ではHSを「人的安全」「人類安全」「人本安全」の三つに訳され、特に「人的安全」の訳語が一般的だと述べる。後井は南京大学の李濱の安全保障概念を紹介する。それによると、国家安全保障は伝統的安全保障と非伝統的安全保障に分かれ、非伝統的安全保障は国家主権に対する脅威と個人に対する脅威（人的安全に該当）に分類され、さらに経済性問題と社会性問題に細分されると述べる。そして、国家主権への脅威は国家主体と非国家主体に分けられ、前者が伝統的安全保障に属し、後者が非伝統的全保障に属するという。非国家主体には、テロリスト、分離独立主義、宗教過激主義が含まれる（同: 249）。

　中国のHS批判の中で安全保障の「主権性」の問題、すなわち個人の安全保護を理由に国家主権が侵害されているという。後井は中国国際問題研究所の劉学成がいう、NTSが国境を越える脅威であったとしても国内の脅威への対応は国家主権の範囲内であるという指摘を紹介する。劉の批判はHSが「西欧化至上主義」あるいは「覇権主義」が背景にあるというものである。いずれにせよ、中国では「個人の安全と国家主権の関係性」がもっとも重要なテーマであると述べる。また、政府関係者が言及するのはHSよりもNTSであり、外交部のホームページで検索した後井の調査では、圧倒的にNTSへの言及であると述べる（同: 253-254、注68）。

　このように、ASEANのテロリズム対策として重要な法的な枠組みを示したACCTにおいても、上記した中国の取り組みにおいても依然とした内政不干渉原則に基づく国家主権を基本とする取り組みである点で両者の共通性が理解できよう。

3. テロ対策に向けた多国間協力の取り組み

(1) ARF（ASEANリージョナル・フォーラム）での取り組み

　ARFはアジア太平洋地域の安全保障環境の向上を目指して1994年から開催されているASEANの中心性を担保した地域フォーラムである。同様にASEANを中心に据えて2005年12月から開始された東アジア首脳会議（EAS）や2010年から3年ごとに開催される拡大ASEAN国防相会議（ADMM

プラス）とは違って、ARFは歴史も長く、加盟国の多い多国間協力機構である。ARFの目的は①信頼醸成の促進、②予防外交の進展、③紛争へのアプローチの充実という3段階のアプローチを設定した漸進的な進展を目指している（外務省安全保障政策課「ARF概要」）。

　ARFの参加国はASEAN10カ国のほかに、日中韓をはじめ北朝鮮、米露豪、インド、パキスタン、バングラデシュやスリランカの南アジア地域、地域機構としてのEUも参加する。25カ国、1地域とEUが参加し、開催年のASEAN議長国がARFの議長国を兼ねて、毎年夏の閣僚会合（外相）を中心とする一連の会議に引き続き開催されている。また、ARF専門家／著名人会合やアジア太平洋安全保障協力会議も別トラックの会議としてARF本体会合と連携して実施されている。

　データーベース「世界と日本」のASEAN地域フォーラム（ARF）関連文書一覧では、テロに関わる議長声明などの検索が可能である。やはり、2001年の9・11事件以後にARFもテロリズム関連の声明を出していることがわかる。2001年10月4日には、「2001年9月11日のテロに関するASEAN地域フォーラム（ARF）議長声明」を出している。議長国ブルネイ・ダルサラームのボルキア（Mohamed Bolkiah）王子が、米国でのテロ行為で何千もの無辜の人々が犠牲になった点を踏まえ、世界の全ての人々の平和や安全を国際テロリズムの脅威から守る行為を求めている。最後にARFは今後の協議を通じてテロリズムに対する今まで以上の闘う方法や手段を求めていく取り組みを行うだろうと述べている。

　2002年7月には「テロ資金対策に関するARF声明」を出している。また、2002年10月16日には「バリ島爆弾テロ事件に関するASEAN地域フォーラム（ARF）議長声明」が議長国カンボジアの外相ナムホン（HOR Namhong）によって出されている。声明ではバリでのテロリストによる爆弾攻撃という野蛮な犯罪行為で、多くの外国人観光客とインドネシア人が犠牲にあった点を述べ、ARF参加国はテロリストに対する強い非難と、爆破という最悪の犯罪行為には一切の正義もなく、世界の全ての人々から非難されるべきだと糾弾している。

表5-3　ARF会合における「テロ」が入った関連文書一覧

（2001/9/11事件以降）

開催年月日	文書名
2001/10/4	2001年9月11日テロに関するASEAN地域フォーラム（ARF）議長声明
2002/7/30	テロ資金対策に関するARF声明
2002/10/16	バリ島爆弾テロ事件に関するASEAN地域フォーラム（ARF）議長声明
2003/6/18	ARF国境管理に関するテロ対策協力声明
2004/7/2	国際テロに対する輸送の安全強化に関するARF声明
2006/7/28	サイバー攻撃及びテロリストによるサイバー空間の悪用との闘いにおける協力に関するARF声明
2006/7/28	テロリズム対策に対する人間中心によるアプローチの促進に関するARF声明
2016/7/26	最近の悲惨なテロに関するARF閣僚声明

（出典）データーベース「世界と日本」ARF関連文書から抜粋

　表5-3のような声明書名に「テロ」の言及がない場合でも、2002年7月31日の第9回ARF閣僚会合議長声明の中で9・11事件後の対応として、3月にマレーシアと米国の共同議長のもとハワイで「テロ資金対策」に関して、4月にはタイとオーストラリアとの共同議長のもとバンコクで「テロ予防」に関する二つのワークショップの開催報告がなされている。ワークショップでは地域におけるいっそうのテロ対策と国境を跨ぐ犯罪に関する閣僚会合も開催している。なお、「テロ資金対策」のワークショップでは、7月30日のARF声明でテロリストの資産凍結に向けた安保理の決議を支持する詳しい内容が述べられている。

　25周年を迎えた2018年8月開催のARF会合における閣僚会合議長声明をみると、米朝首脳会談開催に対する歓迎コメントとともに、パラグラフ9ではテロに関する総括的な言及が載っている（外務省ウェブサイト 2018）。

　　閣僚は、あらゆる形態のテロ行為を非難するとともに、外国人戦闘員の帰還や移転による脅威に対する、効果的かつバランスのとれた措置の実施を通じたコミットメント並びに、テロ対策に関するASEAN憲章、国連グローバルテロ対策戦略及び関連国連安保理決議に基づく

国、地方、地域及び国際レベルでの対抗措置を再確認した。閣僚は、予防教育、女性や若者の関与、市民社会、平和、寛容、多様性の尊重といった原則の推進及びカウンターナラティブとしての非暴力を含む、統合された全社会的アプローチ並びに、インターネット、ソーシャルメディア及びテロ目的のサイバースペースを含むICTの使用に対抗し及び阻止することについて、それらの重要性と有効性を確認した（外務省仮訳）。

　2001年の9・11事件後から20年近くが経ち、テロリズムの手法が情報通信技術（ICT）の発展で大きく変容している。イスラム過激主義組織の主体がアル・カイーダからイスラム国（ISIS）に代わる一方で、ISIS自体も崩壊することで、現在国際社会はISIS帰還兵によるテロに直面している[3]。また、情報通信技術（ICT）の発展で新たなサイバーテロ防止などの対策が喫緊の課題になっている。国際社会全体でのテロ予防の必要性が訴えられている。

(2) APECでの取り組み

　次に、多国間協力機関としてAPEC（アジア太平洋経済協力会議）を取り上げる。APECは事務局をシンガポールに置き、アジア太平洋地域での貿易・投資の自由化や地域経済統合を目指した経済協力の枠組みである。1989年に閣僚会議が始まり、1993年からは首脳会議も開催されている。参加国も国家だけではなく、香港や台湾も含まれており、ASEAN7カ国を含む21カ国と2地域（エコノミー）で構成されている。本章のテーマであるテロ対策においても作業部会（タスクフォース）の中に「テロ対策（CTWG）」が設けられている。

　20カ国以上の首脳が一堂に会する会議としては多国間協力を実施する機関として重視される。2001年の9・11事件後にAPECでどのようなテロ対策に関わる声明がなされてきたかを確認したい。2001年10月の閣僚・首脳会議は中国の上海で実施され、「テロ対策に関するAPEC首脳声明」が出された。声明文のいくつかを拾ってみると、テロ行為が信仰を超えた

すべての人々のみならず、平和、繁栄、安全の深刻な脅威であり、APEC
参加メンバーが持つ基本的価値への挑戦であると述べる。

　すべての参加エコノミーは、国連憲章、国際法にしたがってあらゆる形
態のテロ行為を予防し抑圧することに関与する。国連決議に基づき国際的
な反テロ体制の強化に向けた取り組みを支援し、テロリズムに対する資金
供与の防止を含む反テロ条約の早期の署名や批准を求めると訴えている
（外務省：APEC 2001年首脳声明）。

　翌年メキシコでの2002年10月の閣僚・首脳会議ではインドネシアのバ
リ、フィリピン、モスクワでのテロ事件を受けて政治問題として大きく取
り上げている。「APECメンバー・エコノミーでの最近のテロリズム行為
に関するAPEC首脳声明」と、APECにおける税関、運輸、金融、通信分
野における期限付きのテロ対策に言及した「テロリズムとの闘い及び成長
促進に関するAPEC首脳声明」の二つの文書を出している。

　前者では、バリを含めた最近のテロ行為への強い非難を背景に、国連安
保理の採択をもとに、テロリズムを助長するような人の密輸、マネーロン
ダリング、麻薬・銃器の違法取引を終結させる責務の確認をする一方で、
テロリスト関係者への人権配慮に基づく適正な法的手続きにも言及してい
る。後者では、アジア太平洋地域の貿易、金融、及び情報システムの主要
なインフラの保護を前提に、同地域の安全な貿易の拡大を促進するうえで
の、テロ資金の断絶、サイバーセキュリティの保護、さらには域内での共
同協力に必要なキャパシティ・ビルディングにも言及している（外務省：
「APECの歴史概観」関係文書）。

　2003年以降のAPEC首脳宣言においても、域内の経済的繁栄を担保する
上で毎年必ずテロ行為への非難とその対策に言及している。2003年（タイ
開催）では、SARSや生物テロなどの問題に対応するための協力に言及、
2004年（チリ開催）では、テロ対策・不拡散問題に関するAPECの具体的な
取り組み事項に合意、2005年（韓国）、2006年（ベトナム）では域内の繁栄
を阻害する脅威としてテロ行為を非難し、2007年（豪州）では、自然災害
の脅威と並べてテロ、感染症、不法薬物が経済成長へのリスクになってい
る点を指摘、2008年（ペルー）では、地域貿易の安全確保に向けたテロと

の闘いに言及、2009年（シンガポール）では、域内に打撃を与えた台風など
の自然災害と同様にテロ攻撃に言及、2010年（日本）では、首脳宣言「横
浜ビジョン〜ボゴール、そしてボゴールを超えて」を採択した。そして、
より安全な経済環境の提供に基づく「安全な共同体」のためにテロ、感染
症、自然災害、食料不足等の発生を抑止し、リスクを最小化する必要性が
述べられた（長尾 2014: 98-99、表1；外務省「APECの歴史概観」関連文書）。

　2010年以降では、2014年（中国）での「統合され、革新的な、かつ相互
に連結されたアジア太平洋に向けた北京アジェンダ」の中で、革新的な発
展と経済成長の促進をする上での包括的な支援の中に、やはり感染症、自
然災害、気候変動とともにテロリズムの問題に言及している。2015年
（フィリピン）の閣僚声明では、テロ対策に二つのパラグラフを割いている。

　それらは「APECテロ対策及び貿易の安全のための総合戦略」に基づく
集団的・個別的な活動の継続性、さらには「テロ対策行動計画」の定期的
な更新継続の奨励と、テロ対策作業部会の成果に対する評価であった。
2016年（ペルー）と2017年（ベトナム）における首脳宣言でもともにテロ行
為を強く非難する一方で、「ダナン宣言」では特に国境を跨ぐ外国人テロ
戦闘員の移動、テロ資金源や資金経路の深刻化が指摘された（外務省同上文
書）。

　このように、APEC発足当時からASEAN6カ国が参加し、中国も1991年
より加盟している多国間協力機構で、アジア太平洋地域全体の経済成長を
促進させる上でテロ対策の重要性が際立っていることが理解できよう。

4．中国におけるテロリズム対策の動向

　ARFやAPECを通じて中国が参加する多国間協力においてテロリズムが
喫緊の課題であり、かつアジア地域の共通の脅威になっていることがわ
かった。第1章で王名が指摘した10大NTS事件の中に2008年のラサ事件
と2009年の新疆事件が含まれていた。王名は「被害者は社会の不確定（不
特定）多数」と「加害者は非武装」と分類しているが、むしろ後井の論文
で紹介している研究者の見解にあるように、中国政府はテロリストが国家

主権への脅威であると捉えており、その中にはテロリスト、分離独立主義、宗教過激主義が含まれている。

　中国においても2001年の9・11事件は大きな衝撃であったものの、現在の中国のテロリズム対策として取り組んでいる法的整備は東トルキスタン独立運動等の分離独立勢力への封じ込めである。国際的なテロリスト対策に呼応する形態で中国はASEANをはじめとする国際社会と連携を取る一方で、国境を接するロシアや中央アジア諸国とは上海協力機構（SOC）との歩調を取りながら反テロリズムを旗幟鮮明にしている。

　中国は刑法規定を改正し、まずは立法面からテロ対策を強化していった。それを裏づけるために2001年12月に開催された第9期全人代常務委員会第25回会議で「中華人民共和国刑法改正案（三）」が可決されており、同会議の閉会挨拶で当時の李鵬全人代常務委員長は、国連採択の「爆弾テロ防止条約」とSOC採択の「テロリズム、分裂主義、過激主義に反対する上海協定」の二つの条約批准を前提に「テロ犯罪活動に厳しい打撃を与えるための法的根拠を確実」にし、「国の安全と社会の秩序はよりよく護られ、公衆の生命と財産はより一層保障される」ことになったと述べている（鎌田 2006: 167）。

　しかし、この刑法改正案が対象としていたのは東トルキスタン、つまり現在の新疆ウイグル自治区を想定した地域である。東トルキスタン独立運動の中でも「東トルキスタン・イスラム運動」がアル・カイーダで訓練を受けているとして、同運動と国際テロリズムとの密接な関係を中国政府は主張している。他方で、東トルキスタン独立運動の支援者側からは国際テロリズムとの関係を否定する主張もある。中国政府はSOCとの連携で、ウイグル、チェチェン、ウズベクのイスラム問題を共同で対処する条約締結を背景に、ウイグル問題を国際的なテロ問題として取り上げ、多国間協力の枠組みで処理しようとしている（鎌田 2006: 69; 星野 2009: 93, 98）。

　現在、中国は東トルキスタン独立運動のほかに、チベット・テロリズム勢力、台湾の独立をはかる民族分裂主義者、邪教集団・法輪功、凶行に及ぶ犯罪者などテロリストの範疇を拡大させている。また、新疆ウイグル自治区では、中央政府の経済支援を背景に漢民族が大量移住しており、ウル

ムチ市内でも漢族とウイグル族の棲み分けを引き起こし（星野 2009: 100）、逆に両民族の対立を煽っている可能性も高い。

　中国最高人民検察院長の張軍は、2019年3月開催の全国人民代表大会の活動報告で「民族を分裂させる活動や過激な宗教活動は厳しく取り締まる」方針を示した（『朝日新聞』デジタル版2091年3月12日）。また、反テロと人権状況に関する白書では、2014年以降に新疆で約13,000人の「テロリスト」を拘束し、「テロとの闘い」を強調することで、ウイグル族の不当な拘束に対する国際社会からの批判をかわしている。同白書では、1,588の「テロ組織」の摘発、4,858件の「違法な宗教活動」で30,645人の取り調べを行ったと報告している。そして、新疆を「国の反テロの主戦場」と位置づけているという（同、2019年3月19日）[4]。

　このように、中国のテロ対策は国際社会に向けた対外的協力と、少数民族を取り締まるための国内的対応の両側面を持っている。むしろ両刃の剣になっている点も否めない事実である。

おわりに

　本章では主題にあるように「アジアの非伝統的安全保障協力」を特に域内のテロ対策を事例に、いかにASEAN主導の「平和」の制度化が可能かを検討してきた。アジアにおいても2001年米国における9・11事件の衝撃はその後の多発するテロリストの爆破攻撃もあり、積極的に多国間協力機構の中で議論され、現在においても中心的テーマであり続けている。

　無辜の人々を巻き込み、平和な社会の秩序を乱し、各国のみならず地域の経済発展を阻害する行為としてテロ対策は国家を超えた国際協力のテーマであることは間違いない。2006年にASEANは加盟国の防衛担当大臣による閣僚級会合としてASEAN国防相会議（ADMM: ASEAN Defence Ministers' Meeting）を開催し、2010年の第4回からは域外国8カ国も加わる拡大ASEAN国防相会議（ADMMプラス）が創設された。ADMMプラスでは、人道支援・災害救援、海上安全保障、防衛医療、テロリズムへの対応、平和維持活動の5分野の安全保障上の課題が議論されている（防衛省・自衛隊

ウェブサイト）。

　このように、ASEANを中心に据えた「テロリズム」対策を中心議題として議論する多国間協力機構は確実に増えている。もちろん、日ASEANや日中テロ対策協議も開催されるなど多国間・二国間でも開催されている。テロ対策は増大するテロリズムによる被害が全世界的課題である点で、既述してきた通り、国連決議もなされており、国際法やテロ関連の法規で対処されることで共有されてきた。

　とはいえ、権威主義国家と民主主義国家では微妙な認識のズレも存在する。そもそもテロとは何か。本章ではGTIの定義を援用して「恐怖、強制や脅しを通じて政治的、経済的、宗教的、あるいは社会的目的を達成する非国家アクターによる不法な武力や暴力を実際に使用した脅威」と捉えてきた。特に後半の「非国家アクターによる不法な武力や暴力を使用した脅威」であることから、アル・カイーダ、ISIS、東南アジアではジェマー・イスラヤなどのテロ過激派を想定してきた。しかしその一方で、「イスラム過激派」というように、「イスラム」を冠につける論調も見受けられる。その意味で、中国政府による新疆ウイグル自治区での「テロ対策」に問題はないのか。東南アジア地域でも深南部タイやフィリピンのミンダナオ島のムスリムなどへの過剰な対応はないのか。

　改めて、NTSとHSを考えると、内政不干渉原則を基本に国家主権を重視するASEANや中国と、西欧を淵源とする個人の人権を重視する民主主義国家との間で共有できる「テロ」の範囲とは何か。軍事的側面に依存する伝統的安全保障とは異なる「非軍事的・非武装的安全保障」の分野での協力に関しては共通の脅威として重視されるものの、すでに述べたように「テロ対策」には対外的な共通認識と内政不干渉を原則とする国内対応の両面が存在する。今後ASEANは「非伝統的安全保障」協力を前提にアジアの「平和」の制度化をはかるうえで、対テロ政策の中身が重要な試金石になっていくものと思われる。

【注】

1) 小笠原 (2015: 99-102) によると、ASEANでは、麻薬不正取引、武器密輸、人身売買、海賊などもテロ行為として扱い、1997年開催の内相会合までテロ対策の起源は遡ると述べている。また、佐藤 (2015: 140-143) は、ASEANが取り組む非伝統的安全保障協力として、煙害、海賊対策、麻薬対策、テロ対策、感染症対策の五つの事例を挙げている。

2) ジェマー・イスラミアは1993年1月にイエメン系インドネシア人のイスラム導師アブドゥラ・スンカール (Abdullar Sungkar) によってマレーシアで結成され、「イスラム国家を創るためにイスラム同胞と協力して不信者たちと戦う」と述べている (河野 2008: 203-204; Acharya 2015: 65-66)。

3) ISIS (イスラム国) の外国人戦闘員の帰還に関わる爆弾・テロ事件が活発化している。2018年4月のスリランカの教会等での爆破事件をはじめ、17年にはフィリピンのミンダナオ島マラウィのマウテグループによる戦闘などが典型的である。「IS浸透アジアでの活発化」『朝日新聞』(2019年4月25日記事) などを参照。

4) 中国政府が行っている新疆ウイグル自治区で進める100万規模の「過激派の再教育プログラム」に関しては国際社会から人権侵害等の強い批判がある。国連人権理事会は2018年8月に「大規模強制収容所」施設の存在があるという報告を受けていると述べている。米国議会も2018年10月にウィグル族に関する報告書を公表し、「約100万人のウィグル族を不当に再教育施設に収容している」と非難している (Ben Blanchard「中国のウィグル『教育施設』の実態、テロ対策か同化政策か」Reuters, 2019年1月12日;『日本経済新聞』2018年10月12日電子版)。

【参考資料】

〈日本語〉

遠藤聡 (2006)「東南アジアとテロリズム対策──シンガポールとフィリピンを中心に」『外国の立法』228号。

王名 (2011)「『非伝統的安全保障』ネットワーク構築に向けて── NGO/NPOの役割」天児慧編『アジアの非伝統的安全保障Ⅱ中国編』勁草書房。

小笠原高雪 (2015)「ASEANのテロ対策──非伝統的安全保障への模索」黒柳米司・金子芳樹・吉野文雄編『ASEANを知るための50章』明石書店。

鎌田文彦 (2006)「中国のテロリズム対策に関する立法動向」『外国の立法』228号。

河野毅 (2008)「越境するテロの特徴とその展望──東南アジアからの事例から」高原明生・田村慶子・佐藤幸人編『現代アジア研究1越境』慶應義塾大学出版会。

後井隆伸 (2010)「中国における非伝統的安全保障論の展開と人間の安全保障」『国際公共政策研究』15(1)。

国連開発計画 (UNDP) (1994)『人間開発報告書』(1994年版) 国際協力出版会。

佐藤考一 (2015)「非伝統的安全保障──新たな脅威と新たな対応」黒柳米司・金子芳

樹・吉野文雄編『ASEANを知るための50章』明石書店。

データーベース「世界と日本」（代表：田中明彦）日本政治・国際関係データーベース・ASEAN/ARF関連文書（政策研究大学院大学・東京大学東洋文化研究所〈http://worldjpn.grips.ac.jp〉。

長尾名穂子（2014）「東南アジアにおける「人間の安全保障」――APECとASEANを中心に」『グローバル・ガバナンス』創刊号。

星野昌裕（2009）「中国の国家統合と新疆ウィグル自治区の民族問題」佐々木智弘編『現代中国の政治的安定（現代中国分析シリーズ2)』日本貿易振興機構アジア経済研究所。

山田満（2016）「序論――東南アジアにおける「人間の安全保障」の視座」山田満編『東南アジアの紛争予防と「人間の安全保障」――武力紛争、難民、災害、社会的排除への対応と解決に向けて』明石書店。

―――（2017）「紛争」山本信人編『東南アジア地域研究入門3政治』慶應義塾大学出版会。

―――（2019）「「人間の安全保障」からみた東南アジアの人権状況」大曽根寛他編『福祉社会へのアプローチ』（久塚純一先生古稀祝賀、下巻）成文堂。

山本信人（2009）「馴致されるテロリズム――インドネシアにおけるテロリズム認識の変遷」山本信人編『東南アジアからの問いかけ』慶應義塾大学出版会。

〈英語〉

Acharya, Arabinda (2015), *Whither Southeast Asia Terrorism?*, Imperial College press.

Caballero-Anthony, Mely (2016), "Understanding Non-Traditional Security," in Mely Caballero-Anthony (ed.), *An Introduction to Non-Traditional Security Studies*, Sage.

Gunaratna, Rohan (2018), "ASEAN's Greatest Counter-Terrorism Challenge: The Shift from 'Need to Know' to Smart to Share," in Christian Echle, Rohan Gunaratna, Patric Rueppel, Megha Sarmah (eds.), *Combatting Violent Extremism and Terrorism in Asia and Europe: From Cooperation to Collaboration*, Konrad-Adenauer-Stiftung Lid.

Institute for Economics & Peace (2018), *Global Terrorism Index (GTI) 2018: Measuring the impact of terrorism.*

Wu, Guoguang (2013), "Human security challenges with China: Why and how the rise of China makes the world vulnerable," in Guoguang Wu (ed.), *China's Challenges to Human Security: Foreign relations and global implications*, Routledge.

〈ウェブサイト〉

外 務 省：ASEAN-JAPAN JOIN DECRATION FOR COOPERATION IN THE FIGHT AGAINST INTERNATIONAL TERRORISM, 平成16（2004）年11月30日（2019/5/4閲覧）。

外務省・日本の国際テロ対策協力：「国際テロリズムとの闘いにおける協力に関する日ASEAN共同宣言」に関するプログレス・レポート、平成17（2005）年6月

（2019/5/4閲覧）。

外務省：第25回ASEAN地域フォーラム（ARF）閣僚会合、平成30（2018）年8月
（2019/6/24閲覧）。

外務省：「APECの歴史：概観」、平成31年2月14日、及び「テロ対策に関するAPEC首
脳声明：上海、中華人民共和国2001年10月21日」（仮訳）、「テロリズムとの闘い
及び成長の促進に関するAPEC首脳声明」「APECメンバー・エコノミーでの最近の
テロリズム行為に関するAPEC首脳声明」（仮訳）（2019年6月23日閲覧）。

防衛省・自衛隊：「拡大ASEAN国防相会議及び関連会合」（2019年6月24日閲覧）。

第6章

一帯一路と東南アジア経済

吉野 文雄

はじめに

　東南アジアにおける中国の存在感は、2013年に一帯一路が発表されて以降もますます大きくなってきている。東南アジアを訪れた者は、統計で見るよりも実感でとらえる方が中国の存在感が大きいと感じるであろう。それにはいろいろな理由が考えられるが、中国特有の経済協力形態である対外経済合作と華人の存在をここでは取り上げる。一帯一路はユーラシアを包含した壮大な構想だが、中国と東南アジアの間ではすでにさまざまな経済協力構想が進められているので、新たな取り組みは実際には多くない。一帯一路以前より進められてきた三つの取り組みを取り上げ、一帯一路との関わりを分析する。

1. 中国の対東南アジア経済進出

　今日の東南アジアはさまざまな点で中国の経済的影響を強く受けるようになっている。それをまず統計に基づいて把握する。

　図6-1には、東南アジア主要国の対中国、対日本、対米国向け輸出のシェアが示されている。カンボジア、フィリピン、ベトナムの3カ国を除

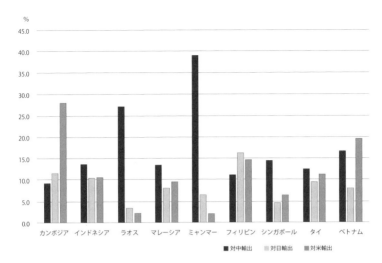

図6-1 東南アジア主要国の相手国別輸出のシェア（2017年）

（出所）Global Trade Atlas などより、吉野が作成。

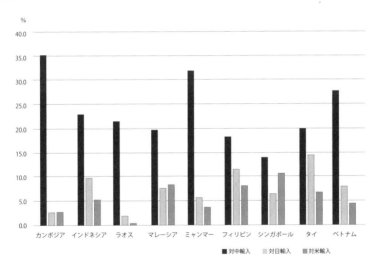

図6-2 東南アジア主要国の相手国別輸入シェア（2017年）

（出所）Global Trade Atlas などより、吉野が作成。

く6カ国で、中国向け輸出が最高のシェアを記録している。

　カンボジアは貿易構造に特徴があり、対米輸出のシェアが高い。2017
年においては、輸出総額の64.0%が「衣類および付属品」で占められてお

り、その主要な輸出先が米国や香港なのである[1]。一方で、「衣類および付属品」の原料となる「織物・製靴その他製造原料」が輸入総額の54.1％を占めている。その主要な輸入元は中国である。カンボジアの貿易の過半が繊維産業の加工貿易なのである。

2017年のフィリピンの通関統計によると対中輸出額は69億9,300万米ドルだが、中国の通関統計によると対フィリピン輸入額は192億3,900万米ドルである[2]。輸出は本船渡し（Free on Board: FOB）で表記し、輸入は運賃保険料込み（Cost Insurance and Freight: CIF）で表記するので、後者が大きくなるのがふつうである。それらを考慮したとしても、この不一致は大きすぎる。

他に考えられる要因としては、為替換算に際して適用するレートの違い、貿易を記録する時点の違いも不一致の原因とはなろう。中国における香港とマカオを経由した貿易の記録もまたこのような不一致を生む可能性がある。また、企業は、貿易に限らず、売り上げは過少に、支払いは過大に申告するのがふつうである[3]。

貿易統計を扱うときは、必ずこのような特質を知り、分析に限界があることを前提にすべきである。図6-1のフィリピンの対中輸出額は、フィリピンの統計に基づいたものであり、そのシェアは11.1％だが、もし中国の統計に基づいてシェアを求めると30.4％となることを付言しておく。

ベトナムの貿易構造は、サムスン電子が2009年にバクニン省に携帯電話の製造工場を建設したことによって大きく変わった。2017年の通関統計によると、最大の輸出品目は「電話機・同部品」で、輸出総額の21.2％を占める。その主たる輸出先は米国である。中国に対しても「電話機・同部品」「コンピュータ・電子製品・同部品」などが主たる輸出品目となっている。

ミャンマーは際だって高い中国への輸出シェアを示している。対中輸出の大きな部分が2015年から始まった天然ガスの輸出である。ミャンマーは同時に天然ガスを輸入してもいる。ミャンマーの第二の輸出先はタイであり、こちらは石油が最大の輸出品目となっている。

ラオスも中国への輸出シェアが高いが、最大の輸出先はタイで、そのシェアは50.2％に達する。ちなみに第三の輸出シェアを示すのがベトナム

で8.2％を占めるから、上位3カ国の輸出シェアは合計85.4％に達する。貿易が隣接する国に集中するのは、内陸国の宿命であろう。

　図6-2は、輸入のシェアを示している。ここで取り上げた東南アジア9カ国では、圧倒的に対中輸入のシェアが高い。輸出における対中国依存よりもさらに顕著である。

　カンボジアは、先に述べたように、中国から原材料である「織物・製靴その他製造原料」を輸入し、加工して米国や香港に輸出している。それだけではなく、中国からは軽工業品や農産物が輸入される。

　ラオスの最大の輸入元はタイである。その輸入総額に占めるシェアは61.6％で、輸出で見たのと同様に、内陸国であるが故の宿命であろう。

　ミャンマーにとって中国は最大の輸入元だが、第2の輸入元はシンガポールであり、第3位はタイである。中国は、ミャンマーにとって最大の自動車輸入元であり、2016年まで最大の自動車供給国であった日本は第2位に後退した。これは、ミャンマー政府が2018年以降右ハンドル車の輸入を原則禁止したことによる。一方で、ヤンゴン市内を走るバスを1,000台以上中国から輸入しており、それらが自動車の輸入構造を変えたのである。

　ベトナムにとって中国は最大の輸入元だが、第2位は韓国である。これは先に書いたように、サムスン電子の影響であり、「コンピュータ電子製品・同部品」や「電話機・同部品」が輸入品目の上位にランクされている。

　図6-1と図6-2では、東南アジア主要国の対中貿易の比較の対象に対日貿易、対米貿易を示した。かつては、対日貿易が圧倒的シェアを誇っていたが、今やその面影もない。その背景には、日本企業の生産ネットワークが東南アジアにはりめぐらされ、日本からの部品調達が不要になったこともある。

　東南アジアと日本の間には大きな技術格差が存在し、それが両者の貿易の利益を保証していた。東南アジアと中国の間の技術格差は日本との格差ほどには大きくないであろう。東南アジアが中国との貿易を拡大するとき、両者がそれぞれ比較優位を生かす方向に変化していけばよいが、互いに競合する品目での貿易が拡大すれば、比較優位構造を解消する方向に働く可能性がある。具体的には農産物の貿易などで、東南アジアと中国のどちら

かが、あるいは両者が経済厚生を上昇させられない事態に陥る可能性がある。

　図6-3は、ASEAN10カ国の直接投資受け入れの動向を示している。直接投資統計は、各国共通の基準は国際収支に基づくものであろうが、それは国別投資に適用できない。国別、産業別などの直接投資統計は、各国の投資委員会や投資許認可官庁の作成する統計に基づかなければならない。ここでは、安易ではあるが、共通の基準・定義で編纂したであろうASEAN事務局の作成した統計を利用した。

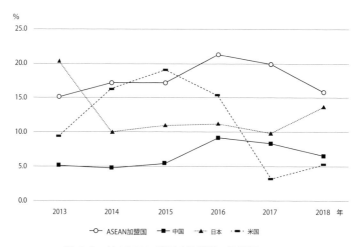

図6-3　対ASEAN諸国直接投資の投資国のシェア

（出所）ASEAN Stats Data Portal, Flows of Inward Foreign Direct Investment (FDI) by Host Country and Source Country (in million US$) より、吉野が作成。https://data.aseanstats.org/fdi-by-hosts-and-sources に2019年8月8日アクセス。

　直接投資の動向は年々大きく変わる。そこで利用できる最新の6年間の動向を示した。中国からの対ASEAN諸国直接投資は一般に想像されるよりも少ないのではないか。日本からの直接投資が2014年以降低迷している中で、それに迫る勢いであることは確かである。かつて日本は東南アジアに対して最大の直接投資国であった。しかし、世界金融危機以降状況が変わった。

　図6-3から分かるように、今やASEAN域内直接投資が最も高いシェア

を占めている。この背景には直接投資統計の特質がある。たとえば、先に記したサムスン電子のベトナム進出だが、これは韓国からシンガポールに進出したサムスン電子のシンガポール法人がベトナムに進出したのである。サムスン電子は明らかに韓国系だが、統計上はシンガポールからベトナムへの直接投資となったのである。

　すでに東南アジアに生産ネットワークを形成した日本企業については、このような形態の直接投資が増えている。ASEAN域内投資のある部分は、日本企業の域内生産拠点シフトである。

　米国からの直接投資は2015年には対ASEAN諸国最大の投資国であったが、2017年には大きく減少した。中国からの直接投資は、2016年に顕著な増加を示したが、それでも日本からの直接投資よりも少ない水準にとどまっている。

　われわれの関心事の一つは、統計で見るよりも東南アジアを訪問すると中国の経済的プレゼンスが大きいことである。このギャップの原因の一つは、中国の対外進出の様式にあり、もう一つは東南アジアに広く深く居ついた華人の存在にあるというのが、本章で分析する仮説である。最近東南アジアを訪問した人は、日本企業のプレゼンスの高まりよりも中国企業のそれの方が著しいように感じるのではないか。しかし、統計上は、日本企業の進出の方が中国企業のそれよりも盛んである。

　図6-4は、中国企業の進出先をまとめたものだが、圧倒的にシンガポールに集中している。経済規模が小さいにもかかわらず、積極的な進出が見られるのは、なんといってもラオスであり、カンボジアがそれに続く。反対に受け入れ国の経済規模が大きいにもかかわらず、中国企業が消極的なのはフィリピンである。

　シンガポールの2017年の直接投資残高は1兆5,680億シンガポールドル（以下、Sドル）であった。このうち中国からの投資残高は363億Sドルで、総額の2.3％にすぎない。2016年の残高との差をとってフローで見ると、2017年の直接投資受け入れ総額は2,132億Sドル、その内中国からの直接投資は124億Sドルで、総額の5.8％にすぎない。シンガポールへの直接投資残高の大きいのは、欧州連合（24.0％）、米国（21.6％）、ケイマン諸島

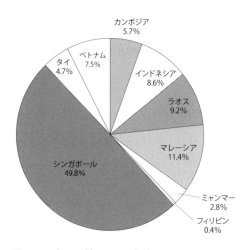

カンボジア
5.7%

ベトナム
7.5%

タイ
4.7%

インドネシア
8.6%

ラオス
9.2%

マレーシア
11.4%

シンガポール
49.8%

ミャンマー
2.8%

フィリピン
0.4%

図6-4　中国の対 ASEAN 投資先（2015-2017 年）

(出所)『中国統計年鑑2019』より、吉野が作成。

（8.8%）、英領ヴァージン諸島（8.0%）という順番である。カリブ海租税回避地からの投資の中には中国企業による投資が含まれているであろうが、それらを考慮したとしても、シンガポールにとって中国からの投資は大きいものではない[4]。

　ラオスは、その経済規模が小さいにもかかわらず中国からの投資が盛んなように見える。実際、2017年には投資総額の77.5%が中国からの投資であった。この中には、2021年に完成予定の中国ラオス鉄道プロジェクトのインフラ投資が含まれている[5]。

2. 中国特有の東南アジア進出の形態

　東南アジアにおける中国の経済的プレゼンスの大きさは、統計に示される水準をはるかに超えるように感じられる。このギャップが生じる原因のひとつに、中国特有の対外進出の手法である対外労務協力と対外工事請負がある[6]。また、三位一体とか四位一体と形容されるように、中国の対外進出が官民一体となって行われることも、中国の経済的プレゼンスを大きく見せることに寄与している[7]。もうひとつの特徴が華人の存在である[8]。

(1) 中国の対外経済合作

　本節では、対外経済協力に関する概念整理を行ったうえで、対外労務協力と対外工事請負について、東南アジアのケースを紹介する。

　そもそも援助や協力の概念は錯綜しており、文脈で判断せざるを得ず、各国共通横並びの比較は困難である。政府開発援助（Official Development Assistance: ODA）とその内訳については、経済協力開発機構（Organization for Economic Cooperation and Development: OECD）の開発援助委員会（Development Assistance Committee: DAC）が厳密な定義を与えている。しかし、ODAを含む経済協力と開発協力などの概念については、論者によって、また目的によって異なっている。そもそも中国はOECDに加盟していないので、そこで用いられている基準を適用する意義は小さい[9]。

　中国の「対外援助」の概念が日本のそれと類似しているという指摘がある[10]。しかし、それはODAに限ったものであり、広くODAを含む経済協力とか開発協力ということになると、日中間はもとより、日本と米国や欧州諸国との間にも共通の基準は見いだせない。OECDは、海外直接投資はODAと並んで経済協力の一環としているが、それを実行する主体としての民間企業のほとんどは、経済協力を目的に海外進出しているわけではなく、利潤を追求しているのである。

　OECDの基準とはまったく異なる中国の対外経済協力の範疇が対外労務協力と対外工事請負の二つである。この二つの範疇に対して、たとえば大橋（2013）は、対外経済合作と中国語をそのまま援用してひとくくりにしているが、ここでもその前例に従うことにする。

　対外労務協力とは、対外労務協力管理条例[11]で規定された労働者派遣活動である。具体的には、中国企業と外国企業との間で締結された契約に基づき、営利事業の推進を目的として、労働者を外国に派遣する活動である。対外工事請負とは、対外工事請負管理条例[12]で規定された国外における建設・土木工事の請負である。

　これら二つの活動が走出去に含まれるため、概念的な整理がむずかしくなっている。走出去は、通常直接投資を意味するものと考えられているが、正確には直接投資に対外労務協力と対外工事請負とが含まれるのである。

走出去という中国語を用いずに、日本語の意訳である国際化経営戦略を用いて、その中に経営権の取得を目的とした企業の海外進出だけではなく、労働者の派遣と建設・土木工事の請負を含めて解したほうがよかろう[13]。

走出去という用語が初めて用いられたのは、1997年12月に開催された外資工作会議においてである。対内直接投資を意味する中国語の引進来とともに、対外経済関係を規定する重要な概念となった。2011年の第11期全国人民代表大会の第4回会議で採択された「国民経済及び社会発展第12次5カ年計画要綱」の第52章は「引進来と走出去を総合的に調整する」と題されており、両者が不可分の関係にあることを明示している[14]。

走出去の総額を求めることは意味がない。対外直接投資額と国民経済計算上「海外からの所得」にあたる対外経済合作での受け取り額を合計しても経済学的な裏付けのない対内資金フローが求められるだけだからである。そこで、対外経済合作の東南アジアでの受け取りをまとめたものが表6-1である。

表6-1　中国の対東南アジア経済協力（2017年）

	対外工事請負				対外労務協力	
	営業額 100万米ドル	シェア %	年末在外人数 人	シェア %	年末在外人数 人	シェア %
ブルネイ	710.16	0.42	3,814	1.01	214	0.04
カンボジア	1,763.13	1.05	3,896	1.03	1,981	0.33
インドネシア	5,561.83	3.30	16,363	4.34	1,371	0.23
ラオス	4,228.94	2.51	16,879	4.48	2,908	0.48
マレーシア	8,146.15	4.83	21,214	5.63	6,705	1.11
ミャンマー	1,614.06	0.96	3,651	0.97	1,031	0.17
フィリピン	1,885.46	1.12	3,564	0.95	208	0.03
シンガポール	437.07	0.26	3,588	0.95	91,900	15.26
タイ	3,383.80	2.01	2,542	0.67	863	0.14
東ティモール	355.19	0.21	843	0.22	13	0.00
ベトナム	2,878.60	1.71	7,636	2.03	2,108	0.35
東南アジア計	30,964.39	18.37	83,990	22.29	109,302	18.15
世界計	168,586.61	100.00	376,827	100.00	602,342	100.00

（出所）『中国統計年鑑2018』の11-22按国別（地区）分対外経済合作（2017年）より、吉野が作成。

東南アジアの11カ国に対する二つの活動の2017年の実績である。まず、中国の対外経済合作における東南アジア全体の位置づけを合計値で測ると、対外工事請負においては、営業額で18.37％、人数では22.29％、対外労務協力の人数では18.15％であり、ほぼ2割といってよい。2017年、中国の輸出総額に占める対ASEAN諸国向け輸出のシェアは12.3％、同じく輸入については12.8％であった[15]。同年、中国の対外直接投資総額に占める対ASEAN諸国投資のシェアはわずかに3.88％であった[16]。これらの数字だけを比較すると、中国は貿易や直接投資に比較して、対外経済合作においては東南アジアにより深くコミットしていることになる。貿易や直接投資は政策的に増減させることはむずかしく、一方で対外経済合作は政策の一環であるので、中国政府は東南アジアを経済的に重視しているといってよい。

　表6-1が示している対外経済合作の内訳は興味深い。対外労務協力において、図6-4で示した直接投資の国別内訳と同様に、いやそれを上回るコミットをシンガポールがして、マレーシアがそれに次いでいる。東南アジア向けの対外労務協力の実に84.1％がシンガポールに滞在している。次いで多いのはマレーシアで、同じく6.1％を占める。各国のマクロ経済の規模を無視すると、シンガポールやマレーシアには華人が集住していることがこの関係の背景にある可能性がある。

　対外工事請負については、営業額でも在外人数でもマレーシアが東南アジア最大の協力相手である。営業額では、マレーシアに次いでインドネシアが大きいが、これは国土面積も人口も東南アジア最大の国であるから理解できる。インドネシアは在外人数では第3位である。インドネシアと互い違いに営業額で第3位、在外人数でマレーシアに次いで大きいのはラオスである。ラオスのマクロ経済の規模を考えると、対外経済合作の大きさは分不相応とも言えるが、国土が中国と接していることや人口が少ないため、人的支援が大きいと考えれば合理的であるかもしれない。

　図6-3のもとになったASEANの統計によると、2017年の中国の対ASEAN直接投資は114億米ドルであった。上で用いた『中国統計年鑑2018』の統計によると、50億8,436万米ドルであった。これらの数値に比

べて、対外工事請負の310億米ドルはずいぶん多いように見えるが、直接投資は資本を保有して永続的に経営を行うのであり、対外工事請負は物的資本を生産するだけで所有するわけではないと考えると、納得できる数値であろう。中国の対外経済協力に関する統計などの詳細な情報が公表されないので、両者の関係については明確にできない。直接投資の形態によっては、対外工事請負と重複する可能性もある。

(2) 華人の存在

　中国の東南アジアへの経済的な進出を考えるとき、華人の存在が中国に特異な位置を与えている。日本や米国の企業が東南アジアにかかわろうとするとき、経済的に活用できる規模の同国人が現地にいるわけではない。中国の場合は、何世紀にもわたって東南アジアに継続的に移民して豊かな経済力を誇る華人がいる。

　華人の東南アジアへの本格的な進出は1840年に始まったアヘン戦争を機としたものであった。現在では他のエスニック・グループに対して華人の比率が最も高いシンガポールだが、1819年にラッフルズがその地の領有を宣言した時点では、総人口は1,000人足らず、華人はその中の20～30人にすぎなかった[17]。現在では、東南アジアの人口の5%程度が華人で占められていると推計されている。

　表6-2に、中華民国で編纂された統計を示したが、各国ごとに事情が異なる。

　東南アジア最大の人口を抱えるインドネシアの華人人口は、500万人とも1,000万人とも言われる。インドネシアの華人には政治社会的な理由から無国籍者が多いと言われており、国勢調査の自己申告に基づくエスニック・グループの数と中華民国僑務委員会などが作成する統計との間で大きな懸隔がある。次いでタイとマレーシアでは、それぞれ700万人前後の華人がいる。

　シンガポールの華人人口は、300万人を数えシェアは東南アジア最高の52.9%である。同時に華人が過半数を占める唯一の国である。表6-2には示されていないが、東ティモールにも歴史的に小さな華人コミュニティは

表6-2　東南アジア諸国における華人人口

(2012年)

国名	華人人口 （人）	総人口に対する シェア（%）
ブルネイ	40,000	9.66
カンボジア	120,000	0.80
インドネシア	8,120,000	3.28
ラオス	150,000	2.28
マレーシア	6,780,000	23.60
ミャンマー	1,060,000	1.95
フィリピン	1,410,000	1.36
シンガポール	2,830,000	52.90
タイ	7,510,000	11.19
ベトナム	1,000,000	1.10
合計	29,020,000	4.7

（出所）国立中正大学編『華僑経済年鑑、2012』、中華民国僑務委員会、台北、2013の各国別資料より、吉野が作成。

あった。2002年の独立前後より就労・起業目的での入国者がいる。

　表6-2の華人人口や華人比率と、中国と東南アジアとの経済関係の緊密度との間に強い因果性があるようには見えない。ただ、シンガポールに中国からの直接投資が集中していることは、華人比率の高さと無縁ではないであろうし、逆にフィリピンへの直接投資が少ないことは華人比率の低さと裏表の関係にある可能性がある。

　華人研究では、伝統的に1949年の中華人民共和国成立前に移住してきた華人を旧華人、それ以降に移住してきた華人を新華人と呼んできた。しかし、今日では、中国で改革開放が始まった1978年以前に移住してきた華人を旧華人、それ以降に移住してきた華人を新華人と呼ぶようになった[18]。

　一帯一路と東南アジアの関係を語ると、華人の存在は無視し得ない。マレーシアではナジブ政権期に1MDBスキャンダルが起こった。これは、ナジブ首相が設立した政府系ファンド1MDBをめぐる総額45億米ドルにのぼる不正資金問題である。検察の訴状によると、ナジブ・ラザク首相自身、2014年から2015年にかけて4,200万リンギット（約11億円）の受け取りがあ

る[19]。このスキャンダルには華人実業家ジョー・ローがかかわっているとされ、逮捕状も出されているが、国外に逃亡中である。

マレーシアでは、2013年の総選挙で、「華人の津波」と呼ばれるほど、与党連合は華人の支持を失った。その原因はブミプトラに対する行き過ぎた優遇である。2018年の総選挙では1MDBスキャンダルもあって、やはり華人は野党連合である希望連盟支持に回った。ナジブ首相は、華人の支持も得て一帯一路を積極的に取り込もうとしたが、足をすくわれた形となった。

ジョー・ローは、祖父が広東省からマレーシアに移住した華人3世だが、イギリスのハーロー校で学び、米国のウォートン・ビジネス・スクールで学位を取るなど、行動様式は新華人のそれである。彼にとっての学歴は交友関係をつくるためのものであったかもしれない。実際、彼がナジブ首相の養子であるリザ・アジスと交友を深めたのもハーロー校であった。

タイの企業グループはしばしば財閥と呼ばれるが、華人系、インド系、王室系などに分類される。華人系には、流通のサハ財閥、ビールのTCCなどと並んで、タノン・チラワノン率いるチャロン・ポカパン（CP）グループがある[20]。彼の父親が中国の潮州からタイに移民してきたので、彼は華人2世ということになる。細かい学歴などは公表していないようだが、中等教育と高等教育を中国や香港で受けたようだ。

CPグループは、タイを2030年までに先進国入りさせるという目標を持つ国家戦略「タイランド4.0」の中核をなす東部経済回廊（Eastern Economic Corrido: EEC）の開発に参画している。中国から見ると、格好の一帯一路の標的である。タイにとっても、資金と技術を中国に期待しており、2018年8月に中国からのEEC視察団を招いた折に、タイ側の代表者は「一帯一路とEEC——未来に向けた連携」という演題でプレゼンテーションを行った[21]。

CPグループは、タイに進出する中国企業のための工業団地をラヨン県に建設すると発表した。すでに、ファーウェイ（華為技術）がチョンブリ県にデータ・センターを開設している。EECの目玉プロジェクトとでもいうべきものが、スワンナプミ空港、ドンムアン空港、ウタパオ空港を結ぶ

高速鉄道である。この建設プロジェクトをとりまとめているのがCPグループで、日本をはじめとする諸外国の企業や日本の国際協力機構なども参画しているが、中国鉄建をはじめとする中国企業も参画している。中国から見るとこのプロジェクトも一帯一路の一翼をなすものと位置づけられている。

　インドネシアにおいても、中国が関与する巨大開発事業が華人の手によって進められている。インドネシアのリッポ・グループが、西ジャワ州のチカランで進めている「メイカルタ」という名称の都市開発プロジェクトである。リッポ・グループは、スハルト大統領期の政商とも言われたモフタル・リアディが興した銀行を基盤とした企業グループである。スハルト失脚後もインドネシアの生産部門の基盤を維持している。

　メイカルタは、当面住宅25万戸、その他学校や病院などを建設しようとしている。このプロジェクトには、日本の伊藤忠商事も参画しており、現地のポスターには日本の建築家隈研吾の名前も見える。リッポ・グループは、中国で力宝中心とか力宝広場といった大規模商業施設を運営しており、メイカルタもある程度は中国からの資金に依存していると言われている。2018年、そのプロジェクトがインドネシアの汚職撲滅委員会（KPK）によって摘発された。一帯一路の綻びのように報道されてもいるが、透明性が欠如していることもあって、実態は把握しがたい。

　マレーシア、タイ、インドネシアの例を挙げたが、いずれにしても一帯一路の受け皿が東南アジア華人であった。全世界の華人人口はおよそ6,000万人といわれており、その半分が東南アジアに居住する。中国にとっては活動しやすい地域である。

3．中国とASEANとの制度的関係

　ASEANには、東南アジアに存する11の主権国家の内、東ティモールを除く10カ国が加盟している。東ティモールは独立した2002年から加盟申請をしているが、認められていない。本節では、いずれも一帯一路が提唱された2013年以前から進められてきた取り組みだが、ASEAN中国FTA、

中国ASEAN博覧会、中国ASEAN投資基金の三つについてまとめよう。これら以外にも、大メコン圏開発など取り上げるべき制度的関係が存在するが、紙幅の関係で割愛せざるを得ない。

(1) ASEAN中国FTA

　ASEAN中国FTA（ASEAN-China Free Trade Agreement: ACFTA）の正式名称は、ASEAN中国包括的経済協力枠組み協定（The Framework Agreement on Comprehensive Economic Cooperation between the ASEAN and the PRC）であり、2000年に中国が締結を提案し、2002年11月、ASEAN加盟の10カ国と中国とが署名した。枠組み協定というのは、この協定が傘のようになって、その下に物品貿易協定、サービス貿易協定、投資協定が結ばれているからである。

　中国が主導して結んだ初めてのFTAと言ってよく、一帯一路に関連する諸国もこれと類似した協定の締結に向かう可能性が高い。中国が主導したとは言え、ASEANには1990年代からASEAN自由貿易地域（ASEAN Free Trade Area: AFTA）の形成を目指していた経緯があり、その経験が生かされている。たとえば、原産地規則については、AFTAの財貿易協定では従来累積付加価値率基準に基づいて、原産地比率が40％以上の財について域内産品としていた。ACFTAでも累積付加価値率基準は採用されたが、同時により簡便で明確な関税番号変更基準も採用された。AFTAの原産地規則の使い勝手が悪いという経験があったが故である。

　2015年12月、中国の国務院は「FTA戦略の実施を早めることに関する若干の意見」という文書を発表した。この中で、中国は一帯一路関係国をカバーするFTAネットワークを形成すべきであると政策的主張が述べられている。しかし、東南アジアにとっての含意はない。なぜなら、すでに発効しているACFTAは一定の効果を発揮しており、規律も高い。中国が一帯一路関係国との2国間FTAを超えて、一帯一路の相当部分を取り込むメガFTAを締結できたとしても、それは相当に規律の低い、自由化度の低いものとならざるを得ない。

　東南アジア諸国はすでに高い貿易自由化度を誇っており、メガFTAによって国内市場がさらなる自由化圧力にさらされる可能性はない。また、

現在交渉中の東アジア地域包括的経済連携（Regional Comprehensive Economic Partnership: RCEP）が発効すれば、それを超える国々、たとえばパキスタンやトルコといった西アジア、中東の国々との貿易自由化で得られるメリットは大きなものではない。

(2) 中国ASEAN博覧会

　CAFTAに基づいて開催されているのが、中国ASEAN博覧会（China-ASEAN Exposition: CAEXPO）である[22]。これは、中国の広西チワン自治区の南寧市の常設の同名の施設と隣接する国際会議場及び展示施設を会場に毎年開催される博覧会である。

　その内容は「6つの明確な特徴」としてウェブサイトに掲げられている[23]。すなわち、第1に輸出入、第2に対内・対外投資、第3に財・サービス貿易、第4に展示と会議、第5に貿易フェアと外交活動、第6にビジネスプログラムと文化交流である。

　2004年に第1回が開催されたが、CAFTAの交渉と軌を一にしたものであることは言うまでもない。また、2003年4月29日は、当時流行していた重症急性呼吸器症候群（severe acute respiratory syndrome: SARS）をめぐってのASEANと中国とのASEAN+1特別首脳会議がバンコクで開催されたこともCAEXPO開催に向けて弾みをつけた。中国に負い目があったことは否めない。

　しかし、その後の展開を見ると、中国主導で活動が進められている。毎年のように中国とASEAN加盟10カ国との大臣会合がさまざまな分野で開催されているが、中国が議長を務めており、ASEANにおける域外国を交えた会合の裏番組のような構成となっている。

　また、地域的に広西チワン自治区はベトナムと国境を接するという意味で辺境にあり、2000年3月の全人代で決定された西部大開発の対象地域である。そこでの博覧会開催は中国の国内的にも意義がある。博覧会の時期に成約する取引・投資案件の過半が中国企業どうしのものであり、中国とASEAN諸国との間の成約はむしろ少数なのである。

　2018年9月12日から15日にかけて開催された第15回CAEXPOには30

カ国から27,000社が参加した。テーマは「一帯一路とイノベーション」であり、とくに南部輸送回廊建設促進について関心が持たれていた。南部輸送回廊は、広西チワン自治区の面するトンキン湾を通じて中国西部とASEAN地域を結ぶ交通インフラである。このルートを通じて、中国西部の物品が道路、重慶をハブとした鉄道、海路でシンガポールに送られる。さらに、そこから東南アジア各地だけでなく欧州にまで送られるのである。

　一帯一路は、CAEXPOにインフラという視点を持ち込んだが、「六つの明確な特徴」に挙げられた諸項目に関する取り組みは2013年以前より進められてきた。一帯一路がここにもたらした効果は追加的なものにすぎない。

(3) 中国ASEAN投資協力基金

　中国ASEAN投資協力基金（China ASEAN Investment Cooperation Fund: CAF）は、中国輸出入銀行が出資して設立した米ドルベースの準国家オフショアファンドである。同様のファンドは、中国輸出入銀行や中国開発銀行が資金供給してアフリカや中南米を対象に設立されている。東南アジアを対象としたものでは、ほかにシルク・ロード基金がある。

　CAFの初めての投資は2010年12月に行われたが、国務院が公式に基金を承認したのは2013年である。その投資分野は、インフラストラクチャー、エネルギー、天然資源の3分野とされている。これらの分野を詳細にみていくと、アジアインフラ投資銀行の投資分野と一帯一路と重複していると指摘されている。もちろん投資先はASEAN加盟国である。投資案件には、カンボジアの光ファイバー網、タイのレムチャバン港への債券投資、ラオスで操業する中国企業であるアジアカリグループ（亞洲鉀肥集團有限公司）へのカリ採掘に対する投資などがある。規定された投資分野からははずれているが、東南アジア全域を対象として地域全体の保健衛生のプラットフォーム形成のための債券投資を行ったが、2014年には撤退している。

　CAFは、一帯一路が始まってからその存在意義を増した。2018年には、中国の国有企業を中心に10億米ドルの増資を目指したが、実際にはその3

倍の応募があり30億米ドルの増資となった。これはCAFにとって初めての米ドル建ての増資である。CAF設立時には、世界銀行の国際金融公社と中国の国家ファンドである中国投資公司とが10億米ドルを供給した。

おわりに

　経済的には、中国は東南アジア諸国と早い時期より向き合ってきた。華人という範疇で考えると、他の地域よりも早く15世紀に鄭和が航海に出て以降移住者を出してきたし、ASEANとの関係を考えても、2000年に当時の朱鎔基総理がASEANに対して自由貿易協定（Free Trade Agreement: FTA）の締結を持ちかけたのも他の地域・国に先んじていた。

　その意味で、東南アジアは経済的には一帯一路に先んじていたと言えよう。今、一帯一路でどの程度の投資があるとか、どの程度の所得増が見込まれるというような議論がなされているが、実質的には東南アジアは経済的にはすでに中国の強い影響下に入っており、新たな効果を見出しがたい。日本の経済政策を議論するときに、真に新しい効果を指す言葉として「真水」という言葉が用いられる。この言葉を援用すると、東南アジアにとっての経済的な一帯一路の持つ真水の効果はわずかしかないと言える。

　しかし、それは末廣（2014）が言うように、アジアが中国化しているということを否定するものではないし、東南アジアは経済的には中華帝国に組み込まれようとしているのである。

【注】

1) この段落での統計は、日本貿易振興機構『ジェトロ世界貿易投資報告2018』の「カンボジア王国」の表4-1によっている。

2) フィリピンの統計については、Philippine Statistical Yearbook 2018、中国の統計については、『中国統計年鑑2018』より。

3) 世界貿易についても、世界全体の輸出額合計と世界全体の輸入額合計は概念的に一致するはずだが、通常輸入額が輸出額を10％程度上回る。標準的な国際経済学の教科書では、この世界全体の赤字を看過できない問題であるとしながらも、「世界が他

の惑星に対して負った赤字とみなしうる」と笑い飛ばしている。Caves et.al. (2007),
p.288を参照せよ。

4）この段落で用いたシンガポールの直接投資統計はシンガポール政府統計局のウェブ
サイト https://www.tablebuilder.singstat.gov.sg/publicfacing/createDataTable.action?refId=12641 を
利用した。2019年4月21日アクセス。

5）この段落で用いたラオスの直接投資統計は、ASEAN Secretariat（2018）によっている。
原出所はASEAN Secretariat, ASEAN FDI Databaseになっているが、ウェブ上では2015
年までのデータしか利用できない。2019年5月22日にhttps://asean.org/?static_
post=foreign-direct-investment-statisticsにアクセスして確認。

6）中国語の「対外労務合作」に「対外労務協力」と訳を当てた。「承包」の日本語訳は
「契約」「請負」「下請け」となる。「工程」は「プロジェクト」を意味するので、「対
外承包工程」に「対外請負プロジェクト」と訳を与えた。しかし、日本語で書かれた
学術文献においても、中国語の「対外労務合作」「対外承包工程」をそのまま用いて
いるものも多い。小林（2012）、梁凌詩（2019）を参照せよ。

7）大橋（2013）によると、三位一体とは貿易、投資、援助が中国政府の号令一下協調
的に実行されることを意味しており、四位一体という場合は、それらに対外経済合作
が加わる。

8）一般に移住先の国籍を保有する中国出身者を華人、それを保有しない者を華僑と呼
んで区別するが、本稿では統計上の曖昧さもあり、彼らの出身地も中国本土、台湾、
香港、マカオとさまざまでもあるので、用語を華人に統一する。

9）北野（2013）は中国政府のまとめた『中国の対外援助』などをもとに中国の援助概
念を整理し、その援助統計をOECDの基準に基づいて組み直している。

10）下村・他「なぜ中国の対外援助か」下村・他編（2013）、pp.1-15、渡辺紫乃「対外
援助の概念と援助理念──その歴史的背景」下村・他編（2013）、pp.19-39を参照せよ。

11）対外労務協力管理条例（対外労務合作管理条例）は、2012年5月6日に中国の国務
院第203回常務会議において採択され、6月4日に公布、8月1日に施行された。

12）対外工事請負管理条例（対外承包工程管理条例）は、2008年7月21日に国務院令
第527号として公布された。2017年3月1日に修正された。

13）梶田（2017）によると、走出去をその意味から日本語に訳すと国際化経営戦略とな
る（p. 15）。英語ではGoing Global Strategy、Go Global、Go Abroadと訳されている。
2008年までは対外設計コンサルティングが対外経済協力の一つの形態であった。こ
れは中国語の対外設計諮詢の訳である。2010年の商務部の統計制度の変更に伴って、
対外設計コンサルティングは対外経済協力の外に置かれるようになった。

14）ここでの引進来についての説明は、梶田（2017）によっている。

15）ジェトロ、『世界貿易投資報告2018年版』より。

16）『中国統計年鑑 2018』の11-14, Foreign Direct Investment Actually Utilized by
Countries or Regionsより。この資料によると、2017年のASEAN諸国向け直接投資は
50億8,436万米ドル。そのうち、シンガポール向けは47億6,318万米ドルで93.68％を

占めている。図4-4と比較すると、さらにシンガポール向けのシェアが高いことになる。

17）Turnbull（1977）より。

18）Nguyen（2013）を参照せよ。

19）検察は取り上げていないが、ナジブ首相の銀行口座に7億米ドルが振り込まれたにもかかわらず、首相がその内訳を説明できないでいた。1MDBスキャンダルに関しては、小野沢（2017）に詳しい。

20）タノン・チラワノンの半生については、『日本経済新聞』朝刊の「私の履歴書」に2016年7月1日から31日にかけて連載された。ただし、そこでは著者名がタニン・チャラワノンとなっている。

21）大泉（2018）より。

22）CAEXPOについては、末廣（2014）に詳しい。

23）CAEXPOのウェブサイトの「6つの明確な特徴（Six Defining Features）」 http://eng.caexpo.org/html/about/overview/ より。

【参考資料】

〈日本語〉

大泉啓一郎（2018）「タイのEEC開発と中国の一帯一路構想」『アジア・マンスリー』（日本総研）2018年11月号、https://www.jri.co.jp/page.jsp?id=33488 に2019年6月8日にアクセス。

大橋英夫（2013）「中国の対外経済協力」下村・大橋・日本国際問題研究所編所収。

小野沢純（2017）「マレーシアにおける「一帯一路」戦略」『国際貿易と投資』No.110、49-71頁。

梶田幸雄（2017）「"走出去"戦略の意義と効果」梶田幸雄・江原規由・露口洋介・江利紅『中国対外経済戦略のリアリティー』麗澤大学出版会、千葉、13-41頁。

北野尚宏（2013）「中国の経済協力の現状」『ジェトロ中国経済』2013年4月号、No. 567、39-55頁。

国立中正大学編『華僑経済年鑑、2012』中華民国僑務委員会、台北、2011年。

小林昌之（2012）「中国における人の移動の法制度——対外労働輸出の管理を中心に」山田美和編『東アジアにおける人の移動の法制度』（調査研究報告書）、アジア経済研究所、千葉、1-17頁。

下村恭民・大橋英夫・日本国際問題研究所編（2013）『中国の対外援助』日本経済評論社、東京。

末廣昭（2014）「南進する中国と中国ASEAN博覧会（CAEXPO）」末廣昭・伊藤亜聖・大泉啓一郎・助川成也・宮島良明・森田英嗣『南進する中国と東南アジア——地域の「中国化」』東京大学社会科学研究所現代中国研究拠点シリーズNo.13、41-80頁。

梁凌詩ナンシー編・解説（2018）『中国「一帯一路」イニシアチブ研究の動向——日本

語・中国語・英語文献を中心に』（ACRI Research Paper Series: 7）、東洋大学アジア
文化研究所、東京。

梁凌詩ナンシー編集・解説（2019）『「一帯一路」構想の進展——中国人労働者の移動と
貿易の推移』（ACRI Research Paper Series: 10）、東洋大学アジア文化研究所、東京。

〈英語〉

ASEAN Secretariat (2018) *ASEAN Investment Report 2018 Foreign Direct Investment and the
Digital Economy in ASEAN*, ASEAN Secretariat and the United Nations Conference on Trade
and Development (UNCTAD), Jakarta.

Caves, Richard E., Jaffrey A. Frankel and Ronald W. Jones (2007) *World Trade and Payments: An
Introduction, Tenth Edition*, Pearson, Addison Wesley, Boston.

Inclusive Development International, *Making Inroads: Chinese Infrastructure Investment in
ASEAN and Beyond*, Asheville, North Carolina, 2016.

Jiang Xueqing (2015) 'Fund to foster economic ties with ASEAN,' *China Daily USA*, January 26,
http://usa.chinadaily.com.cn/epaper/2015-01/26/content_19409699.htm cited on August 8,
2019.

Turnbull, C. M. (1977) *A History of Singapore 1819-1975*, Oxford University Press, Kuala Lumpur.

Nguyen Van Chinh (2013) 'Recent Chinese Migration to Vietnam,' *Asian and Pacific Migration
Journal*, Vol. 22, No. 1, pp. 7-30.

第Ⅱ部

ASEAN諸国と「一帯一路」
（各国編）

第7章

ドナーとしての中国の台頭と
そのインパクト

カンボジアとラオスの事例

稲田 十一

はじめに

(1) 本章の焦点

　本章で焦点をあてるのは、中国の援助や経済協力の拡大が開発途上国の経済社会や政治体制にいかなる影響を与えつつあるかという点である。特に中国の援助の影響が大きいカンボジア、ラオスを事例として取り上げながら、拡大する中国の経済的プレゼンスの実態把握を行い、それが東南アジアの開発・経済社会や民主化・政治体制にどのようなインパクトを与えつつあるかを検証する。

　カンボジアやラオスでは「党国家体制」の強化が指摘されているが、こうした傾向は、民主化あるいは「民主的ガバナンス」という観点からは後退ともいえる。強力な与党による支配は、国家建設途上の一般的プロセスであり、日本や韓国・台湾・シンガポールなど東南アジアの「開発国家」「開発主義」の経験や、過去20年の中国の開発経験であるとの議論も少なくない。これはどこまであてはまる命題なのか。これらの国々での民主化の停滞ないし後退は、近年議論されるように、「中国型開発モデル」「北京コンセンサス」の拡散・普及といった要因もあるのだろうか。

　中国は援助供与に際して内政への不干渉を唱えており、援助にあたって

相手国の意思決定プロセスの透明性や腐敗のないことや民主的な手続を求める欧米の姿勢とは一線を画していることから、援助を梃子にした欧米の「民主化圧力」の効果は低下している、あるいは、現地の既得権益を持つ勢力と手を結び経済的利益を追求する中国の援助の拡大は、途上国の腐敗と汚職を助長するものであるといった批判もある。

　こうした議論が現実に即した批判であるかについては詳細な検証が必要であり、カンボジアについては、2014年の以下の論文で詳細な整理と検討を行った（稲田十一「新興ドナーとしての中国の台頭と東南アジアへの影響」、99-128頁、黒柳米司編『米中対峙時代のASEAN』（第3章）、明石書店、2014年）。そこでの暫定的な結論は、事業レベルで部分的には腐敗や汚職を助長している面はあるが、国全体としての権威主義体制化や与党支配の強化と中国の援助が直接的につながっているとまでは明確には言い難い、というものであった。本論では、これらの命題をより詳細に検証するために、カンボジア・ラオスという、中国の援助の影響力が拡大してきた国々を事例として取り上げる。

(2) 中国の「一帯一路」と東南アジアへの影響
　中国の「一帯一路」は、「一帯（one belt）」である陸のシルクロードにあたる中央アジア諸国で中国の政治的経済的影響力の拡大が顕著であり、「一路（one road）」にあたる海のシルクロードの沿岸国であるスリランカのハンバントタ港やパキスタンのグワダル港の中国国営企業による開発と運営権の獲得など、中国のプレゼンスの拡大が国際的に注目される問題となっている。

　一帯一路は上記の国に限らず、東南アジア諸国にも大きな影響を与えており、ミャンマーやマレーシアなど、中国による大規模事業が国際的ニュースで頻繁に取り上げられている。カンボジアやラオスは、これらの国々と比較すると国際的ニュースに取り上げられる頻度は少ないが、近年、中国による経済援助が拡大し、中国企業による大規模な開発事業や中国政府からの経済支援が急拡大している。

　本章では、カンボジアとラオスについて取り上げる。

カンボジアに関しては、1992年の国連PKOの開始以降、日本はカンボジアに対する最大のODA供与国としてその復興開発に深く関わり、その新しい国づくりにおいて日本が果たしてきた役割は極めて大きかったと言って良いだろう。しかし、バブル崩壊後の日本経済の停滞（失われた10年あるいは20年）もあって日本の存在感は低下し、その一方で中国経済の台頭はめざましく、2010年には中国のGDPが日本のGDPを追い抜き、同じ年にカンボジアに対する中国の援助額は日本の援助額を追い抜いた。

　ラオスにおいても中国の経済的プレゼンスの拡大は著しい。ラオスは中国の雲南省と隣接しており、メコン河は中国からラオスを縦断し、カンボジアはその下流に位置する。中国の雲南省からラオスを縦断してバンコクに至る高速道路と鉄道の建設は「一帯一路」の事業の一部であり、またラオスからカンボジアを縦断してシアヌークビルに至る「南北回廊」も、「一帯一路」の開発戦略の一部とされている。ラオスやカンボジアでは中国企業の進出も顕著であり、これらの国は中国の経済圏にとりこまれ、政治外交的にも中国の影響力は拡大している。

　中国の対外援助の拡大や「一帯一路」構想とその関連事業は、近年、様々な角度から国際的な関心の的となっており、その実態把握、事業の決定プロセスやその支援方法、またそれが国際開発援助全体にもたらす含意など、多くの論点がある（下村恭民・大橋英夫・日本国際問題研究所 2013）。本論では、特に以下のような論点について検討することにしたい。

①拡大する中国の経済的プレゼンス──中国の対外援助の実態

　中国の援助の実態を具体的に把握するための作業のひとつとして、特にカンボジアとラオスに対する中国の援助や投資を取り上げる。カンボジアに関しては、2014年刊行の『「米中対峙」時代のASEAN』第3章でも取り上げたので、その後の動向をフォローしながらその中長期的変化を確認することとし、ラオスについても近年の動向を整理しておく。

②東南アジアの開発・経済社会や民主化・政治体制へのインパクト

　また、貿易や投資と一体となった形での中国の経済的関与は、「中国型

開発モデル」とか「北京コンセンサス」などといった用語で議論されるようになっており、その意味や含意についても再度検討する。中国の援助の拡大が東南アジアの開発・経済社会や民主化・政治体制内政に与える影響について、カンボジアとラオスに例を取り上げながら、開発と民主主義の関連という理論的命題にも配慮しつつ考察する。

1．カンボジア・ラオスの開発・安定・政治体制の位置づけ

（1）着実な経済発展

　以下では、まず、カンボジアとラオスの過去四半世紀の経済発展、人々の生活の改善の動向を、いくつかの主要指標をみることによって概観しておく。

　カンボジアのGDP成長率をみると、1994年以降着実な経済発展を遂げ、特に1999年以降2007年までは平均して年率10％程度の成長を達成してきた。2008年夏以降の国際金融危機後、GDP成長率は鈍化しているが、2010年には回復し、その後も年率6〜7％の成長率を達成している。一人当たりGNIの推移をみると、パリ和平合意後の1991年から2000年までの10年間の一人当たり所得は年間300ドル以下と停滞し、世界の最貧国の一つであり続けたが、2001年以降は、着実な発展を遂げてきた。2014年には世界銀行の分類による、「低所得国（Low Income Country）」から「低位中所得国（Lower Middle Income Country）」の水準を超え、2018年時点で1,380米ドルである（世界銀行統計）。

　ラオスも経済改革が実施され経済が開放された1989年以降の30年間、着実な経済成長を遂げてきた。特に、2007年から2013年にかけての時期は平均して年8％程度の成長を達成しており、2003-2017年を通しても平均で年約7％の成長率である（2017年のGDP成長率は6.8％）。一人当たりGNIをみると、1990年から1996年までは低いながらも着実に向上していたが（190ドルから380ドルへ）、1998年以降低迷し、2004年から再び着実な上昇を示している（390ドルから2018年には2,460米ドルである）。ラオスの一人当たりGNIはカンボジアのそれの約2倍ということになる。

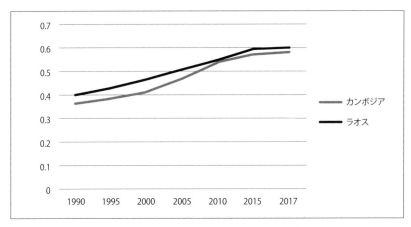

図7-1　カンボジア・ラオスのHDIの改善

（注）UNDPのHuman Development Report（人間開発報告書）各年版より筆者作成。

　また、より総合的な開発指標である「人間開発指標（Human Development Index: HDI）」の長期的な変化を示したのが、図7−1である。これを見ると、両国とも着実な改善を示している。カンボジアは2000年の0.412から2017年には0.581に改善（0.169上昇）し、ラオスは2000年の0.466から2017年には0.601に改善（0.135上昇）している。

(2) 国の安定

　国の安定（あるいは脆弱性）を示す代表的な指標として、「国の脆弱性指標（State Fragility Index）」があげられる。これは25が最も脆弱で数値が小さいほど国が安定していることを示す総合指標である。これを見ると、カンボジアは、1995年に16、2007年に12、2016年に11へと安定化し、ラオスは、1995年に17、2007年に12、2016年に12と数値が低下し、1995年から2007年にかけて両国とも着実に安定に向かい、その後の10年間はほぼ横ばいである。

(3) 行政能力のゆるやかな改善

　開発に関わる行政能力を示す代表的な指標として、世界銀行による「国別政策制度評価（Country Policy and Institution Assessment: CPIA）」がある。これ

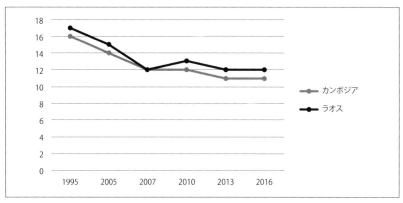

図7-2　カンボジア・ラオスのState Fragility Index の改善

（注）Center for Systemic Peace, State Fragility Index 各年版より筆者作成。数値は0から25までで低いほど「安定」。

は、実際の世銀の融資政策とリンクする支援対象途上国の政策・制度・ガ
バナンスに関するレーティング（数値等による評価づけ）である。

　カンボジアの行政能力は、ボル・ポト統治時代の虐殺により1970年代
末にはいったんゼロに近い状況になったといわれたが、UNTAC時代を経
て、国際社会の支援を受けながら、過去20数年間に改善・向上してきた。
カンボジアのCPIAは1995年には2.7であったが2007年頃には「脆弱国家」
から脱する基準とされる3.2を超え、2010年には3.4になったが、その後
はほぼ横ばいである。ラオスのCPIAの推移もカンボジアとほぼ同様であ
る。2000年には2.6であったが、2010年には3.3となり、その後はほぼ横
ばいである。

（4）腐敗・汚職の横行

　また、欧米的な価値観を反映した評価指標の別の例として、国際NGO
のTransparency Internationalが毎年作成している「腐敗認識指数（Corruption
Perception Index: CPI）」がある。これは腐敗度の深刻さを数値（1から10）で示
したもので、数値が低いほど腐敗度が高いことを意味する。

　カンボジアの場合、2003年に1.2ときわめて低く（腐敗度がひどく）、2006
年に2.3（世界順位でみると良い方から数えて130位）、とやや改善されたが、

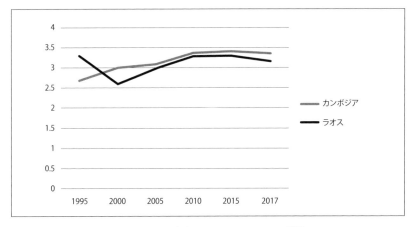

図7-3　カンボジア・ラオスのCPIAの推移

（注）世銀HPのCPIA各年版より筆者作成。数値は1から6までで大きいほど「良い」。

2007年には2.1（同162位）に悪化し、その後ほぼ横ばいのまま、2018年には2.0となっている。2018年時点でカンボジアは世界の中でも最も腐敗度の高い国の一つ（世界183カ国中164位）と見なされており、また、2006年と比較すると近年、さらに悪化傾向にあると考えられている。カンボジアにおける腐敗や汚職の横行は、カンボジア社会が依然として地縁・血縁に基づく縁故主義社会であることに原因があるとする見方もある一方（天川2004）、近年の政府による汚職・腐敗の横行は、与党である人民党支配の強化と関連するという見方もある。

　一方、ラオスについては、2006年に3.3であったが、その後低下し2008年には1.9となり、そこから徐々に改善し2018年には2.9となっている。カンボジアほど悪い数値ではないが、この数値も決して良いものではなく、2018年時点で世界183カ国中138位である。

(5) 政治の独裁化

　政治体制の民主化度をはかる指標には、いくつかの異なる指標がある。以下では、代表的な指標として経済雑誌『エコノミスト（The Economist）』の「民主主義指数（Democracy Index）」とPolity IVスコアを確認してみる。

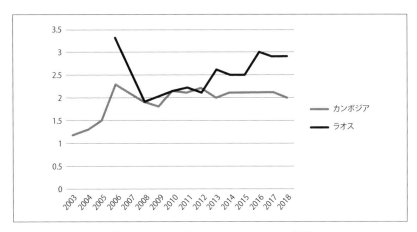

図7-4　カンボジア・ラオスのTI-CPIの推移

（注）Transparency International の CPI 指標各年版より筆者作成。数値は0から10までで大きいほど「良い」
（汚職度が低い）。

① The Economist の民主主義指数（Democracy Index）

　The Economist の Intelligence Unit が2006年以降、世界各国の「民主主義
指数」を出している。それによれば、2006年以降の時期に関して、カン
ボジアの民主主義指数はラオスよりは高いが（2006年に4.77、これは「Hybrid
Regime」のカテゴリー）、2016年以降急速に低下している（2018年に3.59、これ
は「Authoritarian」のカテゴリー）。ラオスは、2006年の2.10からあまり改善さ
れておらず、2018年においても2.37（これも「Authoritarian」のカテゴリー）で
あり、カンボジアよりも民主的ではないと評価されている。この最大の理
由は、ラオスでは人民革命党の事実上の一党支配が継続していることによ
るものであろう。

② Polity IV スコア

　政治体制の変化をみる上では、民主的な政体であるかを示す「Polity IV
スコア」の変化をみることも有益である。それによれば、2006年以降の
民主化の動向について、上記の「民主主義指数」とほぼ同様の動きを示し
ており整合的である。カンボジアの Polity IV スコアは、国連暫定統治の中
で新たな国づくりに着手した1992年以降、急速に民主化し「1」（開放的ア

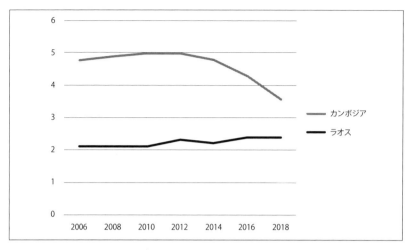

図7-5　カンボジア・ラオスのDemocracy Indexの推移

（注）The EconomistのHPのDemocracy Indexより筆者作成。数値は0から10までで大きいほど「民主的」。

ノクラシー）の水準に達し、1997年の政変で一時的に落ち込んでいるが、1999年以降、ある程度改善された水準「2」（開放的アノクラシー）でほぼ横這いであった（アノクラシーとは、完全に民主主義でも独裁主義でもない中間的な政治体制を指す）。しかし、2017年を境として急激に悪化し、2018年時点では「－5」（オートクラシー［独裁主義］）とされている。Polity IVの補足欄では、この大きな下落の理由を以下のように説明している。

　「2018年7月に予定されていた議会選挙に向けて、フン・セン（Hun Sen）首相は野党・救国党（CNRP）の指導者を反逆罪の罪で逮捕し、それを最高裁判所による救国党の解党命令の根拠として利用した（救国党の元リーダーであるサム・ランシーは国外に逃亡した）。救国党の解党は人民党（CPP）に支援されたフン・センによる自作のクーデターと考えられる[1]」

　一方、ラオスは1989年から今日（2018年）まで、一貫して「－7」とされており、これは「オートクラシー（独裁主義)」のカテゴリーであり、人民革命党の一党支配を反映している。

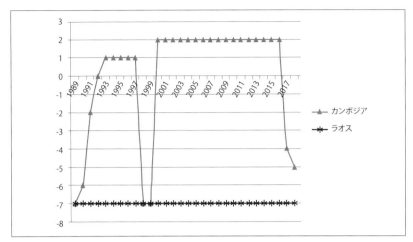

図7-6　カンボジア・ラオスのPolity IVスコアの推移

（注）Polity IVスコア（Center for Systemic Peace, Country Report, 各年版）より筆者作成。数値は－10から＋
　　10までで高いほど「民主的」。

2．カンボジア・ラオスに対する中国の援助と投資の拡大

(1) カンボジアへの援助の動向

　1992年以降のカンボジア復興期において、カンボジアに対する最大ド
ナーは日本であった。基本的統計として、過去24年間の主要ドナーによ
るカンボジアへのODA供与額の推移（1992-2015年）をまとめたのが図5-7
である。

　日本政府は、1991年パリ和平協定の締結に尽力するなど、カンボジア
和平に外交面から非常に深く関わった。また、PKOへの初めての参加、
警察支援などこれまで関与しなかった分野にも意欲的な支援を行った。経
済復興面でもODAの積極的な投入を行ってきた。1990年代と2000年代を
通じて、カンボジアにおいて、日本のODAは（二国間支援と多国間支援の両
方をあわせた）国際社会全体の支援額のおよそ20％を占めてきた。

　カンボジアに関しては、中国は内戦時代（1975-91年）にクメール・ルー
ジュやポル・ポト派を支援していたため、カンボジア政府（ヘンサムリン政
権）に対する支援はなかった（日本も1978年末から91年まで援助凍結）。1992年

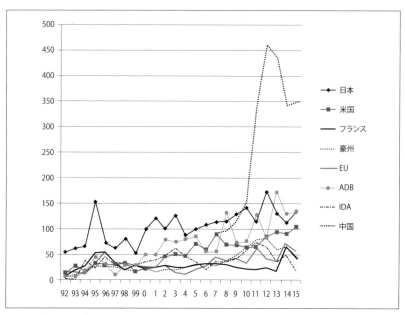

図7-7　主要ドナーによる対カンボジアODA額の推移　　（単位：百万USドル）

（注）1. 支出純額、ODAネット
　　　2. DAC統計より作成。中国の援助についてはCDCの統計より作成。

　の国連カンボジア暫定統治機構（United Nations Transition Authority in Cambodia: UNTAC）後も、中国はポル・ポト派を支援していたという歴史的経緯から新政府に対する援助には消極的であった。しかし近年（2005年以降）、中国の対カンボジア援助は急拡大し、2010年には日本を追い抜いた。

　中国の援助に関しては、中国がOECD（経済協力開発機構）に加盟していないこともあって、正確なODA額は不明であるが、近年、カンボジアについては援助受入の窓口であるカンボジア開発評議会（Cambodia Development Council: CDC）が統計を整備するようになり、かなり正確な統計が入手できる。図7-7は、OECD/DACの統計をベースとして、中国の援助額についてはCDCの統計をもとに両者を結合して作成したグラフである。それによれば、中国のカンボジアへの援助額は、2010年に日本を抜き、近年ではその額は日本の4倍程度の規模に達している。

　外交的にも、中国の経済的な興隆に伴い、近年、カンボジアと中国との

関係はいっそう緊密化している。2009年には習近平国家副主席、2010年には呉邦国全人代委員長、2011年には周永康政治局常務委員、2012年には胡錦濤国家主席、梁光烈国防部長、賀国強政治局常務委員がカンボジアを訪問し、さらに2013年には王毅外相、2014年には楊潔篪国務委員、2015年には常万全国防部長など、中国からの要人往来が非常に活発である。他方、フン・セン首相はほぼ毎年1回、中国を訪問している。

(2) カンボジアへの投資の動向

カンボジアは、1993年の選挙の後もしばらくの間、紛争の影響が残る国として、タイやシンガポールの華僑系企業を除いて外国からの企業投資は限定的であった。しかし、1999年のASEAN加盟によってグローバル経済の輪の中にようやく入ってくるようになり、特に2005年頃からカンボジアへの外国投資の拡大が顕著になってくる。それを牽引したのが中国企業である。

カンボジアに対する外国投資（認可）額は、2005年にから2008年までの4年間で約10倍に拡大したが、それまでの外国投資額を国別にみると、1994-2010年では中国が最も大きく（38%）、次いで韓国（19%）、マレーシア、米国、台湾、タイと続き、日本は12位であった[2]。その後2010-2016年の累計で見ると、中国の比率が28%と依然として高く、次いで英国が大規模な投資案件があったために16%、韓国11%、日本9%、以下、ベトナム、香港、台湾、マレーシア、シンガポール、タイと続く（図5-8）。日本は2007年にカンボジアと投資協定を結び、2011年後半より、日本企業のカンボジア投資が拡大してきており（稲田 2013a）、たとえば首都プノンペンのイオンの出店は、日本企業のカンボジア進出の成功例とされているが、中国の存在感の大きさに変化はない。

要するに、中国の投資が圧倒的に多く、その内容としては（資源関連を除けば）リゾート開発やホテル、カジノなど観光分野の不動産投資が数としては多いが、その一方で、縫製業など労働集約産業の投資も顕著であり、それによる雇用の拡大に関して、一定のインパクトを与えてきたことは事実である。近年のカンボジアの衣料品の輸出（特に欧米むけ）の拡大は、こ

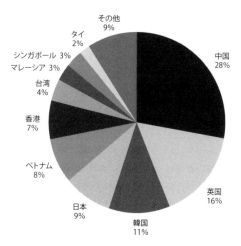

図7-8　対カンボジア投資認可額の国別比率　　（2010-2016年の累計、%）

（注）JETRO「世界貿易投資報告」（2010～2017）より。

うした投資によって支えられてきた面がある（CDRI 2011: 34）。特に、プノ
ンペンからシアヌークビルに至る地域（プノンペン周辺、国道3号沿い、シア
ヌークビルの経済特区等）には、数多くの中国企業の工場があり、周辺から
多くの労働者（特に若い女性）を雇用している。

　一方、中国企業による開発事業の中には、問題視されるものも存在する。
カジノを併設した大規模ホテルは、プノンペンの景観と風紀を損ねるもの
として批判的な市民もいる。またプノンペン市内（北西部）に中国企業に
よって建設されている大規模なビジネスコンプレックスは、土地の提供に
あたって、カンボジア政府がそれまでそこに住んでいた地元住民を強制退
去させた際に、住民の抵抗と市民団体の批判にさらされた。世界銀行など
国際機関や欧米ドナーの一部には、この問題を理由とする援助の削減にも
つながった。

(3) ラオスへの援助の動向

　図7-9は、ラオスに対する主要ドナーのODA額の推移（2007-2015年）を
整理したグラフである。

　中国のラオスに対する援助額は、OECDに加盟していないため統計がな

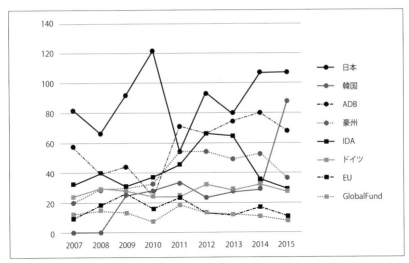

図7-9　主要ドナーによる対ラオスODA額の推移　　　（単位：百万USドル）

（注）1. 支出純額、ODAネット　　　2. DAC統計より作成

い。カンボジアではCDCの統計を入手できたが、ラオスに関しては現時
点で中国の援助額の統計を入手できていないため、図には記載されていな
い。中国を除くと、ラオスにおいては日本が最大援助国であり、次いで、
ADB（アジア開発銀行）、オーストラリア、世界銀行が主要ドナーである。
韓国はドイツと並んで年間20-30百万ドル規模の援助国であったが、2015
年には2位に浮上している[3]。

　ラオスに対する中国の援助と融資に関しては、正確な統計数値は入手で
きないが、カンボジアと同様、中国の援助が拡大しているとされる。2009
年の東南アジア競技大会の主会場となった競技場や、ラオスで開催される
ASEAN会合の会場となった国際文化センタービルといった政治的に目立
つ案件への無償援助や、水力発電所などの電力分野や道路・鉄道などの交
通運輸分野での融資案件と中国企業の進出などによって、中国のプレゼン
スと影響力の拡大が指摘されている[4]。

　2014年の資料によれば、中国の援助の47％が道路など交通運輸セク
ターに向けられており、その中で大きな事業の一つはラオス北部の国道3
号線（Luang Numtha-Barkeo県）の整備であり、これは中国国境からタイ国境

にいたる道路である。また、中国の援助の約65％がラオス北部に集中しているとされる（Greater Mekong Subregion Development Analysis Network, 2014）。近年の最大の融資案件は、ラオス北部の中国国境からラオスを抜けてタイにつながる高速鉄道事業である（中国雲南省との国境の街・モーハンから首都ヴィエンチャンまでの約420km）。これは、2018年時点で7億ドルが投入され（中国輸出入銀行が4.8億ドル、ラオス政府が2.2億ドル）、最終的には67億ドルが計画され、そのままであるとラオスのGDPの約4分の1に達するが、その資金計画や融資条件・返済計画などが明らかになっていないため、将来的に「債務の罠」に陥るのではないかと危惧され議論となっている[5]。中国の融資は基本的に中国企業タイドであり中国企業が建設にあたっており、地元の雇用につながっていないとの批判もある。そのほか、中国の援助については、環境へのダメージ、不法な労働者の移住、性的サービス産業やギャンブルの広まり、などの問題も指摘されている。

(4) ラオスへの投資の動向

　ラオスは内陸国であり、労働力が豊富というわけでもないこともあって、欧米や日本の企業の投資は低調といわざるを得ない。図7-10に示したように、2000-2011年の累計投資認可額を見ると、ラオスに対する最大の投資国は隣国のベトナム（34％）であり、レストラン・商店など身近なものから、木材やパーム林などの比較的規模の大きなものまで多岐にわたっている。それに次ぐのが中国（25％）・タイ（20％）であり、この3国を合計すると約80％に達している。

　近年は、中国の投資が急拡大している。『世界貿易報告2018』によれば、2017年の国外からの投資総額（認可ベース）のうち、中国の比率が最大で48％、次いでベトナム（29％）、マレーシア（5％）、タイ（4％）である。総投資額に占めるラオス国内企業の比率は52％であるが、ラオス国内の中国系企業による投資が大きな比率を占めていることも忘れてはならない。

　また、2009年の第12回ASEAN首脳会議において、中国は、中国・ASEAN投資協力基金設立を表明するとともに、優遇条件の借款67億ドルを含む150億ドルに上るASEAN諸国向け借款をコミットした。ラオスに

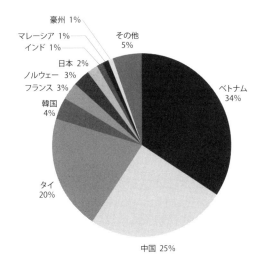

豪州 1%
マレーシア 1%
インド 1%
日本 2%
ノルウェー 3%
フランス 3%
韓国 4%
その他 5%
ベトナム 34%
中国 25%
タイ 20%

図7-10　対ラオス投資認可額の国別比率　　　　（2000-2011年の累計、%）

(注) JBIC「直接投資受入動向」（ラオス 2015）より。

対しては、カリウム鉱山開発を手掛ける中国系企業への出資などがなされている。

　ラオスにおける中国の投資事業で、近年問題とされている案件の一つが「ヴィエンチャン新都市開発事業」である。2009年開催の第25回東南アジア競技大会のため、首都ヴィエンチャンでは総合競技場建設が進められ、中国企業が建設を請け負った。ラオス側は土地を提供するのみであり、金銭的負担は負っていない。2006年11月、胡錦濤国家主席のラオス訪問の際、中国は、競技場建設と包括的開発に対して支援を行うことで合意がなされ、その包括的開発が「ヴィエンチャン新都市開発事業」である。

　新都市建設地は、ヴィエンチャンの近郊にある自然豊かな湿地帯（タートルアン湿地帯）である。ラオス政府は広大な土地（1,000 haが新都市開発、640 haが貯水池等の水域）の開発権をラオス・中国合弁企業（中国側3企業95%、ラオス側5%）に付与し、運営期間を50年とした（75年まで延長可能）。新競技場建設は、ラオス政府は土地を提供するだけで中国開発銀行が建設を請け負う中国企業に融資を行い、その企業の融資返済を補償するために、ラオス政府が同企業に対し新都市の開発権を与え、企業は新都市の運営・管

理から資金を回収するという合意に基づく（原・他 2007: 12-14）[6]。

　この新都市開発事業は、次のようないくつかの問題が指摘されている。①必要性の低い開発の実施とそれに伴う土地の喪失。②建設予定地は自然豊かな湿地帯であり多くの都民にとっての生活の場であること。③新都市開発によって約5万人の中国人が移住してくると予想されている中国人受け入れ問題。④土地を失う人々が発生することに伴う土地収用問題。特に③については、居住するのが中国人であるとされているわけではないが、こうした高額な高層アパート・マンションに居住する可能性があるのは中国人移住者が大半であることが予想されており、市民の不安と反発は相当に大きいようである[7]。

3. 中国の経済的影響力拡大の功罪

(1) 2014年論文の暫定的結論

　中国の経済的影響力拡大の功罪に関しては多くの論点があり、本論文では、①カンボジアにおける権威主義体制化の問題と、②ラオスにおける「債務の罠」の問題、に焦点を当てたい。なお、中国の援助が東南アジアに与える影響については、2014年の論文でも整理した。そのため、まず、そこでの暫定的な結論を以下で整理しておこう。

① 経済開発への影響

　受け手国からみた援助と開発の実像を見れば、中国の経済的関与（特にインフラ分野への援助や融資・投資）は支援対象国のインフラ建設や物資の流入を促進し、人々の生活改善に直結し、しかも足の早い目に見える成果につながっているように思われる。中国の近年の援助や経済協力は、「フルセット型支援」方式をとり、中国企業タイドで工事建設のため中国人労働者が送られることが多いことから、現地の雇用に役立っていないという批判もあるが、その一方で、中・長期的には中国との貿易取引の拡大や中国企業の投資拡大につながっているものであり、製造業や雇用の創出という点で、肯定的な効果をもたらしているとみる見方もある（Brautigam 2009;

Moyo 2009)。

　カンボジアにおいてもラオスにおいても、中国の支援が道路や橋などのインフラの改善に役立っている面がある。両国において、特に電力分野で中国企業が参画した大規模な事業が数多くあり、これらは一部の住民の反対を受けながらも、両国の電力事情の改善には貢献している。ホテルやリゾート開発などの分野においても中国企業の投資は顕著である。

② 内政への影響

　政治的効果に関しては、中国の無償援助の多くが、重要な政府関連庁舎や施設建設に向けられていることから、政治的には相手国政府の基盤強化にもつながる効果が上がっていると考えることもできる。その一方で、相手国政府・支配層との間で不透明な形で支援が決定され、それが腐敗を温存ないし助長する場合もあり、中国がとっている「内政への不介入」方針の負の側面であると指摘した[8]。国際社会からその腐敗や人権抑圧などで問題を指摘されているような国々に対して、中国が多額の支援を供与していることに対し、国際的な外交圧力を無視するもので、不透明さや腐敗を温存させるのに役立っている、との批判もある。

　カンボジアの場合、国際機関を含む欧米ドナーは、民主的制度やその手続き、人権尊重や汚職対策を重視し、ガバナンス改革の一環としてそうした要素を援助供与の際の事実上の条件としてきた。日本は欧米ドナーほど直接的に民主的なガバナンス上の課題について注文をつけることはしないとしても、基本的には民主化やガバナンスの改善に関して欧米ドナーと歩調を揃えてきた。しかし、近年の中国の援助の拡大は、こうした欧米主導の民主化や汚職対策への取り組みに向けた圧力を掘り崩す一つの要素になっている可能性はある。

　ラオスに関しては、もともと人民革命党の一党支配体制が続く中で民主的な政治体制とは言い難く、政治体制に大きな変化はない。腐敗・汚職状況に関しては、徐々に改善傾向を見せてきており（図5-4参照）、中国の経済的プレゼンスの拡大が腐敗・汚職の悪化につながっていることを明確に立証することは困難である。

③ 外交への影響

　また、中国の無償援助の多くが重要な政府関連庁舎や施設建設に向けられていることは、支援を通じた政治的効果の別の側面として、中国との外交関係の強化、外交的影響力の拡大につながっている面もある。

　一例として、2012年のカンボジア主催のASEAN外相会合で、カンボジアが南シナ海の問題で中国寄りの立場をとることに影響を与えたという評価は可能である。ラオスに関してもカンボジアと同様、ASEAN首脳会合の共同声明づくりなどにおいて、南シナ海の問題で中国寄りの立場をとっており、中国の影響力が働いているとみられている。

(2) カンボジアにおける権威主義体制化の問題

　インドシナ諸国に対しては、近年、中国の援助の拡大や経済的関係の強化が進んでいるが、中国のこうした開発主義体制への「内政不干渉」や「政経分離」の政策が、これらの国々の開発主義体制の強化に影響を与えているのだろうか。

① カンボジアの人民党支配の強化

　この議論を考察するためには、カンボジアの政治状況に関する説明が必要であろう。

　カンボジアでは、1993年5月の第1回総選挙の結果、人民党・フンシンペック党が連立政権を組んだ。1998年7月の第2回総選挙を経て、11月にはフン・センを中心とした人民党・フンシンペック党の連立政権が再び成立するが、第3党としてのサム・ランシー党も一定の組織力を持っていた。2003-04年になっても、人民党とフンシンペック党の二大政党の連立関係は依然継続するも、地方では人民党の組織が強く、2004年6月の第3回総選挙では人民党が多数を占め、2005年の上院選挙の実施も人民党主導となった。さらに2011年の第4回総選挙で人民党は圧勝した[9]。人民党の党員数は、この20年間に急速に拡大し、党員組織率は2008年で人口の約36％、有権者の約59％に達したとされる（山田 2011: 10-11）。こうした圧倒的な組織率の拡大により、入党しなければ不利益を被る社会構造になっ

てきたとされる。

　2013年に第5回国民議会選挙が行われ、フン・セン首相を首班とする政権が発足した。しかし、この選挙では、人民党の得票率は48.8％にとどまり、選挙に先立ってサム・ランシー党と人権党が合流した救国党が44.5％の得票率を獲得した[10]。2017年6月の地方選挙では全体として与党が優勢で（得票率50.8％）、救国党の得票率は43.8％にとどまったものの、都市部では野党に勢いがあった。こうした状況のなか、政権の継続に危機感を抱いた与党は、野党勢力の押さえ込みを図る。野党第一党であったカンボジア救国党に対し、2017年11月に最高裁が解党を命じ、2018年7月に実施された普通選挙では人民党がすべての議席を独占し、事実上の一党支配体制となっている。

② 援助と内政の関係

　こうしたフン・セン政権の強権的な傾向の高まりと中国の援助の拡大がどの程度の関係を持っているのかを明らかにすることは容易ではない。

　2005年以降のカンボジアは、着実な経済発展を達成した時期にあたる。一方で、中国の経済的政治的影響力が急速に増してきた時期でもある。中国からの投資は2005年頃から急増し、またその援助額は2010年に日本を抜いてカンボジアに対する最大ドナーとなり（図5-7参照）、2011年以降は圧倒的に大きな援助国として以前にも増して大きな影響力を持つようになっている。

　1990年代にはカンボジアへの主要援助国は日本と欧米諸国であったが、2000年代後半に中国の影響力が拡大するにつれ、与党である人民党のフン・セン首相は、人権問題で改善を求める国連機関やフン・セン一族の森林不法伐採を糾弾するNGOなどを追い出すような行動をとるようになった。また、政府による強引な土地の接収や汚職・腐敗の蔓延などを理由に、世銀のカンボジア政府に対する支援の一部が凍結される事態も生じた。カンボジアの場合、国際機関を含む欧米ドナーは、民主的制度やその手続き、人権尊重や汚職対策を重視し、ガバナンス改革の一環としてそうした要素を援助供与の際に考慮する要素として改善を求めてきた。実際、2013年

の選挙で救国党が議席を拡大した後の時期には、カンボジアの市民社会の影響力の拡大への期待も語られていた（OXFAM 2014）。

　しかし、中国が内政不干渉の原則のもとで多額の支援を供与していることは、国際的な外交的圧力を無力化させるものであり、ガバナンスの不透明さや腐敗を温存させるのに役立っているとの批判もある。ただし、開発事業手続きが不透明であることや汚職・腐敗等の課題は、国内の政治制度の問題である。外（外部ドナー等）からの政治への影響力・インパクトも軽視し得ないが、本来的には内からの民主政治のチェック機能が働くことが重要である。カンボジアの事例は、2017年の救国党の解散と2018年の総選挙での人民党の議席独占によって、内からのチェック機能が低下してしまったことが問題といわざるをえない。また、フン・セン首相や人民党の独裁的な行動を可能にした背景として、欧米ドナーから中国に援助と投資をより依存するようになったことがあるという議論もできる。

③　日本のODAの外交的役割

　中国の援助が拡大する中で、カンボジアだけでなく多くの開発途上国で欧米ドナーのODAを通じた外交的影響力は低下し、中国が「民主主義が脆弱な国々で影響力を増している」との見方もある（Walker et. al. 2017）。実際、欧米や日本が民主化問題やガバナンスをめぐる課題を理由として援助を削減しても、カンボジア政府を中国の援助に依存する方向に追いやる結果になるだけであるとの見解もある。一例として、2017年11月に米国が不発弾処理の援助を削減したところ、中国が即座にその穴埋めとして援助を約束したという事例があった[11]。

　2017年11月17日には、カンボジアの最高裁判所で、救国党の解党と100名以上の救国党の政治家の政治活動を禁ずる命令が出された[12]。EUや米国など多くの欧米諸国は民主化に逆行する行動をとらないよう改善を求め、援助の削減に言及している。こうした状況の中で日本が果たすべき役割は、民主政治上の課題を理由に援助を削減することではなく、むしろ引続き関与しながら「静かな外交」を推し進めること、すなわち，表立って批判してはますます耳を傾けなくなるため、善意の友好国として支援を

しながら相手の面子をつぶさない形で助言をする方が効果的であるとの議論もある[13]。

　実際、過去において、1997年7月にラナリット第一首相派（当時）とフン・セン第二首相派（当時）の武力衝突の結果、フン・セン派が権力を握った事件（いわゆる「7月政変」）の際には、欧米ドナーがカンボジアへの援助を凍結する中で、援助凍結はカンボジアの復興開発プロセスを停滞させることになるとして日本は援助を継続したという先例がある。結果として、1998年に国民議会選挙が実施されたのち連立政権が継続され、1999年にはASEANへの加盟が実現したことは、こうした「静かな外交」アプローチが肯定的な結果につながったと評価されている。

　他方で、こうしたアプローチは、日本は民主主義を軽視しているとの批判を国際社会から受ける可能性がある。1997年の時点での援助継続は、内戦終了後まだ間もないカンボジアの復興プロセスを支援する意味で正当化できたが、新しい国家づくりから25年が経過した現時点で、何を対カンボジア外交の優先的な価値・国益と考えるべきなのか。カンボジアの民主主義に逆行する動きに批判的な人々は欧米のみならずカンボジア国内にも日本国内にもいる中で[14]、日本の援助方針について、国際・国内向け両面で説得力のある説明が求められよう。

(3) ラオスにおける「債務の罠」の問題
①「債務の罠」への警鐘

　中国の「一帯一路」に関連する事業のために中国から多額の融資を借り入れ、将来的に返済困難に陥るリスクを問題視する報告書や報道が、近年相次いで出されている。中でも、2018年に出された二つの報告書が有名である。一つはハーバード大学ケネディスクールの調査報告書「借金外交（Debtbook Diplomacy）」であり（Parker et. al. 2018）、もう一つはワシントンのグローバル開発センター（CGD）が出した報告書である（Hurley et. al. 2018）。後者は「一帯一路」の対象国68カ国のなかで、債務返済リスクが著しく高くなってきている国として8カ国、すなわちジブチ、キルギスタン、ラオス、モルディブ、モンゴル、モンテネグロ、パキスタン、タジキスタン

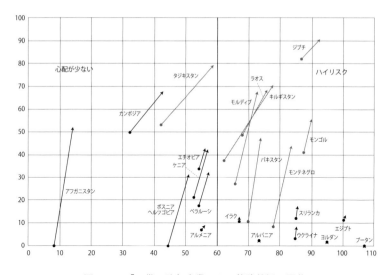

図7-11 「一帯一路」事業による債務状況の悪化

(注) 縦軸は対外債務に占める中国債務の比率、横軸はGDPに占める公的債務の比率。
(出所) Hurley et. al., 2018: 12

をあげ、その債務持続性の課題を指摘し「債務の罠（Debt Trap）」という言
葉を広めることにつながった。

　図7-11で示されているように、ラオスは中国の「一帯一路」関連事業
によって、それでなくてもGDPに占める公的債務の比率がすでに危機ラ
イン（60％）を超えている中で、今後75％程度まで悪化し、対外債務に占
める中国債務の比率も約50％から約70％まで高まると予想されている。
（なお、カンボジアは、対外債務に占める中国の比率は同様に約50％から約70％まで高
まるものの、GDPに占める公的債務の比率は40％強にとどまるものと推測されている）

② ラオスの債務状況

　もともと、恒常的な財政赤字に悩まされてきたラオスの財政は海外援助
依存度が高い。財政収支をみても、2000/2001年度から2008/2009年度ま
でのラオスの財政収支赤字（対GDP比）は平均で約6.6％、2009/2010年度
から2011/2012年度までは約8.3％、2012/2013年度から2014/2015年度まで
は約11.1％と、近年、赤字比率が拡大している[15]。

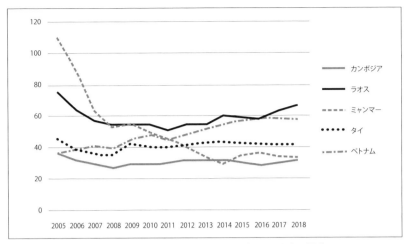

図7-12　インドシナ各国の公的債務の対GDP比率の推移（%）

（出所）JICA（2019）「2017年度・外部事後評価報告書（ラオス・円借款「第2次・第3次・第9次貧困削減支援オペレーション」「財政強化支援借款」）」20頁より。（元データはInternational Monetary Fund, World Economic Outlook Database, October 2018.）

　ラオスの公的債務も恒常的に高いレベルにある。図7-12は公的債務（一般政府粗債務：General government gross debt）の対GDP比率の推移を、ラオスとインドシナの近隣諸国と比較したものである。2008年から2016年までを見ると、ラオスの公的債務比率はこの地域で最も深刻な状態にあり、近年、悪化の傾向にある。2016年には公的債務はGDPの67.8%に達し、2017年にIMF・世界銀行の債務持続性分析はラオスを「high risk of debt distress（赤信号想定）」に引き上げた[16]。先のCGD報告書によれば、中国の一帯一路関連事業への融資により、今後さらに債務比率は拡大することが予想されている（2017年に69.0%、2018年に70.3%）（Hurley et al. 2018: 14）。（なお、ベトナムの公的債務の対GDP比率も60%前後で危険水域にあるが、ベトナムの場合は中国債務の比率が低く、日本や世界銀行からの借り入れの比率が高い）

③　債務の罠から逃れることが可能か

　単純化していえば、世界銀行やADBやJICAなどの公的融資機関は、ラオスには債務持続性の観点から融資しにくいという状況にある。

　対外的な債務状況が悪化した場合、IMFに支援を要請するという選択肢

があるが、その場合、IMFの審査を受けることになる。図7-11で示されているように、現時点でも債務の約半分は中国からの借金であり、この比率はいずれ約70％に達すると予想されている。IMFが財政支援によってラオスの債務状況の悪化を救済する場合、実質的に中国への借金返済を円滑化するための意味合いが大きくなる。中国債務の比率が比較的低いベトナムのようなケースでは、IMF支援を供与することに関する決定は、IMF理事会において比較的承認されやすいと想像される。しかし、先のCGD報告書で債務返済リスクが著しく高くなってきている国としてあげられたラオスを含む8カ国に関しては、いずれも中国の一帯一路事業によって対外債務状況が悪化している国であって、こうした国へのIMF支援は、理事会の承認を得にくい可能性がある。特に最大投票権を有する米国のスタンスが重要である。もっとも、IMFの理事会の中で、中国はすでに米国・日本に次ぐ第3位の出資比率（6.39％）と投票権（6％）を有しているため、IMF理事会の中での中国自身の発言力も無視し得ない。国際金融界での米中の関係に左右される面も少なくないといえよう。

　いずれにせよ、ラオス自身の債務削減の努力が求められる。そのための手段としては、IMFから求められる公的資金管理の改善とそのための能力の向上が課題であり、その意味ではIMFの債務持続性に関する審査報告などを注視する必要があろう。要は、①巨額の借り入れによって実施している事業の採算を改善すること、②政府の財政収支を改善すること、が鍵になる。①のためには、一帯一路関連事業としてラオス北部で実施した（あるいは実施しつつある）道路や鉄道や電力（発電所）などの事業を効率的に運営し収支が黒字になるようにするか、あるいはそれが困難であれば、中国からの借り入れ条件を見直す、ないし債務を一部減免する、といった方法が不可欠になる。②については、近年進められつつある鉱山開発による収入の拡大や電力の輸出（売電）の拡大などが可能性として考えられる。

　中国から融資を受けた事業の債務返済負担の軽減に成功した事例の一つとして、マレーシアが2018年の選挙後、新政権（マハティール首相）になった際に、中国からの巨額の融資を受けた東海岸鉄道（ECRL）事業を見直し、返済する資金総額の削減がなされた事例があげられる。これを「マレーシ

ア・モデル」と呼びうるとすると、こうした債務の削減が可能になる前提として、民主的な政権の交代や野党・メディア等によるチェック機能が働くことが重要である。ラオスの場合、中国からの融資事業の実態が不透明であり、その背景に人民革命党の事実上の一党支配体制が継続していることが課題である。開発事業の内容や予算などの透明性や説明責任の確保が、「債務の罠」に陥るリスクを減らすための大前提であるといえよう。

おわりに──カンボジア・ラオスの将来と中国・日本の役割

　第1節でみてきたように、カンボジア・ラオスとも過去4半世紀、着実に経済は発展を遂げてきた。他方で、政治体制に関しては、ラオスは人民革命党の事実上の一党支配であり、カンボジアでは選挙が繰り返し実施されてきたものの、現時点はいずれの国も「オートクラシー（独裁主義）」の状況にある。その反面、政治的な安定を維持してきたことも確かである。

　カンボジアの近年の権威主義体制化の背後にある要因として、中国の援助および経済的プレゼンスの拡大、そして中国のそうした関与が「内政不干渉」の方針の下、民主的体制を求める欧米のカンボジア政府に対する圧力を弱めていることがあると考えられる。また、ラオスの中国に対する経済的依存の拡大の結果、将来的な「債務の罠」に陥る懸念を高めていることも否定しえない。

　いずれも決して好ましい傾向とはいえない。しかし、中国の圧倒的な経済力は否定しようもなく、そうした中国の経済力を活用しながら経済発展を進めようとする両国の試み自体は合理的選択でもある。中国が両国の経済や政治のあり方や行方を左右する大きな要因であることは否定し得ず、中国が果たす役割はきわめて大きい。中国が大国として国際的な責任をより意識しながらこの地域に関わっていくことを期待するとともに、そのような期待の実現にむけた国際世論の圧力も必要であろう。

　一方、「権威主義開発体制」が開発を効率的に進める一つの道であるという考え方も、かつて、1960年代から80年代にかけてないではなかったが、今や東南アジアの多くの国が民主的な社会に向けて努力している。ま

た、開発を進めていく過程で、国民・住民の意見の尊重や腐敗・汚職を防止するメカニズムとして、議会やメディア・市民社会によるチェック機能は不可欠であり、「債務の罠」に陥るリスクを軽減する観点でも、民主的な政権交代や議会制度のチェック機能は重要である。

　長らく最大のドナーとしてカンボジアおよびラオス両国の経済開発を支援してきた日本としては、国際社会と民主主義的価値を共有する観点から、地道に両国の経済開発への支援を継続しながら、民主的な社会づくりに向けた手助けもあわせて積極的に進めていくべきであろう。

【注】

1) 2018 update of the Polity IV dataset (annual time series)、より。
2) CIB（カンボジア投資委員会）統計、百万米ドル。今村裕二（JICA専門家）作成資料「カンボジア投資における三つの留意点」2011年6月、より。
3) 2018年7月、豪雨の際に韓国企業が建設中だった水力発電用のダムが決壊し大きな問題となったが、これは韓国のODA事業ではなく民間の事業である。
4) 例えば次のような記事。「中国、援助外交でラオス侵食」『週刊新潮』2008年9月18日号。
5) "Laos on a Fast Track to a China Debt Trap," *Asia Times*, 29 March, 2018.
6) 原洋之介／山田紀彦／ケオラ・スックニラン（2007）「中国との関係を模索するラオス」*RIETI Discussion Paper Series*, 11-J-007, 12-14頁。
7) 開発に関わるラオス人コンサルタントへのインタビュー（2018年3月31日）。
8) 中国の援助と相手国の腐敗・汚職の因果関係を立証することは一般的には困難であるが、アフリカのアンゴラでは中国の経済支援の比重は圧倒的に大きく、中国の援助のやり方と相手国の腐敗・汚職とが強く関係していることを示した論文として、次を参照されたい。稲田十一「中国の四位一体型の援助――アンゴラ・モデルの事例」（下村／大橋／日本国際問題研究所、2013: 119-122）。
9) 2013年7月28日の第5回総選挙では、総議席数123のうち、人民党が68、二つの野党が合併して成立した救国党（サムランシー党首）が55議席と、予想に反して人民党の勢力が伸び悩んだ。この要因として、人民党政権の近年の腐敗・汚職に対する一般国民の反感が野党の救国党の票に流れたとされる。
10) 2013年の選挙に際して、40以上のNGOが参加するプラットフォームが設置され、組織的な連携が実現したことも指摘されている（植村 2014）。
11) "China pledges help on mines: Hun Sen meets Chinese premier," *Khmer Times*, 15. November, 2017.

12) "'Death of democracy': CNRP dissolved by Supreme Court ruling," *Phnom Penh Post*,17 November, 2017.

13) 在プノンペン日本大使館へのインタビュー（2017年11月18日）。

14) 例えば、高橋智史「日本人が知らないカンボジアの強権化と独裁」東洋経済オンライン（2017年11月21日）http://toyokeizai.net/articles/-/198220

15) Ministry of Finance, *Government Finance Statistics* 2013-2014版および2014-2015版より。

16) World Bank (2017), *Lao Economic Monitor 2017.*

【参考資料】

〈日本語〉

天川直子編（2004）『カンボジア新時代』日本貿易振興会アジア経済研究所。

稲田十一編（2009）『開発と平和——脆弱国家支援論』有斐閣。

稲田十一（2013a）「カンボジアの復興開発プロセスと日本の援助・投資」『専修大学・社会科学年報』第47号。

稲田十一（2013b）「カンボジアにおける近代化と社会関係資本の変容」『専修大学・社会関係資本研究論集』第4号。

今村裕二（2011）『カンボジア投資における三つの留意点』（JICA専門家作成資料）。

植村未来（2014）「2013年カンボジア総選挙における市民社会の戦術転換」『アジ研ワールド・トレンド』No.219。

小林誉明（2007）「中国の援助政策——対外援助改革の展開」『開発金融研究所報』第35号。

下村恭民・大橋英夫・日本国際問題研究所編（2013）『中国の対外援助』日本経済評論社。

末廣昭・大泉啓一郎・助川成也・布田功治・宮島良明（2011）『中国の対外膨張と大メコン圏（GMS）／CLMV』東京大学社会科学研究所。

原洋之介・山田紀彦・ケオラ・スックニラン（2007）『中国との関係を模索するラオス』RIETI Discussion Paper Series 11-J-007。

山田裕史（2011）「国連暫定統治後のカンボジアにおける民主化と平和構築の再検討」日本国際政治学会・2011年度研究大会・部会8「紛争後の国家建設と民主的統治」（2011年11月12日）報告論文。

〈中国語〉

中华人民共和国国务院新闻办公室（2011，2014）『中国的对外援助』。(Information Office of the State Council of The People's Republic of China (2011, 2014), *China's Foreign Aid*.)

中国商务部・国家统计局・外货管理局（2017）『中国对外直接投资统计公报』。

〈英語〉

Brautigam, Deborah (2009) *The Dragon's Gift: The Real Story of China in Africa*, Oxford University Press.

CDC (Cambodia Development Council) (2016) *Development Cooperation and Partnerships Report*, CDC (Phnom Penh).

CDRI (2011) *Assessing China's Impact on Poverty Reduction in the Greater Mekong Sub-region: The Case of Cambodia*, CDRI (Phnom Penh).

Greater Mekong Subregion Development Analysis Network (2014) *Inclusive Development in the Greater Mekong Subregion: An Assessment*, A GMS-DAN Publication (Phnom Penh).

Halper, Stephan (2010) *The Beijing Consensus: How China's Authoritarian Model will Dominate the Twenty-first Century*, Basic Books.（ステファン・ハルパー著、園田茂人・加茂具樹訳『北京コンセンサス──中国流が世界を動かす』岩波書店、2011年）

Hossein, Jalilian (ed.) (2013) *Assessing China's Impact on Poverty in the Greater Mekong Subregion*, Institute of Southeast Asian Studies (Singapore).

Hurley, John, Scott Morris, Gailyn Portelance (2018) *Examining the Debt Implications of the Belt and Road Initiative from a Policy Perspective*, CGD Policy paper 121.

Ikenberry, G. John (2008) "The Rise of China and the Future of the West: Can the Liberal System Survive?" *Foreign Affairs*, Jan/Feb.

Inada, Juichi, (2013) "Evaluating China's Quaternity Aid: The Case of Angola," in Shimomura Yasutami & Ohashi Hideo (eds.), *A Study of China's Aid*, Palgrave, pp.104-121.

Leftwich, Adrian (2008) *Developmental States, Effective States and Poverty Reduction*, UN Research Institute for Social Development.

Li Rougu (2008) *Institutional Sustainability and Economic Development: Development Economics Based on Practices in China*, China Economic Publishing House.

OXFAM (2014) *Political Economy Analysis of Civic Space in Cambodia*, OXFAM (Phnom Penh).

Parker, Sam, Gabrielle Cheflitz (2018) *Debtbook Diplomacy: China's Strategic Leveraging of its Newfound Economic Influence and the Consequences for U.S. Foreign Policy*, Harvard Kennedy School.

Ramo, Joshua Cooper (2004) *The Beijing Consensus,* The Foreign Policy Center.

Robinson, Mark & Gordon White (eds.) (1998) *The Democratic Developmental State*, Oxford University Press.

Sato, Jin, Hiroaki Shiga, Takaaki Kobayashi, Hisahiro Kondoh (2010) *How do "Emerging" Donors Differ from "Traditional" Donors?: An Institutional Analysis of Foreign Aid in Cambodia*, JICA Research Institute, March (Tokyo).

Schedler, Andreas (ed.) (2006) *Electoral Authoritarianism: The Dynamics of Unfree Competition*, Lynne Rienner Publishers.

Shimomura, Yasutami, Hideo Ohashi (eds.) (2013) *A Study of China's Foreign Aid*, Palgrave.

Walker, Christopher, Jessica Ludwig (2017) "From 'Soft Power' to 'Sharp Power': Rising

Authoritarian Influence in the Democratic World," in *Sharp Power: Rising Authoritarian Influence*, National Endowment for democracy, pp.8-25.

〈ウェブサイトのデータ〉

Center for Systemic Peace, *Polity IV Score (Country Report)*.

Center for Systemic Peace, *State Fragility Index*.

Economist Intelligence Unit, *Democracy Index*.

Freedom House, *Freedom in the World Country Rating*.

Transparency International, *Corruption Perceptions Index (CPI)*.

UNDP, *Human Development Report*.

World Bank, *IDA's Performance-Based Allocation System*.

第8章

米中対立のなかのベトナム
安全と発展の最適解の模索

小笠原高雪

はじめに

　中国の推進する「一帯一路」構想（Belt and Road Initiative: BRI）と、日米を中心とする「インド太平洋」構想（Free and Open Indo-Pacific: FOIP）との、交錯地点に位置する諸国の一つがベトナムである。ベトナムは、中国にとっては「一帯一路」の構築において欠かすことのできないピースであるし、同国自身としても旺盛な開発資金需要のために「一帯一路」に大きな魅力を感じている。しかし同時にベトナムは、南シナ海問題をはじめとして、中国とのあいだに安全保障上の対立要因を抱えており、「インド太平洋」を進める日米などとも利害の共通性が存在している。

　冷戦終結当時は極度の孤立に陥っていたベトナムが、米中の両大国から「求愛」される立場に変わったわけであるが、事態は簡単に喜べるようなものでは決してない。米中関係の推移はベトナムの命運を決定的に左右しうるのに対し、ベトナムが単独でそれに影響を及ぼす余地はほとんど存在しない。にもかかわらず、対応の誤りは大きな打撃となりうる。ASEANとしての集団的影響力には一定の希望を見出しうるとしても、それにも限界が存在するのは明らかであるし、米中の対立が決定的となった場合はなおさらである。

もとよりこうした事態に対応するにあたり、ベトナムが考慮すべき諸要因は、「南シナ海」と「開発資金」に尽きるわけではない。安全保障の観点からは対米関係を重視するのが得策であり、経済発展の観点からは対中関係を重視するのが得策である、と述べるとしたら明らかに単純化のしすぎである。少なくともハノイの指導部内には、これらの問題をめぐってより多くの視点からの議論が存在し、政策に影響を及ぼしている。すなわちベトナムにとって、安全と発展の最適解の模索は、きわめて複雑なプロセスなのである。

　本章は以上の諸点を踏まえながら、「一帯一路」と「インド太平洋」に対するベトナムの認識と対応を概観しようとするものであるが、議論の起点は冷戦終結直後の時期とする。ベトナムはその当時から、米中の両大国にどのように関与するかを模索してきたのであり、今日の議論もその延長上にあるからである。

1．対外関係をめぐる二つの思考類型

　ソ連の衰退と解体は、ベトナムの対外路線に根本的な転換をもたらした。第一に指摘すべきは、対中関係の現実的調整が不可避となったことである。1970年代から1980年代にかけてのベトナムは、中国との全面的対決を公然と打ち出していたが、これは中越関係の長い歴史に照らしてみれば例外的な段階であった。それを可能にしたのはソ連の支援であったが、同様の支援がもはや継続されないことは1988年までに明らかとなった。1989年のカンボジア占領ベトナム軍の撤退から、1990年の中越秘密会談（成都）を経て、1991年の中越関係正常化へ至る過程は、ソ連解体前から進行していた。

　第二に指摘すべきは、安全保障と経済発展をいかに確保するかについて、従来の思考を刷新しなければならなくなった。米国を中心とする資本主義陣営とソ連を中心とする社会主義陣営とがゼロサム・ゲーム的闘争を展開する構造のなかで、ベトナムが後者の一員としての旗幟を鮮明にすることによってソ連の支援を獲得してゆくことは、1980年代をつうじて次第に

困難となった。なかでも1988年から1989年にかけての東欧社会主義圏の崩壊は、思考の刷新がもはや不可避であることを、ハノイの指導者たちに痛感させたと考えられる。

　しかしながら、対外路線の新たな方向性をめぐっては、ハノイの指導部内にも大きく分けて二つの思考類型が存在していた[1]。第一の類型は、共産党の支配体制の維持を安全保障上の最優先の課題と位置づける。ソ連型の急進的改革とは明確に一線を画し、平和的手段で社会主義体制を崩壊させる和平演変を強く警戒する点において中国との共通性を再確認する。端的にいえば中越の戦略的同盟の形成である。インドシナの地域秩序や南シナ海諸島の主権をめぐる安全保障についても、中越の戦略的同盟の形成のなかで「友好的」な処理を希求する。

　第二の類型は、共産党の支配体制の維持は当然の前提であるとしても、その前提を満たすためには和平演変の警戒のみでは十分でないと考える。国民の生活水準を向上させることが重要であり、それには経済と社会の近代化が不可欠であると主張する。こうした主張の帰結は対外関係の拡大と多角化であり、さしあたってはASEAN諸国、日本、米国などとの関係改善である。対外関係の拡大と多角化は、インドシナの地域秩序や南シナ海の主権をめぐる安全保障のためにも活用できる。

　1980年代後半から1990年代にかけての時期に公表された対外政策文書は、二つの類型のいずれとも、決定的に矛盾しない内容であった。1988年5月の政治局決議は、「強大な経済力、適度な国防力、国際協力の拡大」を現代の安全と発展の条件と主張しており、第二の類型への傾斜が顕著であったが、この決議は現在も非公開の扱いを受けている。他方、いずれとも矛盾しないということは、少なくとも、中越の戦略的同盟を明示する表現は回避されることを意味した。実際、第一の類型にもとづく対外政策が公表文書に明示されたことは、筆者管見のかぎり一度もない。

　またこの間の対外政策の展開をみるならば、中国との二国間の対話のチャネルがさまざまなチャネルで制度化されるのと同時並行的に、対外関係の拡大・多角化が着実に進行していた。後者の事例としては、1995年のASEAN加盟と対米関係正常化、1998年のAPEC加盟、2001年の米越通

商協定締結、2006年のWTO加盟などを列挙できる。この事実に着目するならば、1990年代以降のベトナムの対外政策は、全体として限定的かつ漸進的であったにせよ、実質的には拡大・多角化の実績を積み上げてきたということもできる。

　この傾向を明確化した例として知られているのは、2003年の第9期中央委員会第8回総会決議である。そこでは対外関係を、「協力のパートナー（doi tac; 対作）」と「闘争の対象（doi tuong; 対象）」という二つの概念によって整理することが提起された。この二つの概念がしめしているのは、対外関係における協調と対立の捉え方を、固定的／全面的な捉え方から流動的／争点別の捉え方へ完全に転換することであったといえる。すなわち、あらゆる対外関係に協調と対立の両側面が存在し、そのなかにおいて協調の側面の目立つ相手とは「戦略的パートナーシップ（Strategic Partnership）」あるいは「包括的パートナーシップ（Comprehensive Partnership）」などを確認しあい、協調の定着を図るとともに拡大・深化を図るけれども、そこにも対立の側面は伴いうる、ということである[2]。

　その後の過程をより具体的にみるならば、戦略的パートナーシップを確認しあった最初の事例は2001年のロシアであった。ロシアは旧ソ連以来の伝統的友邦であり、現在でもベトナムにとっては主要な兵器供給国である。いうまでもなく、ロシアはもはや社会主義国ではないし、経済交流の相手としての重要性には限界もあるが、それでも安全保障を含めた総合的視点からは、依然として最も自然なパートナーなのであろう。

　ロシア以外の諸国と戦略的パートナーシップを確認しあうようになるのは2007年以降であり、同年のインドを筆頭として、それに2008年の中国、2009年の日本、韓国、スペイン、2010年の英国、2011年のドイツ、2013年のイタリア、フランスなどが続いた。この顔触れは今日のベトナムにとっての国益上の有力国というべき国々であるが、インドは継続的に友好関係にある大国として、ロシアにつぐ伝統的友邦に位置づけることも可能であろう。ロシア、インドに続いたのが中国であるということは、中国との二国間関係をひきつづき重視し、協力分野の拡大を図ることは当然としても、それを特別な関係のように位置づけてはいないことを意味する。

日本との戦略的パートナーシップは中国の翌年とされたが、これは米国と同盟関係にある諸国としては最初であった。韓国とのあいだでも、戦略的パートナーシップが同年中に確認された。これらはまさしく、現在のベトナムにとっての、経済交流を中心とした国益上の有力国の位置づけを示すものといえる。そして、日韓両国に続いたのがEUの国々であり、具体的には2009年のスペイン、2010年の英国、2011年のドイツ、2013年のイタリア、フランスなどであった。さらに、これらの欧州勢に続いたのがASEANの原加盟国であり、具体的には2013年のタイ、インドネシア、シンガポール、2015年のフィリピン、マレーシアであった。

　他方、オーストラリアとは2009年に、米国とは2013年に、それぞれパートナーシップを確認しあったが、その際に用いられた表現は戦略的パートナーシップではなく包括的パートナーシップというものであった。包括的パートナーシップが戦略的パートナーシップよりも「格下」であることはおそらく間違いないが、両者の内容や相違を明確に定義した文書類は、筆者管見のかぎり存在しない[3]。このうちオーストラリアは2018年に戦略的パートナーに変更されたが、米国はひきつづき包括的パートナーにとどまっている。

　このことの理由は明らかにされていないが、おそらく最も重要と思われるのは、多角化路線を進めるなかにあってもベトナムの指導部内には、体制の安全保障をめぐる懸念も依然として存在していることである[4]。たとえば米国との包括的パートナーシップを確認する直前の2013年6月、当時のグエン・タン・ズン（Nguyen Tan Dung）首相はシンガポールで開催されたシャングリラ会合において、「戦略的パートナーシップを国連安全保障理事会のすべての常任国と樹立するのがわれわれの望みである」と言明していた。但しこの表現には、「独立、主権、内政不干渉、相互尊重、対等かつ互恵的な協力が約束され、かつ誠実に履行されるならば」という条件が付されていた[5]。

2．第12回党大会──多角化路線の強調

　前節にみたように、ベトナムは対米関係に若干の慎重さを残しながらも、対外的な多角化路線を着実に進展させている。その背景として第一に挙げるべきは、南シナ海をめぐる中国との緊張の増大である。まず、2010年前後から、パラセル諸島近海において操業中のベトナム漁船が中国の海上警察機関の監視船によって拿捕される事案が増加した。それからまもなく、ベトナムの資源探査船のケーブルが、中国当局によって切断される事件も起きた。さらに2014年には、パラセル諸島近海に中国が海底掘削用のプラットフォームを建設し、探査作業を開始した。これに対してベトナムも海上警察機関の監視船を派遣し、両国間の緊張が高まった[6]。

　こうした事態はベトナムの多角化路線を加速した。ベトナムはまず、南シナ海の安全保障問題の国際化へ舵を切り、そのことのために2010年のASEAN議長国の立場を積極的に利用した。同年夏のARFにおいては中国の不興を承知の上で、南シナ海問題をとりあげた。米国のヒラリー・クリントン（Hilary Clinton）国務長官も、南シナ海における「航行の自由」は米国の国益であると応じ、同席の中国の外相を激怒させたと伝えられる。ベトナムはまた、ASEAN国防相会議（ASEAN Defense Ministers Meeting: ADMM）に米国、ロシア、日本、インドなどの8カ国を加えた拡大国防相会議（ADMM Plus）を開催した。ベトナムはまた、2011年に米国、日本、フランス、英国のそれぞれと防衛協力覚書（Memorandum of Understanding: MOU）を取り交わし、防衛交流、能力構築、共同訓練などを制度化している。さらに2015年には、グエン・フー・チョン（Nguyen Phu Trong）書記長が共産党トップとして初訪米し、バラク・オバマ（Barack Obama）大統領とのあいだで内政不干渉と政治体制尊重に合意した[7]。

　こうしたなかで2016年2月に開催されたベトナム共産党第12回大会は、対外関係における多角化路線を、これまでにないほどの明確さで打ち出す大会となった。その主要な論点や意味については、およそ半年後に初めて公刊された『外交青書2015』に手際よく整理されている[8]（Bo Ngoai Giao 2016: 73-79）。本節においては、公表された大会関連文書にくわえて上記青

書をも参照しつつ、第12回党大会で打ち出された対外路線の諸特徴を素描する。

　まず、第12回党大会の開幕にあたり注目されたことは、大会テーマとしてはほとんど初めて、対外政策と直接的に関わる事項が明記されたことである。すなわち、本大会のテーマには、「強靭で清潔な党の建設」「全民族的力量と社会主義的民主の発揮」「ドイモイの包括的推進」「祖国の断固たる防衛、平和と安定の確保」「現代的産業国家の基盤づくり」の五つが列記されていたが、このうちの第4点は対外政策と密接に関わるものにほかならない。

　また、第12回党大会の政治報告の対外政策関連部分には、以下のような特徴があった。第一に、国益追求と国際協調の不可分性を強調したことである。すなわち、「国益の追求がすべての政治活動の究極目標」であり、「当該活動は国際法、対等性と互恵性の大原則の基礎の上に展開」されると指摘している。こうした指摘は、現代では人類の進歩的人間的諸価値に反する形の国益追求は不可能であり、普遍的に承認された国際基準・規範・制度、他国の正統利益、国際社会の共通利益の尊重が不可欠だという主張につながる。

　第二に、パートナー諸国との関係強化の重要性を強調したことである。具体的には、「パートナーとりわけ戦略的パートナー、国の発展と安全に役割大の大国との関係の強化と深化」の重要性を指摘しているわけであるが、その背景には、国際政治はしばしば急速かつ予測困難な変化をみせるものであり、それに柔軟に対応するには平素からの対外関係の拡大と多角化が不可欠であるという認識がある。

　第三に、国際統合を「戦略的方針」と呼び、高度なコミットメントを明確にしていることである。具体的には、ASEAN共同体、WTO、新世代FTAなどは署名から具体化の段階へ進みつつあり、とりわけ新世代FTAにおいては貿易投資のみならず、労組、環境、国有企業、知的財産権等にも新たなルールが必要となっている。そうしたなかで、ベトナムとしても単なる「積極的参加」から「共通のゲーム規則の形成への積極的貢献」への姿勢の転換が必要である。またそのために、国際的コミットメントに対応

する国内法体系の完成や、国際統合のなかでの国益確保のための経済競争力の強化が求められている。

　第四に、国防や安全保障も国際協調のなかで追求すべきことが指摘されており、そこでの国際協調には多国間のそれも含まれている。まず、「党、国家、人民、社会主義制度」を守るためには、「祖国の独立、主権、統一、領土的一体性の断固たる防衛」が不可欠であるが、それも国際法に沿った平和的手段を追求しながら達成されるべきである。この方針は当然ながら南シナ海問題にも貫徹される。すなわち、「海上の問題の解決」は、「国際法、1982年国連海洋法条約、及び地域的な行動規範の原則にもとづいて進める」ことが明記された。また、「国連平和維持活動、非伝統的安保演習その他の多国間の国防・安保枠組みへの積極参加」も提起されている。ベトナムの場合、多国間の国防・安保枠組みはセンシティブな問題とみられてきたが、2014年に国連平和維持活動に初めて参加したのをはじめようやく状況が変わりつつあり、党大会はそれをさらに加速してゆくことを確認したことになる。

　対外政策との関連において、第12回党大会がもう一つ注目されたことは、2011年から外相を務めてきたファム・ビン・ミン（Pham Binh Minh）が、政治局員を兼任したことであろう。ファム・ビン・ミンは、多角化路線の有力な提唱者であったグエン・コ・タク（Nguyen Co Thach）元政治局員兼外相の子息であるとともに、米国のフレッチャー・スクールで国際法を専攻した俊秀でもある。彼自身もまた、多角化路線の推進者であることは、その多くの発言から容易に確認できる。第12回党大会において、ファム・ビン・ミンが政治局員を兼任するに至ったことも考え併せるならば、少なくとも党大会の時点まで、多角化路線に対する支持は増大傾向にあったとみなしてよいであろう。

　党大会を終えた2016年の夏は、ベトナムの多角化路線が一つの頂点に達した時期であっただろう。5月にはオバマ大統領が訪越し、対越武器禁輸の全面解除を発表した。7月にはハーグの常設仲裁裁判所が、南シナ海に関する中国の主張の大部分を否定する判断を示した。これは直接的にはフィリピンの提訴を受けたものであったが、「海上の問題を国際法にもと

づき解決する」との多角化路線に追い風となりうるものであったことは疑いない。但し6月にフィリピンに発足したロドリゴ・ドゥテルテ（Rodrigo Duterte）政権は中国との融和路線に転換し、この判決を事実上の棚上げとした。また8月に開催されたASEAN外相会議はカンボジアの反対を受けて、共同声明において判決に言及するのを見送った[9]。

3.「一帯一路」構想への対応——総論肯定、各論慎重

「一帯一路」に対しての、ベトナムのこれまでの反応をひとことで表現するなら、「総論肯定、各論慎重」とまとめることが可能であろう。2017年11月、訪越した中国の習近平国家主席とグエン・フー・チョン書記長は、両国間の経済回廊建設を「一帯一路」の一環として推進してゆくことに関する了解覚書（MOU）に署名した。この経済回廊計画は「二回廊一帯（Two Corridors, One Belt: TCOB）」枠組みと呼ばれ、2003年から中国が提案しているものであり、具体的には、中国の雲南・広西両地区とベトナム北部の12の市・省との連結強化、ならびにトンキン湾の沿岸部に位置する両国諸省間の交流促進を主眼としている[10]。

こうした「一帯一路」に対する公式的支持の直接の理由として挙げるべきは、ベトナム自身のインフラ建設のための旺盛な資金需要である。ベトナムはすでに、中国主導のアジアインフラ投資銀行（Asian Infrastructure Investment Bank: AIIB）にも2015年12月の発足時から加盟している。しかもここにおいて見落とせないのは、「一帯一路」がASEAN共同体の発足とほとんど同時に、そしてASEAN連結性の強化と連動しうる形で提起されたことである。AIIBにすべてのASEAN加盟国が参加したこと、「一帯一路」にも少なからぬASEAN諸国が積極姿勢を示していることを考え併せるならば、ベトナムが遅かれ早かれ「一帯一路」に支持を表明するのは必然的であったといってよい[11]。

しかし「一帯一路」に対するこうした言葉上の支持とは別に、ベトナムの実際の行動は著しく慎重である。これまでのところ、「一帯一路」のプロジェクトとしてベトナムが同意したのは、北部郊外における軽軌道プロ

ジェクトに関する借款の取り決めが1件存在するのみである。さらにレ・ホン・ヒエップによれば、その1件も新規のプロジェクトではなく既存のプロジェクトの資金不足を補うためのものであり、ベトナム国内においては正式発表されていないという[12]。

　こうした慎重さの背景として第一に指摘すべきことは、中国に対する経済的依存を深めることに対するベトナム側の一般的な不安であろう。ベトナムにとって中国は圧倒的な国力を有する隣国であることは疑いなく、歴史的にも中国の支配を受けた期間が長い。そのため中国に対する畏敬と恐怖はベトナムの対外認識のなかに常に同居しており、中国への依存の不可避を知悉するにもかかわらず、あるいはそれだからこそ、自立を強く希求することとなる。そのようなベトナムにとって、「一帯一路」が大掛かりで魅力的な計画であればあるほど、それへの参加に警戒心が伴うことは不可避であるといってよい。

　第二に、より具体的な問題として、ベトナムの安全保障上の脆弱さを見逃すことはできない。南北に細く伸びた国土は縦深性に乏しく、とりわけ首都のハノイは北部に位置して中国に近い。北部の経済発展に中国との交流強化はおそらく不可欠であるが、そのために物理的な連結性を強めるならば、それは有事における中国からの進入路を大きくすることを意味する。さしあたり中越間に武力衝突の可能性は大きくはないとしても、ベトナムとしては中国の存在感をこれまで以上に大きく感じることになるのは避けられず、その点において安全保障上の懸念を構成することになる[13]。

　第三に、経済分野の対中依存が深まることによって、南シナ海問題をめぐるベトナムの立場が弱まることへの懸念がある。たとえばフィリピンは、ベニグノ・アキノ（Beniguno Aquino）政権期には南シナ海問題において中国に対しても強硬な立場をとっていたが、国際仲裁裁判所からフィリピンに有利な裁定が示された直後に誕生したドゥテルテ政権下では、中国からの経済支援に対する期待感から南シナ海問題での姿勢を大幅に軟化させた。もちろん、これはドゥテルテ政権なりの計算と選択の結果ではあるにせよ、安全保障を重視する立場からは容易に賛同しがたいことであり、同様の懸念を持つ人々はベトナムがその轍を踏む可能性を回避しようとするに違い

ない。

　もちろん、以上のような制約要因があったとしても、「一帯一路」の枠組みにおける中国の開発協力がきわめて魅力的なものであり、しかもそれに代替しうる協力相手が容易に見当たらないのであれば、ベトナムとしてももう少し積極的な対応をみせるであろう。しかし、ベトナムの専門家のあいだでは、中国の開発協力は一見したほどには有利な条件ではない、といった評価も少なくないようである。それには返済利率が必ずしも低くないことや、中国の企業や技術の使用といった条件が付されていることなどが含まれる [14]。こうした問題に対しては、従来から反中的な感情を持つ国内世論も反応しやすく、政府としても安易な決定を避ける必要がある。

　そして少なくともベトナムの場合には、それが有する経済的な潜在力や戦略的な重要性のおかげもあって、日本が展開している経済協力のなかでも高い優先順位を与えられている。とりわけ近年の日本外交においては、安倍晋三首相の積極的な東南アジア諸国歴訪、米国を先導する形での「インド太平洋」構想の推進、さらに米国離脱後の環太平洋パートナーシップ協定（Trans-Pacific Partnership Agreement: TPP）のとりまとめなどをつうじ、東南アジアとの連携を強化する姿勢が鮮明となっている。このこともまた、ベトナムが「一帯一路」に感じる魅力を減殺しているものと考えられる。

　結局のところ、「一帯一路」に関して現時点までに公表されたベトナムの見解として最も包括的と思われるのは、2017年5月に北京で開催された一帯一路フォーラムにおけるチャン・ダイ・クアン（Tran Dai Quang）国家主席の演説であろう。すなわち、この演説においてクアン主席は「一帯一路」を歓迎すると述べたうえで、同構想を具体化してゆく際の原則として、「持続性、実効性、包括性の確保」「コンセンサス、対等、自発性、透明性、開放性、相互尊重と相互利益の原則」「国連憲章と国際法の遵守」を列挙した [15]。

4.「インド太平洋」構想への対応——総論黙殺、各論協力

　「インド太平洋」構想に対しベトナムがこれまで示してきた反応を一言

でいえば、「総論黙殺、各論協力」と表現することができるであろう。すなわち、ベトナムは「インド太平洋」全体に対し、賛否いずれの立場も公式には示していない。しかし、ベトナムはまた、各論的な部分においては、実質的な協力関係を着実に積み重ねている。

　まず、「インド太平洋」に対してベトナムは、否定的なコメントをしていないが、それはベトナムの国益からみて当然のことであろう。第一に、膨大なインフラ需要を抱えるベトナムにとって、「インド太平洋」の一環であるインフラ開発は魅力的であり、この点は「一帯一路」に対するベトナムの期待と類似している。とりわけベトナムには、日本のインフラ技術に対する高い信頼があり、そのことが「インド太平洋」の魅力を一層高めている[16]。第二に、南シナ海をめぐる緊張の増大のなかで、「ルールにもとづく秩序」を掲げる「インド太平洋」は、国際法にもとづく秩序を求めているベトナムの国益に合致する面が明らかにある。また、「航行の自由」という「インド太平洋」の目標も、米国を含む多角的な国際協力を推進しようとしているベトナムにとって望ましいものである。

　しかし同時にベトナムは、「インド太平洋」に対して肯定的なコメントもしていない。それにはいくつかの背景が考えられるが、現時点で最も重要なのは、中国に対抗する枠組みという色彩が「インド太平洋」に潜在していることである。中国の経済発展はベトナムにも経済上の機会をもたらしており、中国との経済関係の拡大はベトナムにとって望ましいことである。したがって、「インド太平洋」を公然と支持することによって、経済関係の制限といった反応を中国から引き出す可能性に、ベトナムとしては神経質とならざるを得ない。

　したがって、他のASEAN諸国の場合と同じように、ベトナムの国益の観点からは、親中か反中かといった二者択一を迫られないことが望ましい。そのことは多角化路線の重要な含意でもあり、そもそもベトナムのASEAN加盟の目的の一つでもあった。このような観点からみるならば、ベトナムが「インド太平洋」に対する明確な支持を回避するのは、十分理解できることである。

　その点で興味深いのは、ベトナムが「インド・アジア・太平洋（Indo-

Asia-Pacific)」という表現を用いることによって、「インド太平洋」との微妙な距離感を保とうとしていることである。この表現の初出とみられているのは2018年3月、インドを訪問したチャン・ダイ・クアン国家主席が行った演説である。この演説においてクアン主席は、21世紀を「インド・アジア・太平洋の世紀」とするために地域諸国に求められる条件として、次の4点を指摘した。第一に、「開かれた、ルールに基づく地域に関するビジョンを共有し、平和、安定、包摂的繁栄の維持に利益を共有する」こと。第二に、「航行の自由と円滑な貿易を擁護し、当該地域の勢力圏的細分化を回避する」こと。第三に、「当該地域の広大さの認識の下に、共存と発展のための共有区間を構築する」こと。そして第四に、「共通の安全保障を維持し、紛争と戦争を予防し、安保課題を的確に処理するために、平和、安定、法の支配のための効果的なメカニズムを確立する」ことである[17]。

　また同年8月には、ファム・ビン・ミン外相がベトナム外交学院その他の共催による国際会議で演説し、「インド・アジア・太平洋という実在」について次のように指摘した。まず、経済的政治的文化的領域における高度な交流こそが、アジアの世紀をインド・アジア・太平洋の世紀へ前進させる原動力である。また、当該地域のアーキテクチャ構築は複雑な作業であり、それには「包摂性」「国際法、航行の自由、円滑な通商の尊重」「ASEANの中心性」「各国の主権と独立の尊重」という4条件が必要となる。さらに、「東アジア地域包括的経済連携（RCEP）」、インドの「アクト・イースト（Act East）」、中国の「一帯一路」、日米主導の「インド太平洋」のいずれもが、国際法の優越および各国民の自決の尊重にもとづかなくてはならない[18]。

　これらを通して読み取れるのは、国際法や航行の自由などにもとづく地域秩序という「インド太平洋」の考え方を実質的に共有しながらも、ベトナムが大国間対立に巻き込まれるのを回避しようとしていることである。そうした観点からみるならば、ベトナムが「インド・アジア・太平洋」といった場合の「アジア」とは、実質的に「中国」を指しているといっても誤りではないであろう。

　以上が筆者のいう「総論黙殺」の意味であるが、それと同時に見落とし

てはならないことは、ベトナムの「一帯一路」に対する場合と対照的に、「インド太平洋」全体に対する賛否をあえて明らかにしないまま、各論的な部分においては実質的な協力関係を積み重ねていることである。なかでも注目に価するのは、QUADを構成する四大国（米国、日本、オーストラリア、インド）との安保関係の進展である。

　たとえば2018年3月には、米国海軍の空母カールビンソンがダナンに寄港した。空母の寄港はベトナム戦争終結後では初めてであり、それが米国のベトナム戦争介入の起点であったダナンで実施されたことは象徴的な意味があった。これに対してベトナムも2018年7月、米国の主催する環太平洋合同軍事演習（RIMPAC）に初参加した。オーストラリア、日本、インドからも艦艇の訪問が相次いでいる。たとえば2019年6月には、南シナ海での日米共同訓練を終えたばかりの護衛艦いずもがカムラン湾に寄港した。さらにインドは軍事援助の提供や、ロシア製の戦闘機や潜水艦の操縦訓練などでベトナムに貢献している。日本と米国からも、ベトナムの海上警察力を高めるための巡視船の提供も行われている[19]。

　こうした「各論協力」的な姿勢は、南シナ海をめぐる中越関係が大幅に改善されないかぎり、今後も継続してゆくものと思われる。もちろん、その場合でも、親中か反中かの二者択一を回避したいベトナムは、「インド太平洋」を公然と支持することは望ましくないと考えるであろう。しかし、南シナ海における中国の姿勢が従来以上に高圧的となり、中越間の緊張が著しく増大した場合には、ベトナムがより明確な選択に踏み切る可能性も否定できない。目下のところベトナムは、そのような可能性を中国に対する牽制の手段として利用すると同時に、最終的な決断を迫られた場合に備えた準備も実務的に進めているように思われる。

　とはいえ、ベトナムが「インド太平洋」を公然と支持することに対しては、上述の対中関係以外にも、いくつかの制約が存在している。第一に、「インド太平洋」が各国の国内統治、とりわけ人権の状況を重視する場合には、ベトナムの同調は困難になる。これまでドナルド・トランプ（Donald Trump）政権は、アジア諸国の人権を重視する姿勢をあまり示していないが、中国との競合が激しくなった場合の方向性はわからないし、政

権交代が起こった場合はなおさらである。第二に、米中関係や中ソ関係の変動によって激しく翻弄された過去を有するベトナムとしては、米中間で唐突な「手打ち」が行われる可能性を完全に排除するのは難しい。換言すれば、米国のアジアに対する関与の長期的な信憑性の問題であり、この点はトランプ政権下でも他の政権下でも大きく変わることはないであろう。

おわりに

　本章において考察してきたように、米中対立の狭間にあるベトナムは、そのいずれにも決定的に傾斜せず、「一帯一路」と「インド太平洋」の双方と適度な距離を保ち、双方から利益を引き出すことこそ、安全と発展の最適解であると考えている。ベトナムのそうした姿勢は、ASEANの全体的な姿勢とおおむね重なるものであるといってよい。

　もとよりベトナムのそうした姿勢が今後も継続可能かどうかは未知数である。たとえば米中対立が長期化し先鋭化した場合には、ベトナムが米中いずれかの選択を迫られることを回避し続けることは困難となるかも知れない。あるいはまた、南シナ海問題に対する中国の姿勢がはるかに高圧的なものとなった場合には、ベトナムは自国の安全保障のために、米国や日本などとの一層の関係強化を選択[20]せざるを得なくなるかも知れない[21]。

　以上のようにみるならば、ベトナムがすでに述べたような形で「インド・アジア・太平洋」という表現を用いているのは、示唆的であるといえるだろう。それは「インド太平洋」を全面的には否定せず、むしろ基本的には受容しながら、より一層の包括性を確保しようとするものであるといってよい[22]。ベトナムのこうした希望にどこまで寄り添うことができるかどうかによって、日本の外交努力の成否も影響を受けることになるであろう。

【注】

1）小笠原高雪「中国と対峙するベトナム——関与と均衡の二重戦略」黒柳米司編『「米中対峙」時代の東南アジア』明石書店、2014年、221-222頁。

2）Carlyle Thayer, "Vietnamese Diplomacy, 1975-2015: From Member of the Socialist Camp to Proactive International Integration," Presentation to International Conference on Vietnam: 40 Years of Reunification, Development and Integration (1975-2015), Thu Dau Mot University, Vietnam, April 25, 2015, pp.9-10. なお同様の視点から中越関係を詳論した研究として、佐久間るみ子「「協力しながら闘争する」——ベトナムの対中アプローチと対外方針の変化に関する一考察」石塚二葉編『ベトナムの「第2のドイモイ」——第12回共産党大会の結果と展望』アジア経済研究所、2017年、125-153頁。

3）筆者はベトナム外交学院、ベトナム社会科学院などにおいて、数次の機会を捉えて質問を重ねてきたが、決定版と見なしうる説明には出会っていない。さらに「戦略的パートナーシップ」「包括的パートナーシップ」のほかにも、「強化された包括的パートナーシップ」「戦略的な包括的パートナーシップ」等々が用いられるケースも存在するが、これらはいっそう謎の概念である。

4）このこと以外に次の諸点も関連している可能性が大であろう。第一に、ベトナム戦争終結から半世紀近くを経たとはいえ、戦争の傷跡をめぐる補償も進行中の状況において、米国とのパートナーシップを推し進めることに対しては、国内の一部にはなお抵抗感が残っていることである。第二に、米中関係の将来に多くの不透明性が存在するなかにおいて、中越関係をどのように管理してゆくかを考えるとき、ベトナムが対米関係にどこまで傾斜することが望ましいのか、また傾斜して差し支えないのかに関しては、慎重な見極めを要するということである。

5）小笠原「中国と対峙するベトナム」230頁。

6）庄司智孝「中国による地域秩序形成とASEANの対応——「台頭」から「中心」へ」『中国安全保障レポート2019』防衛省防衛研究所、2019年、25-26頁。

7）小笠原高雪「ベトナムの安全保障とASEAN」『アジ研ワールド・トレンド』第257号（2017年3月）、23頁。

8）Bo Ngoai Giao (2016), *Ngoai Giao Viet Nam 2015*, Nha Xuat Ban Chinh Tri Quoc Gia - Xu That, pp.73-79.

9）直接の関連は不明であるが、ほぼ同じ時期には、在外外交団の職務遂行などをめぐって外務省に対するベトナム内部の批判が高まり、一時はファム・ビン・ミンの更迭説すらもが取り沙汰された。

10）中国側とりわけ広西地区の視点からの研究として、関満博＝池部亮編『「交流の時」を迎える中越国境地域』新評論、2011年。

11）それに加えて、中越関係に特徴的な観点として、ベトナムの中国に対する外交的な配慮を軽視してはならない。「一帯一路」は習近平主席の肝いりの一大構想なのであるから、ベトナムとしてはこれを支持しないわけにはゆかないだろうということである。国際社会に対して自国を大国として認知させ、大国としての処遇を実践させるこ

とをつうじ、政治的な影響力の増大をはかる中国にとって、最も耐え難いのは批判ではなく無視である。とりわけベトナムのような周辺国の場合、たとえ言葉上のものであったとしても、支持を表すほうが無視するよりも望ましい。中越関係のこうした機微を、現在のベトナムは大切に扱っており、ベトナムがしばしばみせる外交上の配慮も、その観点から理解すべき部分が少なくないと思われる。

12) Le Hong Hiep, "The Belt and Road Initiative in Vietnam: Challenges and Prospects," *Perspective, ISEAS-Yusof Ishak Institute*, March 29, 2018, p.3.

13) この問題の一般的な考察として、小笠原高雪「メコン地域開発をめぐる国際関係とASEAN」山影進編『東アジア地域主義と日本外交』日本国際問題研究所、2003年、142-144頁。

14) Hiep, "The Belt and Road Initiative in Vietnam," p.4. これとは別に、2018年は「一帯一路」をめぐる再検討が国際的に開始された年であったとする分析として、渡辺紫乃「「一帯一路」構想の変遷と実態」『国際安全保障』第47巻第1号（2019年6月）、1-14頁。

15) "President Tran Dai Quang concludes State visit to China," *Vietnam News Agency*, May 16, 2017.

16) この点に関連して、ベトナムにおける地下鉄建設を題材としたエピソードとして知られたものに、Michael Tatarski, "Vietnam's tale of two metros, one built by the Japanese and the other by the Chinese," *South China Morning Post*, July 30, 2017.

17) Le Hong Hiep, "America's Free and Open Indo-Pacific Strategy: A Vietnamese Perspective," *Perspective, ISEAS-Yusof Ishak Institute*, August 7, 2018. p.5.

18) "Open, inclusive Indo-Asian-Pacific seas vital for regional prosperity and peace: officials," *Viet Nam News*, August 28, 2018.

19) Lye Liang Fook and Ha Hong Hop, "Vietnam's Responses to China's Maritime Assertiveness in the South China Sea," *Perspective, ISEAS-Yusof Ishak Institute*, August 31, 2018, pp.6-7. なおベトナムの伝統的友邦であり、いまなお主要な兵器供給源であるロシアとのあいだでも、安保関係の強化が進んでいる。たとえば、Prashanth Parameswaran, "What's in Russia's New Military Facility in Vietnam," *The Diplomat*, April 30. 2019.

20) ベトナムとは視点が異なるが、同様の問題をシンガポールの立場から論じた例として、Bilahari Kausikan, "No sweet spot for Singapore in US-China tensions," *The Straits Times*, May 30, 2019.

21) すでにそうした可能性を視野に入れた静かな準備が始まっていると指摘する分析として、Darek Grossman and Dung Huynh, "Vietnam's Defense Policy of 'No' Quietly Saves Rooms for 'Yes'," *The Diplomat*, January 19, 2019.

22) ASEANもまた2019年6月の首脳会議で独自のインド太平洋構想を採択した。その分析は別の機会に行いたい。

第9章

ポスト軍事政権期の中緬関係

「一帯一路」はミャンマーに経済成長をもたらすか

工藤 年博

はじめに

　ミャンマーは軍事政権期（1988年9月〜2011年3月）[1]を通じて、欧米諸国を中心に国際社会から厳しい制裁を受けてきた。国際社会で孤立するミャンマー軍事政権にとって、唯一の支援者は中国であった。しかし、1948年のミャンマーの独立以来、両国関係が常に良好であったわけではない。1980年代後半まで中国は政府と党の二重外交に基づき、ミャンマー国軍と武装闘争を展開してきたビルマ共産党を支援してきたからである。転機は1988年のミャンマー軍事政権の誕生と時を同じくして訪れた。中国はビルマ共産党への支援を中止し、ミャンマー軍事政権を世界で真っ先に公認したのである。さらに、内政不干渉の原則に基づき、軍事政権の民主化弾圧や人権侵害を問題視することなく、経済・技術・軍事協力を供与したのである。この時の中国の対ミャンマー政策の転換がなければ、ミャンマー軍事政権が国際社会の厳しい制裁にもかかわらず23年間の長きにわたって権力を維持することはできなかったかもしれない。

　ミャンマーにとっても中国への依存を高めることは、それまでの外交政策の大きな転換であった。独立後、長年にわたりビルマ共産党と戦ってきたミャンマー国軍は、中国に対して根深い不信と警戒感を抱いていた。歴

代のミャンマー政府は中国に支援されたビルマ共産党の侵攻を警戒し、1990年代に入るまでイラワディ川に架橋しなかったとほどである。主な軍事工場もイラワディ川西岸に建設し、北東の中緬国境からの軍事侵攻を川で防ぐという戦略が想定されていた。2,000km以上の国境を接する隣の大国・中国は、ミャンマーにとって政治的、経済的、外交的にもっとも重要な国であると同時に、つねにその安全保障上の脅威でもあったのである。

　そうした不信や警戒感をかなぐり捨ててでも、中国の支援に頼らざるを得なかったのがミャンマー軍事政権であった。軍事政権は1988年のクーデター後、民主化運動のリーダーであり、1990年総選挙で圧勝したアウンサンスーチー氏の権力移譲要求を拒み続け、23年間にわたり国際社会において孤立した。この間、実質的に大規模な経済協力や投資をしたのは中国だけであり、ミャンマー経済の中国依存は深まっていった。にもかかわらず、ミャンマー経済は停滞を続け、2007年9月には僧侶を中心とする大規模な反政府デモが起きた。抗議デモを取材していた日本人ジャーナリストの長井健司さんが、国軍兵士に射殺されたニュースを覚えている人もいるだろう。このデモは政府の燃料価格の値上げに端を発しており、物価上昇で国民生活が困窮したことが背景にあった。

　中国は多くの大規模プロジェクトを実施し、貿易額や投資額は増えたものの、ミャンマー経済は一向に上向かなかった[2]。いくつかの理由が指摘できるが、その一つは中国の開発プロジェクトが資源収奪的であったことである。結果として、ミャンマー軍事政権は天然ガス、木材、翡翠などの資源を中国に切り売りするばかりで、その資源を国内の経済開発に用いることはなかった。また、中国の協力で建設された水力発電ダムは立地の検討が十分でなかったためか、多くが水不足のため予定されていたキャパシティの発電ができなかった。ミャンマーの国有企業を対象に実施された重工業プロジェクトはまったくの時代錯誤であった。こうした役に立たないプロジェクトのために中国からの債務は積みあがったが、その経済効果が広く国民に裨益することはなかったのである。にもかかわらず、ミャンマー軍事政権にとっては中国依存を強めるほか、自らが生き残る道はなかった。

こうした状況を大きく変えたのが、2011年3月に23年ぶりの民政移管によって登場したテインセイン大統領（当時）率いる新政権であった。テインセイン大統領は一気に民主化と経済自由化をすすめ、欧米諸国を中心とした国際社会の制裁を段階的に解除させることに成功した。その結果、日本を含む先進国からの援助や投資が一気にミャンマーに流れ込んだ。一方、中国企業が進めていた大規模ダム開発（ミッソン・ダム）を国民の反対を理由として凍結するなど、中国から距離をとる姿勢をみせた。テインセイン大統領の方向転換が、軍事政権時代に高まり過ぎた中国依存からの脱却をその目的の一つとしていたことは明らかである。こうして、軍事政権時代のミャンマーと中国との蜜月は終わった（かにみえた）。

　その後、2016年3月にはアウンサンスーチー国家顧問が率いる国民民主連盟（National League for Democracy: NLD）政権が発足し、現在（2019年9月）にいたっている。発足当初、NLD政権は欧米・日本寄りの政権とみられており、軍事政権を支援してきた中国とは距離をとると思われた。しかし意外にも、スーチー政権は中国に再接近している。

　2011年から8年が経過した現在、ミャンマーと中国との関係はどのように変化したのであろうか。ミャンマー経済は中国への過度の依存から脱却することができたのであろうか。あるいは中国は対ミャンマー政策をどのように変えたのであろうか。そして、新たな中国＝ミャンマー関係はミャンマー経済に成長をもたらすことができるのであろうか。本章ではポスト軍事政権期のミャンマーと中国との関係を主に経済面から描写し、その現状と変化を評価する。

1. 貿　易

　はじめに民政移管後の両国の貿易についてみてみよう。

　まず、ミャンマーの輸出はテインセイン政権の対外開放政策により2010年から2013年にかけて1.5倍に増大したが、その後2017年にかけては伸び悩んだ（図9-1）。この間、ミャンマーの中国向け輸出額は一貫して増加し、輸出総額に占める中国向けのシェアは2010年の6.2%から2017年

には38.9％に上昇した。この期間の輸出総額の増加に対する、中国向け輸出の寄与度は78.7％に達した。日本向け輸出の寄与度が11.0％、シンガポール向け輸出の寄与度が7.3％と続く。この時期のミャンマーの輸出の増加は、大部分が中国向けの増加であったといってよい。テインセイン政権は対外開放政策と国際社会の制裁解除によって、欧米諸国や日本との貿易関係を強化し、中国依存度を下げることを意図したものの、現実には中国への輸出依存度が急速に高まっていたのである。

　これは軍事政権時代に埋め込まれた、資源の切り売りという輸出構造によるものである。この時期の中国向け輸出の急増は、ヤカイン州沖合の海底鉱区からミャンマーを横断するパイプラインで中国雲南省へと送られる天然ガスの輸出が、2014年から本格化したことによる。パイプラインを通じた天然ガス輸出は2017年に16億2,076万ドルを記録し、この年の対中国輸出の3割を占めた。このプロジェクトは軍事政権時代に認可され建設が始まったものであり、皮肉にもその成果がテインセイン政権期に入って対中国輸出依存度を高める結果となったのである。

　他方、ミャンマーはヤダナとイェーダグンというふたつの海底鉱区からも天然ガスをパイプラインでタイへ輸送している。ミャンマーのタイ向け

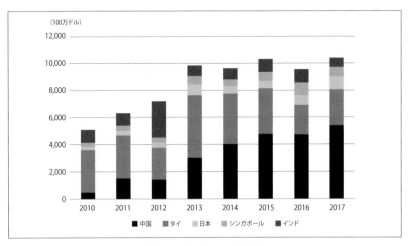

図9-1　ミャンマーの輸出

（出所）UN Comtrade。

天然ガスの輸出は2017年に20億3,593万ドルで、タイ向け輸出総額の75%を占めている。これも軍事政権時代から始まったプロジェクトである。隣国の中国とタイに天然ガスを売って外貨を稼ぐという現在のミャンマーの輸出構造は、軍事政権時代に形成されたものであり、その構造は民政移管後も大きくは変わっていない。

　次に、ミャンマーの輸入総額は2010年から2015年にかけて、年平均32.3%の大幅な増加をみせた後、2016年、2017年と伸び悩んだ（図9-2）。中国からの輸入額は着実に増加したが、ミャンマーの輸入総額に占める中国からの輸入のシェアは約3割で大きくは変化していない。それでも、ミャンマーにとって中国が最大の輸入相手国であることに違いはない。2017年におけるミャンマーの輸入相手国は、中国（31.8%）、シンガポール（15.2%）、タイ（11.3%）、日本（5.5%）となっている。輸入相手国の構成は、シンガポールが2010年の27.0%から2017年には15.2%へとシェアを下げた他は大きく変化していない。日本は中古車輸出ブームで2012～14年にかけて10%を超えるシェアを得たが、それが落ち着くと再び5%台へと戻っている。

　輸入品目の構成にも大きな変化はない。最大の輸入品目はディーゼルやガソリンなどの石油製品（輸入全体の18.6%）で、2017年には35億7,532万

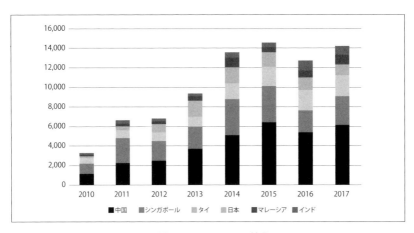

図9-2　ミャンマーの輸入

（出所）UN Comtrade。

ドルに達した。ミャンマーの同年の天然ガスの輸出額が37億100万ドルで
あったので、純エネルギー輸出は1億2,568万ドルに過ぎない。もちろん
天然ガスと石油製品という違いがあり単純な比較できないものの、ミャン
マーがエネルギー輸出のみで十分な外貨を稼ぎ出せる国ではないことは明
らかであろう[3]。

2. 中緬国境貿易

　ここで中国とミャンマーの国境貿易についてみておこう。ミャンマーは
国境を接する中国、タイ、インド、バングラデシュ、ラオスの5カ国と陸
路での国境貿易を行っている。ミャンマー商業省の資料によれば、国境貿
易は2017年度上期（4-9月）のミャンマー輸出総額（72億1,900万ドル）の
31.8％を、輸入総額（90億9,000万ドル）の15.9％を占めた[4]。ミャンマー国
境貿易においては、中国が圧倒的なシェアを占めている。同時期の国境貿
易の相手国は、中国が80.4％、タイが18.4％、インドが0.9％、バングラ
デシュが0.3％であった。

　現在、中緬国境のミャンマー側にはシャン州とカチン州に4カ所の国境
貿易ゲート（ムセ、ルウェジェー、チンシュエホー、カンパイティ）が設置されて
いる。この中でムセ国境ゲートが圧倒的な貿易量を誇っている。2017年
度上期の中緬国境貿易の85.7％がムセを通じたものである。すなわち、ム
セを通じた国境貿易が、ミャンマー貿易総額の15.8％を占めている計算と
なる。

　この中緬国境貿易はミャンマー第二の都市で上ビルマの商工業の中心地
であるマンダレーと国境の町ムセ（中国側は雲南省の瑞麗）とを結ぶ、およ
そ460キロのいわゆる「新ビルマ・ロード」を通じて行われている（図
9-3）。この道路は1938年に開通した援蒋ルートのひとつであったが、1998
年にミャンマーの民間企業アジア・ワールド（AW）および国軍関連企業
のダイアモンド・パレス（DP）が、BOT方式[5]で拡幅舗装することで、大
型トラックの走行が可能となった。当時の首都ヤンゴンと第二の都市マン
ダレーを結ぶ幹線道路が、同じくBOT方式で整備されたのは2003年に

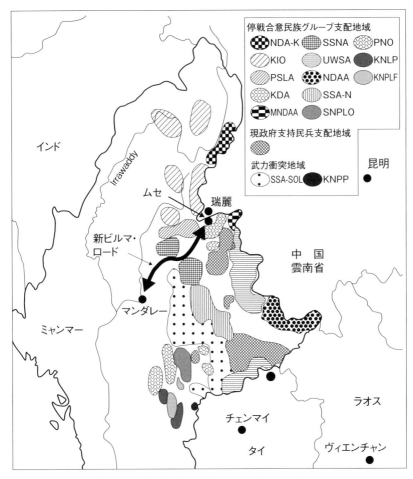

凡例（地図内）

停戦合意民族グループ支配地域
NDA-K　SSNA　PNO
KIO　UWSA　KNLP
PSLA　NDAA　KNPLF
KDA　SSA-N
MNDAA　SNPLO

現政府支持民兵支配地域

武力衝突地域
SSA-SOL　KNPP

インド

Irrawaddy

ムセ
瑞麗
新ビルマ・
ロード
中　国
雲南省
昆明

マンダレー

ミャンマー

ラオス
チェンマイ
タイ
ヴィエンチャン

図9-3　少数民族勢力支配地域と新ビルマ・ロード

（出所）Tom Kramer, "Neither War Nor Peace: the Future of the Cease-fire Agreements in Burma," July, 2009 よ
り抜粋。新ビルマ・ロードの矢印は筆者が追加。

なってからであった。軍事政権がいかにこの道路を重要視していたかが分
かるだろう。
　さて、この地図をみてわかるように、ほとんどの中緬国境地域は少数民
族武装勢力の支配下にある。この地図は2009年時点のものであり、2011
年の民政移管後状況は変化している。新たに停戦合意が結ばれた少数民族

武装勢力もあれば、逆に停戦合意が破棄された武装勢力もある。しかし、中緬国境の多くの地域がミャンマー政府の支配下にないという状況は現在も変わっていない。また、これらの少数民族武装勢力の支配地域は特区（Special Regions）として、実態としては国の中の国（States in State）に近い状況になっている。これは全国3カ所に設置された経済特区（Special Economic Zones: SEZ）とは異なり、ミャンマー政府の支配が及ばないという意味での特区である。各武装勢力は特区において軍隊を保持し、独自の行政機構をもって実効支配している。

　中緬国境地域にこうした特区が設置されたのには歴史的経緯がある[6]。1988年9月にミャンマー国軍が武力で権力を掌握した際、学生を中心として1万人ともいわれる民主化活動家がタイ国境へと逃れ、カレン、モン、カレンニーなどの少数民族武装勢力との共闘を模索した。ところが、当時これらの反乱軍には十分な武器がなかった。一方、中緬国境に拠点を置くビルマ共産党は、1980年代初頭まで続いた中国共産党の武器援助のお陰で、依然として強勢を保っていた。ビルマ族の民主化勢力、少数民族の武装勢力、ビルマ共産党の大同団結がなれば、ミャンマー国軍にとって脅威となる可能性があった。

　ところが、ミャンマー国軍にとって幸運であったことに、1989年4月にビルマ共産党が謀反により内部分裂したのである。同月17日、当時ビルマ共産党傘下にあった統一ワ州連合軍は州都・邦桑（パンサン、現在は邦康に名称変更）にあった党本部を急襲した。党幹部は中国の介入を期待したが、先に述べたとおりミャンマー軍政と関係を強めていた中国が事件に介入することはなかった。むしろ中国が介入しないだろうという期待が、ビルマ共産党内部での謀反を引き起こしたといえる。ここにビルマ共産党は消滅し、エスニック・ラインで分裂した四つの武装勢力が登場した。すなわち、統一ワ州連合軍（UWSA、ワ族）、ミャンマー民族民主同盟軍（MNDAA、コーカン族）、東シャン州軍（ESSA、シャン族）、カチン新民主軍（NDA-K、カチン族）である。

　ミャンマー軍事政権のキンニュン第一書記（当時）はすぐに中緬国境に入り、新たに登場した四つの少数民族勢力との停戦合意に成功した。これ

を嚆矢としてミャンマー国軍は次々と少数民族反乱勢力と停戦合意を結んだ。停戦合意グループは事実上武力の保持が認められ、高いレベルの自治が認められる特区が与えられた。こうして、中緬国境地域の大方が少数民族勢力によって実効支配されるに至ったのである。

　しかし、特区では少数民族勢力が国境貿易に独自に関税や通行料を課し、インフラ整備も遅れた。このため特区を通過する物流は中国とミャンマーの主要都市を結びつけることができず、大きく発展できなかった。これに対して、ミャンマー政府の支配地にあった瑞麗＝ムセの国境ゲートは先に述べた新ビルマ・ロードの整備効果もあって、両国の大都市を結ぶことに成功し、大きく成長したのである。

　ところが最近、国境貿易の大動脈となったこの道路の治安が脅かされる事件が起きた。2019年8月15日にタアン民族解放軍（TNLA）、アラカン軍（AA）、ミャンマー民族民主同盟軍（MNDAA）からなる北部同盟が、マンダレー近郊の避暑地ピンウールウィン（以前はメーミョとして知られる）の国軍工科大学、新ビルマ・ロード沿いの検問所と主要な橋3カ所を攻撃し、国軍・少数民族武装勢力を合わせて少なくとも15人の死者が出たのである。襲撃の発生時にこの地域を旅行中であった、外国人を含む50人の観光客も足止めされた。その後も関連施設や通行するトラックが襲われる事件が相次ぎ、不安定な情勢が続いた。ミャンマー政府・国軍は声明を発表し、今回の北部同盟による攻撃は、最近ミャンマー国軍が少数民族武装勢力の薬物の製造施設や兵士の訓練所を摘発したことへの報復であると説明した。

　現地の報道によれば、橋の修復や代替橋が完成したことで8月26日から通行が可能になったものの、国軍による検問や治安の不安から物流は大幅に減少した[7]。マンダレーでは一部で中国物資の不足がみられるともいわれる。少数民族武装勢力は国境貿易の大動脈に成長した新ビルマ・ロードを狙うことで、ミャンマー経済に打撃を与えたのである。問題は中緬国境貿易を支える幹線道路が、この一本しかないことである。この道路も少数民族武装勢力の支配地域の間を縫うように走り、ムセ＝瑞麗という国境ゲートにつながなければならない。今回の襲撃後、ミャンマー北部カチン州のカンパイティ国境ゲートを通じた物流が増加しているとの報道があ

る[8]。しかし、カンパイティはマンダレーから遠く、その間の道路も整備
されていない。現時点では、マンダレー＝ムセの国境貿易ルートを代替す
ることは難しいだろう。さらに、新ビルマ・ロードに並行して、先に言及
した天然ガスと原油のパイプラインも敷設されている。パイプラインの安
全確保も課題である。結局、中緬国境貿易が今後とも持続的に成長するた
めには、中緬国境の少数民族武装勢力の問題を解決する必要がある。

3. 外国投資

　ミャンマーは1988年の軍事政権登場後、それまでのビルマ式社会主義
を放棄し、対外開放・市場経済化に乗り出した。1988年の外国投資法の
制定により外国投資の受け入れを開始した。しかし、軍事政権期を通じて
国際社会の制裁を受けていたため、欧米諸国や日本などの先進国の多国籍
企業による投資は少なかった。2009年度までの21年間に累計で約157億
ドルの外国投資が認可されたが、これを国別でみると隣国のタイが47％、
英国が12％、シンガポールが9.9％、中国が8.5％であった（図9-4）。ただ
し、英国の数字にはバージン諸島のような租税回避地が含まれており、必

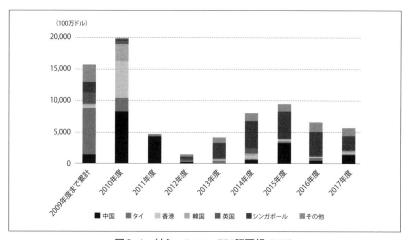

図9-4　対ミャンマー FDI認可額（国別）

（出所）CSO, *Statistical Yearbook*, 各年版。

ずしも英国企業による投資というわけではない。ミャンマーと租税条約を締結しており、東南アジアにおける金融の中心地であるシンガポールからの投資も、出資国が異なる場合がある点に注意が必要である。

　また、これらの投資の大部分は水力発電ダム建設や天然ガス開発などの資源開発の大規模プロジェクトであった（図9-5）。水力発電ダムはタイや中国の国境に近いところで建設し、送電線で電力を自国に送ることを目的とし、天然ガス開発はミャンマーの海底ガス田で採掘された天然ガスをパイプラインでタイへ輸送することを目的としていた。

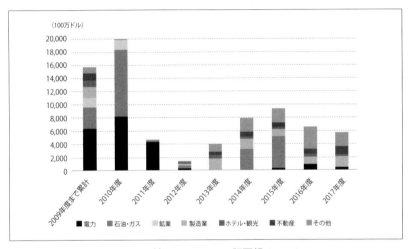

図9-5　対ミャンマー FDI 認可額（分野別）

（出所）CSO, *Statistical Yearbook*, 各年版。

　こうしたなか、軍事政権の最後の年となった2010年度には中国（香港からの迂回投資を含む）から過去21年の累計額を超える大型投資がなされた。最大案件はミャンマー西部のヤカイン州沖合の海底ガス田で採掘した天然ガスをミャンマー横断のパイプラインを建設して、中国雲南省に輸送するプロジェクトであった。また、ヤカイン州のチャウピューに深海港を建設し、ここに中東・アフリカからのタンカーを寄港させ、天然ガス・パイプラインに並行して原油パイプラインを敷設して、原油を雲南省に輸送するプロジェクトも含まれていた。海路ではなくミャンマーを横断するパイプ

ラインで原油を輸入することで、中国はマラッカ海峡を通過するタンカーへのエネルギー輸入の依存度を低減することができる。中国にとってはエネルギー安全保障上、本プロジェクトはきわめて重要な意味をもっていた。

これらの案件は、23年ぶりの民政移管を目前として、中国が急いでミャンマー軍事政権に認可させたものである。中国は民政移管の後では、資源収奪型の投資に対して議会や国民が反対するかもしれないと懸念したのであろう。実際に民政移管で登場したテインセイン政権は、中国企業による大規模な水力発電ダム（ミッソン・ダム）の建設を凍結した。軍事政権時代、中国電力投資集団がイラワジ川上流において七つの水力発電ダムの建設を計画していた。そのひとつが凍結されたミッソン・ダムであった。テインセイン大統領は、「我々は国民に選ばれた政府であり、国民の意思を尊重するのは当然である。我々は国民の懸念・心配に対して、真剣に措置をする責任を有している。それゆえ、ミッソン・ダムの建設は我々が政権にいる間はこれを凍結する」（テインセイン大統領の議会へのメッセージより抜粋、2011年9月30日）として、建設を差し止めた。民政移管が実現していなければ、建設の凍結はあり得なかったであろう。

軍事政権時代を通じて、ミャンマーは電力開発を中国企業に依存してきた。中国企業は国境地域に水力発電ダムを建設し、そこで発電した電気を雲南省へ送っていた[9]。また、ミャンマーでは2012年時点で、水力発電所45カ所、石炭火力発電所2カ所、ガス火力発電所1カ所の48の発電所建設が計画されていたが、そのうち確認できるだけでも中国企業が事業実施母体となっているプロジェクトが35以上あった。ミャンマー企業が事業実施母体となっているプロジェクトであっても、発電機や建設資材は中国から輸入されることが多かった。この時代、中国企業以外に電力部門への投資をしてくれる企業はなかったのである。いずれにしても、2010年度の駆け込み投資認可を含めて、軍事政権時代にはインフラ開発において中国企業は圧倒的なプレゼンスを誇っていた。

さて、テインセイン政権下で国際社会の制裁が段階的に解除され、外国投資法も改正された2012年度以降、ミャンマーへの外国投資は出し手も分野も大きく変わった。それまでの中国企業のプレゼンスは影を潜め、シ

ンガポール（欧米諸国や日本などの迂回投資を含む）からの投資が増加した。
投資分野も石油・ガス開発は相変わらず多いものの、製造業、不動産開発
（都市開発）、運輸・通信（図では「その他」に含まれる）などの分野が増加した。
投資の出し手（国・地域）も、分野も多様化が進んだ。外国投資に関して
は、軍事政権時代の中国への過度の依存から脱却しつつあると評価できる。

4. 「一帯一路」と中国の変化

　中国の「一帯一路」構想において、ミャンマーは重要な位置を占める。
水谷（2018）によれば、一帯一路の主要沿線国63カ国に対する中国企業の
対外直接投資1,294億1,400万ドル（2016年、ストックベース）のうち、
ASEAN（10カ国）が715億5,400万ドル（全体の55.3％）を占める。そのうち、
ミャンマーは46億2,000万ドル（ASEANの6.5％）を構成している。シンガ
ポール（334億4,600万ドル）やインドネシア（95億4600万ドル）には大きく及
ばないが、ラオス（55億ドル）、ベトナム（49億8,400万ドル）に次ぐ金額で、
ASEAN内では5位に位置している。
　中国にとってとくに重要なのが、陸封地形の雲南省がミャンマーをラン
ドブリッジとしてインド洋へのアクセスを確保することである。これは交
易ルートの確保という観点からも、安全保障という観点からも重要である。
この中国の戦略的利益を具体化するのが、中国＝ミャンマー経済回廊
（China-Myanmar Economic Corridor: CMEC）である。これはアウンサンスーチー
国家顧問が2017年12月に北京を訪問した際に、習近平・中国国家主席と
合意した構想である。残念ながら、経済回廊の全体像やそこに含まれるプ
ロジェクト・リストは明らかになっていない。しかし、もっとも重要なプ
ロジェクトは、雲南省の省都・昆明から両国の最大国境貿易拠点である中
国・瑞麗＝ミャンマー・ムセの国境を越え、北部シャン州の山を下って
ミャンマー第二の商都マンダレーに至り、そこから南下して首都ネピドー
を経由し、西へ向かってヤカイン州チャウピューに至る、1,000kmを超え
る高速道路の建設である[10]。
　先に紹介したように、チャウピューは雲南省に至る天然ガスと原油のパ

イプラインの起点である。中国はかねてからここに大型船が寄港できる深海港を建設し、周辺に経済特区（SEZ）を建設する計画を進めてきた。チャウピューSEZはヤンゴン近郊のティラワSEZ、タニンターリー管区のダウェイSEZとともに、ミャンマーにおいて三つしかないSEZの一つに指定されている。ただし、現時点で実質的に経済特区として機能しているのは日本が官民あげて支援するティラワSEZのみである。

　テインセイン政権の終盤にあたる2015年12月、中国中信集団（China International Trust Investment Corporation: CITIC）を中心とする企業グループとミャンマー政府が出資する企業グループが、深海港の開発権を取得した。出資比率は中国側85％、ミャンマー側15％であった。当初、経済特区の深海港は10バースを建設する計画で、総工費は73億ドルと見積もられていた。しかし、中国への借金返済ができなくなり、運営権を中国企業に譲渡せざるを得なくなったスリランカのハンバントータ港の二の舞となることを懸念したNLD政権は、中国政府と再交渉を行い、2018年11月にCITICの開発権を認めつつも、ミャンマー側出資を30％にまでに引き上げるとともに、バース数を10から2つに縮小し、総工費を13億ドルにまで縮減することで合意した。チャウピューSEZについても、ミャンマー側の出資比率の引き上げとともに、27億ドルといわれる総工費の縮減を目指して、中国政府と交渉中である。

　このように、テインセイン大統領によるミッソン・ダムの凍結を嚆矢として、アウンサンスーチー国家顧問率いるNLD政権も、軍事政権時代に形成された中国の開発案件を基本的には引き継ぎつつも、プロジェクトのスペック変更、総工費の縮減、出資比率の引き上げなど条件交渉を行い、中国の一方的な要求には抵抗する姿勢をみせている。この背景には、ミャンマーが2011年以降の民主化、対外開放により国際社会へ復帰し、世界銀行やアジア開発銀行などの国際金融機関の融資や、日本をはじめとする二国間の援助資金へのアクセスを獲得した状況がある。新たな国際環境において、ミャンマーは中国のみに依存する必要がなくなり、交渉力を回復したのである。

　他方、中国も軍事政権時代のように、ミャンマー国民には傍若無人とも

映りかねない収奪的な開発案件のごり押しをしなくなった。ミッソン・ダムがミャンマー国民の強い反発を受けて凍結に追い込まれたことも、中国にとっては反省材料となっただろう。民政移管後は、軍事政権時代のようにミャンマー国軍の合意さえ得られれば、住民や環境にどのような影響があっても大規模プロジェクトを実施できるという状況ではなくなった。ミャンマー国民はさまざまなメディアを通じて、中国政府や企業がどのような開発案件を進めようとしているのかを知ることができるようになった。デモや集会を開いて公然と異議申し立てをすることもできるようになった。ミャンマーの政治リーダーたちも選挙を意識せざるを得なくなった。国民の合意を得られない開発は、難しくなったのである。

　最近では東南アジアや南アジアの各国においても、一帯一路に対する警戒感が強まっている[11]。こうした各国の懸念に中国も配慮を示すようになっている。2019年4月の第2回一帯一路首脳会議では、中国が相手国の債務の持続可能性やプロジェクトの透明性、さらには質の高いインフラ建設に配慮する姿勢を明確にした。これは中国の一帯一路構想がより相手国とのウィン・ウィンの関係を重視するものへと変化しつつあることを示している。

　中国のミャンマー政府へのアプローチの仕方にも変化がみられる。すでに述べたとおり中国は一貫して、アウンサンスーチー氏を自宅軟禁におき、NLD関係者を逮捕・拘束してきたミャンマー軍事政権を支援してきた。しかし、2016年3月にNLD政権が発足すると、それまでの経緯を忘れるかのように、アウンサンスーチー国家顧問とNLD幹部に急接近を始めた。そのための好機がロヒンギャ問題[12]の発生であったと思われる。ロヒンギャ問題で国際社会からの非難を浴びることになったアウンサンスーチー国家顧問は、内政不干渉を貫く中国の接近を許したのである。皮肉なことに、かつて国際社会の非難を浴びるミャンマー軍事政権を中国が支えたのと同じ構図が、アウンサンスーチー政権についても現れた。中国はロヒンギャ問題をミャンマーの内政問題として干渉せず、国際場裏においてもミャンマー政府の立場を擁護している。欧米諸国は再びミャンマーが中国への依存を高めることを警戒し、厳しい制裁を発動することをためらって

いる。日本も建設的関与を続けている。

　また、中国はミャンマー政官財界との人的ネットワークの強化にも乗り出している。中国はNLDのみならず他党の幹部や政策担当者を幅広く、頻繁に中国に招聘している。例えば、現在NLD経済委員会のアドバイザーを務めている私の友人は、日本に長年住み、日本の国立大学で博士号を取得して、2007-08年頃に帰国した経歴をもつ。彼はミャンマー帰国後一度も日本を訪問したことはないが、NLD経済委員会のアドバイザーとしてすでに中国には3回も訪問している[13]。その際、中国で高速鉄道やLRTの視察もしたという。この視察にはNLD関係者の他、他党の議員や政策担当者も多数同行したとのことであった。このように、中国はミャンマー政官財界と幅広く人的ネットワークを築こうとしている。

　アウンサンスーチー国家顧問も2度訪中しており、これも中国の対ミャンマー外交の成果である。最近では、アウンサンスーチー国家顧問が設立したミャンマーの非営利団体ドー・キンチー財団に、中国中鉄二院工程集団（China Railway Eryuan Engineering Group: CREEG）と地場企業シュエヤダナーアウンの2社が10万ドルの寄付をしたというニュースも話題になった[14]。CREEGはムセとマンダレーを結ぶ鉄道建設の事業化調査を請負い、2019年4月に政府に報告書を提出したばかりである。

おわりに

　2011年の民政移管後、8年が経過した。ミャンマーと中国の経済関係はどのようにかわったのだろうか。まず貿易においては、とくに輸出の面で中国依存度が高まった。これは軍事政権時代に形成された、ヤカイン州沖合の天然ガスをパイプラインで中国へ輸送するプロジェクトが稼働を始めたためである。天然資源に依存するミャンマーの輸出構造は軍事政権時代と変わっていない。輸入についても、中国はミャンマー全輸入の約3割を占める最大相手国であり続けている。両国の貿易において新ビルマ・ロードを通じた国境貿易は重要な役割を果たしてきた。しかし、最近、少数民族武装勢力によりこの道路・橋・関連施設が攻撃され、貿易量が大幅に減

少する事態が起きた。中緬国境貿易の持続的・安定的な成長のためには、少数民族問題の解決が必要である。

外国投資に関しては大きな変化があった。軍事政権時代にはミャンマーが受け入れる外国投資は、中国企業による天然資源やインフラ開発が中心であった。雇用創出や技術移転が期待される製造業や市民の生活に直結する運輸、通信、不動産開発（都市開発）などは少なかった。中国企業の主目的は、ミャンマーの天然資源を自国に持ち帰ることであった。しかし、民政移管後は先進諸国（欧米、日本、韓国、シンガポール等）の多国籍企業も投資をするようになり、投資分野も多様化した。こうしたなかで、中国企業の対ミャンマー投資は停滞気味であり、かつてのような圧倒的な存在感はない。

また、本章では詳しく触れなかったが、日本が官民あげて支援するティラワ SEZ の開発が急ピッチで進み、ここに本格的な製造業の集積が出現しつつある。ここに進出している104社（契約企業、2019年6月現在）の国別内訳は、日本企業が54社、タイ企業が15社、韓国企業が8社、台湾企業が5社、マレーシア企業が3社、ミャンマー企業が3社という構成になっている[15]。中国企業は1社しか進出していない。現時点では、中国企業がミャンマー製造業の成長に大きな役割を果たしているわけではない。

中国の「一帯一路」関連プロジェクトについては、民政移管後にミャンマー政府との間で見直しを含めて再交渉が行われている。中国の大規模プロジェクトに対してミャンマー側から異議申し立てをした最初のケースは、2011年のテインセイン大統領によるミッソン・ダムの建設凍結であった。その後、NLD政権になってからも「債務の罠」に関する懸念からプロジェクトのスペック見直しや規模の縮小が中国側と交渉されている。中国側も相手国の財政の持続可能性、事業の透明性、インフラの質等により配慮をするようになっている。

さて、このような状況変化を踏まえたうえで、「一帯一路」を含む中国との経済関係の強化はミャンマーに経済成長をもたらすことができるのか、という冒頭の問いを考えてみよう。結論をいえば、それは中国が提案してくる様々な開発案件に対して、ミャンマー政府がそれらをいかに自国の健

全な経済発展につなげることができるかという観点から主体的・客観的・専門的に検討し、それらの実行の可否を判断することができるかどうかにかかっている。

　現在、ミャンマーには広くバランスのとれた国際・外交ネットワークがある。もはや軍事政権時代のように、支援の手を差し伸べてくれるのは中国のみという状況ではない。こうした新たな国際環境はミャンマーに中国と交渉するバーゲニング・パワーを与えた。これはミャンマーにとって有利な状況である。しかし同時に、米中覇権争いが激しさを増すなかで、両者・両陣営の間でバランスをとることは難しい課題となりつつもある。ミャンマーは新たな国際環境のもとで、中国との経済関係や「一帯一路」を自国の健全な発展のために活かすことができるのか。そして、そうした努力を必ずしも中国によい感情を抱かない国民にも説明し、理解を得ることができるのか。アウンサンスーチー国家顧問とNLDの手腕が試されている。

【注】

1) 1988年9月27日、ミャンマー国軍は全国規模で発生した民主化運動を弾圧し、クーデターを決行した。最高意思決定機関として国軍最高司令官が議長を務める国家法秩序回復評議会（State Law and Order Restoration Council: SLORC）が設立された。1997年11月15日、SLORCは国家平和発展評議会（State Peace and Development Council: SPDC）に改組された。SPDCは2011年3月30日、テインセイン大統領率いる政権に権力を移譲し、解散した。本稿ではSLORC及びSPDCの統治期間を軍事政権時代と呼ぶ。

2) ただし、公式統計によれば2000年度〜2010年度までGDP成長率は2桁を記録している。しかし、この公式統計を信じる経済学者はいない。

3) なお、ミャンマーの貿易収支は2010年の34億6,092万ドルの黒字から、2017年には53億7,469万ドルの赤字となった。

4) 本節の国境貿易の数字は水谷・堀間（2018年）が依拠するミャンマー商業省資料に基づいている。

5) BOT（Build Operate Transfer）とは、民間事業者が道路・港湾・学校などの公共施設の建設を行い、維持・管理・運営し、事業終了後に施設所有権を国や地方自治体に譲渡する事業方式をいう。予算不足に直面していたミャンマー軍事政権は、BOT方式をつかって民間企業に道路整備をさせた。しかし、民間企業による道路の維持・管理

が悪いなど、後に多くの問題が生じた。

6）ここの記述は主に工藤（2010）による。

7）*NNA Asia*, 2019年8月30日。

8）*NNA Asia*, 2019年9月3日。

9）ミャンマー最大級（600MW）のシュウェリー水力発電所No.1で発電された電力の
　ほとんどは、中国に売電されていた。

10）この他、中国＝ミャンマー経済回廊には、ムセ＝マンダレー間の鉄道の整備、ヤン
　ゴンの西部に新都市を建設する計画など大規模案件が目白押しである。

11）詳しくは渡辺（2019）を参照。

12）ロヒンギャ問題については塩崎編（2019年）を参照。

13）筆者によるインタビュー（2019年3月15日）。

14）*The Irrawaddy*, 2019年6月11日。

15）ミャンマー経済・投資センターの例会における住友商事海外工業団地部のプレゼン
　資料による（2019年6月19日）。

【参考資料】

〈日本語〉

工藤年博（2010）「ミャンマーと中国の国境貿易――「特区」と新ビルマ・ロード」『ア
　ジ研ワールド・トレンド』No.180、2010年9月号。

塩崎悠輝編著『ロヒンギャ難民の生存基盤――ビルマ／ミャンマーにおける背景と、マ
　レーシア、インドネシア、パキスタンにおける現地社会との関係』SIAS Working
　Paper Series 30, 上智大学イスラーム研究センター、2019年。

水谷俊博「「一帯一路」構想とASEAN・ミャンマーとの親和性――相手国とWin-Winの
　プロジェクト構築を」（JETRO地域・分析レポート、2018年5月9日）、available at
　https://www.jetro.go.jp/biz/areareports/2018/ba94b673d5d1e479.html、2019年6月29日
　アクセス。

水谷俊博・堀間洋平「ミャンマーの物流事情と今後の展望」石田正美・梅崎創編『メコ
　ン地域の輸送インフラと物流事情』JETROアジア経済研究所、2018年3月、
　available at https://www.ide.go.jp/Japanese/Publish/Download/Report/2017/2017220005.
　html、2019年9月13日アクセス。

渡辺紫乃「「一帯一路」構想の変遷と実態」『国際安全保障』第47巻第1号、2019年6月。

〈英語〉

The Irrawaddy (2019) "State Counselor's Charity Receives Donation from China-Owned
　Company", 11 June 2019, available at https://www.irrawaddy.com/news/burma/state-
　counselors-charity-receives-donation-china-owned-company.html.

Kramer, Tom, "Neither War Nor Peace: The Future of the Cease-Fire Agreements in Burma" (Transnational Institute, Amsterdam, July 2009, http://www.tni.org/report/neither-war-nor-peace, accessed on 28 August, 2009).

〈新聞〉
The Global New Light of Myanmar
The Irrawaddy
NNA Asia

〈統計〉
Central Statistical Organization (CSO), *Statistical Yearbook*, 各年版
UN Comtrade

第 *10* 章

マレーシアの中国傾斜と政権交代
「一帯一路」をめぐるジレンマとその克服

金子 芳樹

はじめに――「一帯一路」をめぐるジレンマ

　中国が主導する広域経済圏構想「一帯一路」[1]において、東南アジア地域は地理的、戦略的にその中核に位置しており、その中でもマレーシアの重要度は高い。同様にマレーシアにとっても、「一帯一路」は自国の経済開発にとって欠かせない国際協力の枠組みとなっている。そのことは、2019年4月に北京で開催された第2回「一帯一路」国際協力サミットフォーラム（以下、「一帯一路」フォーラム）前後の中国・マレーシア（以下、中マ）両国の関係に表れていた。

　同フォーラムから8カ月さかのぼる2018年8月、総選挙（同年5月）で建国以来初の政権交代を実現させ、14年ぶりにマレーシアの首相に返り咲いたマハティール・モハマド（Mahathir Mohamad）は、中国が深く関与し、「一帯一路」の旗艦案件とされていた大型インフラ・プロジェクトの中止を発表した。背景には、ナジブ・ラザク（Najib Razak）前政権期（2009～2018年）に急速に進んだ中国傾斜に対する強い警戒感があった。また、政府系投資ファンド「1Malaysia Development Berhad: 1MDB」の巨額負債問題とそれに絡む深刻なスキャンダルの渦中にあり、さらにそれらの追求から逃れるために強権的な政治手法を行使するナジブ首相を、中国からの資金援

助が延命させているとの見方もあった。

　「一帯一路」について国際社会では、返済能力を超えた過剰な対中債務に開発途上国が困窮し、さらに返済不能に陥った国の資源や港湾などが中国に差し押さえられるといった、いわゆる「債務の罠」のリスクが批判的に論じられるようになってきた。マハティールもかねてよりこの点を懸念し、前政権による「一帯一路」への過度な関与と不健全な依存の見直しを訴えていた[2]。そのような中でのこれらプロジェクトの中止発表は、92歳で再登板し国際的にも影響力の強い老練政治家の決定として、国内外で広く耳目を引いた。親中派政権から対中慎重姿勢を示す野党へのこの政権交代が、中国マネーへの安易な依存に警鐘を鳴らし、ひいては「一帯一路」が牽引する中国主導の秩序形成の流れに待ったをかける転換点となるかもしれないとの関心から注目されたのである。

　しかし実際には、プロジェクト中止後も中マ両国は交渉を続け、2019年4月の第2回「一帯一路」フォーラム直前に、マレーシアは中止したプロジェクトの再開を発表した。中国が「債務の罠」との悪評を払拭しようと念入りに準備し、一方マハティールがマレーシア首相として初めて出席する国際舞台を前に、両国は歩み寄り、互いに利のある「ウィン・ウィン」の交渉をまとめてプロジェクトの再開を決めたのである。さらにマハティールはこのフォーラムの中で、「一帯一路」を全面的に支援するとまで明言した。急速な中国傾斜に至ったナジブ政権から、政権交代によって、「新たな植民地主義的状況は望まない」[3]と中国に警告するマハティール首相が担う政権へと移行したマレーシアだが、結局、新政権も中国の戦略に同調し協力を仰ぐ道を選んだ。

　ではなぜ、スキャンダルも絡む前政権の対中依存によって「債務の罠」に陥りかけ、それに危機感を持った反対勢力が総選挙で政権交代を果たしたマレーシアでさえもが、引き続き「一帯一路」に頼ろうとするのであろうか。それに答えるためには、開発途上国が一般に抱える背景とマレーシア固有の状況との両方を考える必要があろう。

　これらについて考える際に考慮すべきもう一つの「罠」がある。「中所得国の罠」である。マレーシアは、外資を積極的に取り込む開発戦略で経

済発展を遂げ、1980年代で早くも上位中所得国に位置付けられた。1990年代以降は「2020年までに先進国入り」をスローガンに高所得国への移行を目指してきた。しかし、労働コストが上昇する中で生産性の向上や産業構造の転換が進まずに成長率が低下する、いわゆる「中所得国の罠」に陥った。

　この状況の克服には政治経済の構造改革や資金と技術の大規模な注入が不可欠とされ、ナジブ政権の初期には新たな成長戦略が打ち出された。その際、海外からの資本と技術の導入については、かつて頼りにした日米欧の先進国がリーマン・ショック後の低迷にあえぐ中、資金力と技術力の向上を伴って目覚ましい発展を遂げる中国が、その協力国として有望視されたのである。マレーシアの中国傾斜はこうして始まった。ここまでは、資本と技術を渇望する開発途上国と、そのニーズに応えられる大国となってさらに覇権を目指す中国との組み合わせとして、マレーシアに限らず世界各地でみられる時代模様といえる。

　一方、マレーシア固有の展開はその後に起こる。2015年に1MDB問題が表面化し、同ファンドの巨額負債問題とそこからナジブ首相や親族などに流れた不正資金のスキャンダルが、ナジブ政権が中国と進める大型プロジェクト、ひいては同政権の対中依存体質と結びついているとの疑惑が発覚したのである。2018年の総選挙では、同スキャンダルとそれを強権によって封じ込めようとするナジブ首相への不信感を大きな要因として政権交代が起こった。さらに政権交代後の展開にもマレーシア独特の政治経済状況が反映している。ナジブ政権を厳しく糾弾して政権の座についたマハティール新首相は、前政権の不正の後始末に筋道をつけた後、折から米中「新冷戦」の構図が鮮明になる中で、対米関係の強化ではなく中国重視の道を選択したのである。「一帯一路」に関与するリスクを十分認識しながら、あえて中国依存の道を選ぶ新政権の決定に、現在のマレーシアの対中政策が抱えるジレンマがうかがえる。

　同国に限らず、このようなジレンマを抱えながら中国と向き合い、「一帯一路」プロジェクトを立ち上げる、もしくは継続する開発途上国は少なくなかろう。それらの国々には、日米欧など国際社会の一部にある「一帯

一路」への批判的・警戒的な認識や評価とは異なる観点や戦略、または単に反中・親中の区別では割り切れない複雑な事情が、それぞれに内在しているものと考えられる。

　本章では、「一帯一路」関連のプロジェクトの資金規模が東南アジア諸国の中でもとりわけ拡大しており、また中国にとっても戦略的に重要度の高い案件を多く抱えたマレーシアに焦点をあて、同国がいかなる背景と過程で「一帯一路」に深く関与するようになったか、それらがどのような内容や特徴を持ち、いかなるメリットやリスク・問題点を含んでいるかを検討する。さらに、民主主義が機能して実現した2018年の政権交代が、中国への認識や政策にどのような影響を及ぼしたかを分析していきたい。

　なお本章では「一帯一路」を、中国が貿易・投資の拡大とエネルギー資源の安定的な調達を目的として、中国とヨーロッパとの間を結ぶ連結性の高い交通インフラの整備と中国企業の海外進出を政府主導で促進する構想、戦略、政策と捉える。

1. 対中経済関係の拡大──中国への依存が進む貿易と投資

　ASEAN諸国にとって貿易相手国としての中国の地位は過去10年間で急上昇し、多くの国で貿易相手国のトップを中国が占めるようになった。また、海外からの投資額でも中国のシェアは高まり、2010年代には各国で中国が上位に食い込んできた。マレーシアはその中でも貿易相手国の中国シフトがとりわけ急速に進んだ国である。2006年の輸出入の合計額で比べた貿易相手国のランキングでは、第1位：アメリカ、第2位：シンガポール、第3位：日本、中国は第4位であったが、3年後の2009年までに上位3国を追い越して中国が第1位に躍り出た。その後も中国の首位は変わらず、2016年の順位は、第1位：中国、第2位：シンガポール、第3位：アメリカ、第4位：日本であった。この10年間でマレーシアの対中貿易額の伸びは約2.5倍と圧倒的に高く、微増に留まる対日、対シンガポール貿易との差は歴然としている。逆に対米貿易は10年間で減少に転じ、貿易相手国としての地位が米中間で大きく逆転したのである[4]。また、中

国にとっても、2016年にはマレーシアがASEAN諸国内で最大の貿易相手国となった。

　一方、中国からマレーシアへの対外投資は、2001年の中国のWTO加盟や同国の「走出去（Go Global）」戦略のスタート以降に徐々に増え始めるが、その伸びは貿易額に比して長らく低水準に留まっていた。しかし、2013年に「一帯一路」構想が表明されてから、その額は目に見えて増加した。外国直接投資（FDI）でみると、2008年の段階で中国からマレーシアへの投資額は全体の0.8％に過ぎなかったが、2016年には14.4％へと急増し、同年に日本からの投資を追い越した。ただし、「一帯一路」プロジェクトは明確に投資統計に反映されるFDI以外に、政府間の借款（融資）として中国の国有企業から資金供給される部分を多く含んでいるため、近年の中国からの資金流入は実際にはこの値よりさらに大きい（Tham 2018）。

　このように、中マ経済関係は、中国の経済成長やそれに伴う両国間の生産ネットワークの拡大などにより、2000年代に入ってまず貿易量の急速な増加が起こり、その後「一帯一路」が具体化する中で中国からの投資が急拡大してきたのである。

2. 中国傾斜への道――ナジブ政権による「一帯一路」への積極関与

(1) 対中経済関係緊密化の過程

　ナジブが首相に就任した2009年は、中国がマレーシアにとって最大の貿易相手国となり、中マ間の経済関係が緊密化に向かっていた時期にあたる。本節では、ナジブ政権下でマレーシアの対中経済依存が急速に進む過程を、経済的・政治的背景、「一帯一路」関連のプロジェクトの特徴などに注目しながら検討する。

　1980年代以降のマレーシア経済は、日本を中心とする先進国からのFDIと現地の安価な労働力とが結びつき、製造業の発展と輸出の拡大がもたらされることで目覚ましい発展を遂げた。しかし、1人当たりのGDPが1万ドルに近づくにつれ、労働コストの上昇に対して生産性の高い産業への転

換が追いつかずに経済成長率が低下していく「中所得国の罠」にはまっていった。同国は東南アジア諸国の中でも「中所得国の罠」にかかった典型とみなされるようになった（末廣 2014）。そしてその傾向は、リーマン・ショックによる先進国からの投資の落ち込みや先進国向け輸出の不振によってさらに加速された。

　ナジブ首相は就任早々、この構造的な「罠」と折からの世界的不況による成長鈍化からの脱却を迫られた。2010年には、2020年までの開発計画として「新経済モデル（NEM）」を策定し、マレー系民族を優遇してその経済的地位向上を目指す従来のブミプトラ政策を見直して経済の効率化と生産性の向上を優先する経済体制への転換を図るとともに、製造業の高度化やより高付加価値な産業の創出を目的とする成長戦略を打ち出した。しかし、ブミプトラ政策の見直しはマレー系からの強い反対にあってまもなく腰砕けとなり、成長戦略にも決定的な新機軸は見出せなかった。結局、引き続き資本の投入量を増やす以外に得策はなく、そのためにナジブ政権が頼りにしたのは、かつて依存した先進諸国ではなく、2桁成長を続ける中国であった。

　ナジブ首相は、就任直後の2009年6月に経済閣僚や財界人を多数引き連れて訪中し、中国からの投資誘致のために積極的な経済外交を展開した。中国もナジブ首相を手厚く迎えた。この時の胡錦濤国家主席との会談で両首脳は「戦略的協力のための共同行動計画」に調印したほか、同年11月の胡主席の来マ時には貿易のみならず教育、科学技術、観光など幅広い分野での交流促進に合意した。また、相互の投資促進のために、両国企業の合弁事業として中国の欽州とマレーシアのクアンタンに姉妹工業団地を建設し、そこに互いの国の企業を誘致し合うプロジェクトをスタートさせた。さらに、情報通信（IT）分野での人材開発やインフラ整備のために、ファーウェイ（華為技術）やZTE（中興通訊）など中国のIT企業がマレーシアに進出する契約も、この時期に初めて結ばれている（『アジア動向年報』2010年版; 小野沢 2017; Tham 2018）。

　両国の交流は、2013年3月に習近平政権が正式に発足してからさらに加速した。習国家主席が「一帯一路」構想の一部をなす「21世紀海のシル

クロード計画（「一路」）」を最初に発表した直後にマレーシアを訪問すると、ナジブ首相はただちにこの構想を支持し、さらに両首脳は中マ関係を軍事協力をも含む「包括的・戦略的パートナー」へと格上げした。これ以降、「一帯一路」プロジェクトとして位置付けられる事業がマレーシアで次々と立ち上げられるようになる。

2015年11月の李克強首相の訪マ時には、貿易・投資促進の相互協力を幅広く含む覚書が結ばれた。それらは鉄鋼・造船、IT・人工頭脳（AI）、電力、鉄道、姉妹工業都市、港の連携、登録商標、知的財産の8分野に及ぶ。さらに翌16年10月末のナジブ首相訪中時に、その覚書を具体化した14件の大規模インフラ整備プロジェクト（総額1,440億リンギット：約3兆9,000億円、2018年の平均値で1リンギット＝約27円、以下リンギットはRMと略す）の契約が、ナジブ、李克強両首相立ち合いの下に両国企業間で署名された。一般にマレーシアでは、この時のプロジェクトを「一帯一路」プロジェクトということが多い。鉄道、港湾、不動産、鉄鋼、金融、IT、電子商取引、太陽光発電、製薬などの分野を広範にカバーしており、東海岸鉄道（ECRL）建設、首都クアラルンプールの「バンダル・マレーシア」開発、マラッカ・ゲートウェイ計画といった同国での「一帯一路」の目玉事業が含まれていた（小野沢 2017; *The Star online*, 1 November 2016）。

このように、両国政府は首脳間の相互交流を重ね、それぞれに政府と産業界が一体となって経済交流を進めていった。特にマレーシアは、習政権による「一帯一路」の推進に合わせて「海のシルクロード」の要衝に位置するマレー半島部の東西沿岸地域に、中国の政府や企業から資金提供を受けた大規模プロジェクトを次々と立ち上げ、それらが国営と民営を含めた中マ両国企業の合弁で進められた。また、「一帯一路」関連以外でも、長らく国民車生産を担いながらも経営難に陥っていたプロトン社の株式49.9％を、中国の吉利汽車が買い取る（2017年）など、大規模な戦略的投資がみられた。成長戦略の糧となる開発資金の需要が高まるマレーシアにおいて、豊富な外貨の蓄積を背景に気前よくオファーされる中国からの融資や投資は、ナジブ政権にとって大いに有用であったといえよう。こうして、中国一辺倒ともいえる投融資導入策が進められていったのである。

(2) 「一帯一路」プロジェクトとその特徴

　マレーシアにおける「一帯一路」プロジェクトの個別の内容や参加企業および投資形態については文末の表で示した。これらプロジェクトについては、小野沢純が2017年の論文で詳細に取り上げて分析しており、本稿の表も同論文内のプロジェクト一覧を基にしている（小野沢 2017）。「一帯一路」プロジェクトについては正式な定義や規定はないが、本稿では、中国の政府と企業が関与し、何らかの形で「海のシルクロード」を繋ぐ地理的な広がりや連結性を持った事業で、交通・輸送・ITのインフラ整備、都市・資源・産業の開発といった戦略的分野にかかわる案件をその範疇に含める。

　表10-1（246頁に掲載）に示されているプロジェクトをみると、南シナ海とマラッカ海峡の沿岸に位置する港湾や工業団地の建設・拡充、首都クアラルンプールの再開発やそこでのIT・AI産業の拠点づくり、さらにそれらを結ぶ鉄道網やハブの建設などに特に多くの事業があてられていることがわかる。これらプロジェクトは、この地域での中国の戦略的ニーズ——東南アジア諸国との間の貿易量の急増や中東・アフリカとのエネルギー資源取引の拡大に伴う海上輸送量の急拡大[5]に対応するための輸送インフラの拡充や運搬ルートの多様化、ならびに欧米から規制を受けるようになった中国のIT・AI関連企業の進出先の多様化——を強く反映している。

　以下に、これらプロジェクトの中でも規模の大きい二つの事業を取り上げて内容を検討したうえで、両国にとっての戦略的意味やマレーシアにとってのリスク要因について考えていきたい。

① 東海岸鉄道（ECRL）建設プロジェクト

　東海岸鉄道建設は、2016年に両国間で合意された14件の大型プロジェクトの中でも最大級であり、「一帯一路」の戦略性を最も反映している事業といえる。総延長600kmを超える旅客と貨物運搬用の鉄道敷設計画で、その路線は、マラッカ海峡に面したクラン港（国内最大の貨物取扱港）を西の起点にマレー半島を横断して東海岸最大の港であるクアンタン港との間

を結び、さらに南シナ海に面した海岸に沿って北上し、東海岸最北の都市コタバルを経てタイ国境に近いトゥンパット港に至る。総工費550億RM（計画立案時）の85％を中国輸出入銀行からの借款でまかない、工事は中国交通建設集団（CCCC）が請け負う。資材と労働力も多くが中国から調達される（*New Straits Times*, 4 August 2019；小野沢 2017）。

　マレーシア政府は、この鉄道建設によって発展が遅れている半島部東海岸の開発が促進され、また沿線の都市と地方との開発格差が削減されると国内的利点を挙げた。ただし、実際に重視されたのは国内要因よりも中国との経済関係や「一帯一路」への協力といった対中配慮であろう。マレーシアにとっても東南アジアのハブ港の地位を狙うクラン港とクアンタン港が鉄道で結ばれて価値が高まる効果が期待されるが、より広域で連結性の強化を目指す中国にとってはさらに大きな戦略的意味がある。つまり、マラッカ海峡と南シナ海を繋ぐ陸路の大量輸送ルートが開かれると、従来のシンガポール沖を回る海路を短縮できる可能性が生まれ、またマラッカ海峡経由の輸送に多くを依存するリスクを分散できる。また、この鉄道建設は同じく中国企業が出資・建設するクアンタン港の拡張事業と組み合わされており、中国企業による「マレーシア・中国クアンタン工業団地」建設への合弁参加や同工業団地への進出（金属加工、石油製品生産、パーム油加工など）ともリンクしているため、中国側にとって高い相乗効果が期待できるのである（本図 2016；Lye 2018a）。

　このように、東海岸鉄道は完成すれば中マ双方にメリットがあるが、総じて中国側により大きな戦略的価値が予想される。マレーシアは、中国政府（中国輸出入銀行経由）からの巨額融資を受ける代わりに中国国有企業によるフルセットの建設請負（技術、資財、労働力などを中国から持ち込む方式。地元への経済波及効果が低い）を受け入れることになる。また、先進国の政府開発援助（ODA）に比べると高金利（3.25％）で短い返済期間（7年据置で20年返済）の融資条件であるうえ[6]、開通しても採算が見込めないとの試算もあることから[7]、将来にわたって巨額融資の返済が重くのしかかるリスクもある。

②「フォレスト・シティ」開発プロジェクト

「フォレスト・シティ（Forest City）」開発とは、シンガポール・マレーシア間の海峡を埋め立てて人工島を造成し、そこに環境重視型の先進都市を建設するという巨大開発事業である。中国の不動産開発大手の民間企業カントリー・ガーデン社（Country Garden, 碧桂園）が投資・建設・運営のほぼすべてに携わる。総工費1,050億RMの20年計画で、完成すれば4島からなる20万km^2（新宿区よりやや広い）の埋立地の上に高層住宅、オフィスビル、リゾート施設、インターナショナルスクール、先端医療施設などを備える人口70万人の一大都市が生まれる。巨大プロジェクトとはいえ中国の民間企業によるFDI事業であり、その点で中国の政府や国有企業が直接関与する他の多くの「一帯一路」事業とは異なる。

　筆者は2017年と18年に現地を視察した。18年3月までに4島のうち1島の埋め立てが完了し、同島に建設予定の約100棟のコンドミニアムのうち数棟が完成、数十棟が建設途上にあった。展示販売会場には中国本土からの中国人とシンガポール、マレーシアの華人が多数見学に訪れており、第1島の予約販売分1万6,000戸はほぼ完売していた。営業担当者として働く約200人は大半が中国本土からの出張者で、ほぼ中国語だけで仕事をしており、中国人と華人を主たる対象顧客としている。実際に物件購入者の約6割が中国本土の中国人だという[8]。

　開発企業の関係者は、このプロジェクトを完全な民間投資だとして中国政府の関与を否定したが、他方で「一帯一路」や「走出去」など中国の海外戦略には沿っており中国政府の推奨事業だと述べる。現場では中国の国有建設企業である中国建築（CSCEC）が建設作業を請け負い、また建設作業員の4分の1が中国からの労働者とのことであった。一方、マレーシア側は、ジョホール州のスルタンが当該海域の開発権を同社に与え、州営企業が合弁で参加している。またこのプロジェクトは、シンガポールの経済発展モデルを越境して引き込む狙いを持つジョホール開発「イスカンダール計画」の一環であり、同計画を推進するマレーシアの連邦政府も税制や不動産取得権などで優遇措置を与えている。2016年3月のオープニング式典にはナジブ首相も参加して連邦政府の支援を約束した（金子 2017）。

このように、同プロジェクトは民間主体とはいえ中国企業の海外進出を促進するという「一帯一路」の柱の一つに合致する。ナジブ政権下のマレーシア政府は、中国からの長期にわたる大規模FDIに加えて領土の拡張も見込めるこのプロジェクトを歓迎した。一方、このプロジェクトは他とは異なり、マレーシア国内の政治・社会的問題に波及しかねない要素を含む。埋立地はマレーシアの領土に組み入れられるが、フォレスト・シティの不動産購入者には外国人でも所有権が付与される特典があり、加えて同国には10年以上の国内居住歴があれば永住権を申請できるとの規定があるため、この計画の先には中国人による大量移住の可能性もある。建国以来マレー系民族と非マレー系民族（特に華人）のバランスと融和の努力の上に成り立ってきた国だけに、同事業は投資の経済効果のみならず、政治・社会的な影響に関するリスクも内包している。

(3) 中国傾斜の非経済的要因── 1MDB問題

「一帯一路」への積極的関与にみられるナジブ政権下での中国傾斜の急進ぶりについて、これまで両国の経済戦略を中心にみてきたが、ここではナジブ個人に由来する要因に触れておこう。まず一つは、ナジブの父である第2代首相アブドゥル・ラザク・フセイン（Abdul Razak Hussein）と中国との関係である。1970年に首相に就任したアブドゥル・ラザクは、マレーシア外交における従来の反共、反中国姿勢を改め、共産主義には反対するものの国家間の友好は別として全方位・善隣友好外交を推進し、1974年にASEAN諸国の先頭を切って中国と国交を樹立した。中国は、外交上しばしば引用する「井戸を掘った人を忘れない」という故事のとおり、中マおよび中・ASEAN友好の功労者を父に持つナジブ首相を厚遇した。ナジブもその関係を外交資源として活用し、対中関係の緊密化を図っていった。

もう一つは、ナジブ首相が当事者として関わる1MDB問題への対応をめぐる中国政府・企業との関係である。1MDBはもともとトレンガヌ州の石油収入運用のために2008年に設立された州営投資公社であったが、首相兼財務相に就任したナジブが主導して2009年に財務省直轄の国営投資会社とし、自ら顧問委員会の長に就いた。同社は国内産業の活性化・多様化

のための戦略的投資を目的に、国内外でエネルギー、不動産、都市開発、観光などの分野で大型投資を展開した[9]。この1MDBに関する第1の問題は、同社が乱脈経営の結果、2014年3月時点で420億RM（GDPの十数％）もの巨額債務を抱えるに至ったことである。

　さらに第二の問題は、1MDBの巨額負債の原因の調査中に発覚した不正資金流用疑惑である。2015年7月に米ウォール・ストリート・ジャーナル（*WSJ*）紙が、1MDBからナジブ首相の個人口座に26億RMが流れた疑いがあると報じた（*WSJ*, 2 July 2015）。この疑惑は調査が進むにつれて、首相の親族やその関係者（特に華人実業家ジョー・ロウ：Low Taek Jho）が絡む公金横領や世界でも稀に見る大規模な国際的マネーロンダリング事件へと拡大し、国政を揺るがす一大スキャンダルとなった。首相の個人口座に入金された資金は、私的流用のほかに選挙資金などとして当時の与党連合（BN）の中核政党、統一マレー国民組織（UMNO）やその指導者などに振り込まれていた事実も明らかになった（『NNA』2019年6月24日）。

　国内外からの激しい批判に晒されたナジブ首相はその後、様々な強権的手段を講じて強引にこの問題の封じ込めを図っていった。またナジブは、経営難に陥った1MDBの破綻回避にも動いた。この時、1MDB救済の助け船を出したのが中国であった。

　中国が直接関与したとみられる1MDB救済の動きとして以下の件がある。2015年11月に1MDB傘下で国内外に多数の発電所を所有するエドラ・グローバル・エナジー社の全株式（98.3億RM）を中国の発電大手である中国広核集団（CGN）が買い取った。また同年12月には、1MDBが政府から安価（4億RM）で購入した空軍基地跡地を開発する「バンダル・マレーシア」プロジェクトの開発会社の株式60％を中国中鉄（CREC）とマレーシア国有企業のコンソーシアムが買い取った（この契約は2017年に撤回されたが、2019年に再契約された）。上記の中国企業絡みの買い取り額はいずれも相場より割高だったといわれる（『日本経済新聞』2015年12月31日；*The Star Online*, 26 April 2019）。さらに、1MDBが主体となって唯一完成させた都市開発事業「TRX」（表参照）も、中国国有企業が融資と建設請負で参加している。この他に、直接的な救済ではないが、前述の東海岸鉄道や2件の石油・ガス

パイプラインの建設（表参照）のための中国からの融資が1MDB救済の目的で一部流用された疑いが指摘された（*BBC News*, 16 July 2018）。

(4) 民主化の逆行と「債務の罠」のリスク

　上記のように、マレーシアの中国傾斜は、単に両国の国益に沿った開発戦略と経済合理性に基づくウィン・ウィン関係の結果とは言い難い面がある。つまり、ナジブ首相が、中国の政府・企業との間で特殊な関係を築き、国内の政策運営から私的な便宜にまで及ぶ中国の関与を許し、かつ両者がそれを利用することで両者が癒着していた面が見受けられるのである。では、そのような関係を結ぶことがなぜ可能になったのだろうか。

　この点はマレーシアと中国それぞれの要因を見ていく必要があろう。まずマレーシアであるが、同国は独立にあたって英国型の議会制民主主義制度を導入し、それを実体化する機構も整えられた。しかし1970年代以降、安定した強力な政府・与党が求められ、一党支配型のいわゆる開発独裁体制の下で権威主義的な統治手法がとられるようになった。特に第1期マハティール首相時代（1981～2003年）にこの傾向が強まる。

　この体制下で急速な経済発展が進んだが、1997年のアジア通貨危機を境に批判も強まり、野党勢力が伸張する。元来選挙への社会的正統性が高い同国では、選挙での野党への対抗上、政府・与党も次第に民意を意識した政策を模索するようになり、革命的な民主化を経ないまま、漸進的ながら「上からの民主化」が進むようになった。ナジブ政権においても、2013年の総選挙までの前半期はその過程にあったといえる（金子 2014b）。

　しかし、このような政治発展の過程においても、長年の一党支配体制下で進んだ権力の集中、特に首相権限の強大化は容易に是正されなかった。ナジブが陥った国内政治の罠がここにある。例えば、ナジブ政権期の政策立案・実施過程をみると、「一帯一路」関連事業については、通常は対外的な経済協力を担当する経済企画庁（EPU）ではなく、首相直属の総理府が主導していた。つまり、既述のように中マ首脳間の頻繁な直接交渉の中で次々と「一帯一路」の事業が合意・決定され、それらを首相主導で推進できる運営体制となっていたのである（小野沢 2017）。また、財務省直轄の

1MDBの運営や救済も、財務相を兼務し、顧問委員会の長を務めるナジブ首相に裁量権が集中する仕組みであった。

　さらに、2015年7月に不正資金のスキャンダルが公然化するとナジブはそのもみ消しに動いた。国内で捜査に当たる政府機関（司法省、反汚職委員会、警察、中央銀行）に対して首相の人事権を行使して責任者を入れ替えるなど骨抜きを図り、また与党内の反ナジブ派の締め出しや市民社会への統制強化を行って批判の抑え込みを図った。さらに、後述のように2018年の総選挙前にはなり振りかまわぬ野党潰しが行われた。つまり、それまでの漸進的民主化過程への明らかな逆行が見られたのである。これらの結果、首相の地位はかろうじて維持されたものの、スキャンダルそのものへの批判を含め、欧米諸国を中心に国際社会から厳しい非難を浴び、ナジブ政権は国際的な孤立を深めることになった。

　一方、このようなナジブ政権に対して、中国はむしろ積極的に関係緊密化を図り、関与と影響力を強めた。中国は一般に、他国への援助や投融資に際しては内政不干渉を唱えており、相手国の民主化度合いや政策決定過程の透明性などをチェックする欧米諸国の姿勢とは明らかに異なる。さらには、相手国の政権が抱える弱点や脆弱性、先進国や国際機関からの支援が期待できない要素などを巧みに突いて「貸し」をつくり、時には安全保障など別の面をも含めてその代償を求めるといった関係づくりを意図的、計画的に行ってきた面がある。中国の政府や企業から各国の有力者に公式ルート以外に、非公式または個人的なルートでコンタクトし、既存の国際的な規範、原則、ルールを迂回することで、むしろ各国の政権や政治指導者の現実的ニーズに即応するようなプロジェクトのオファーが可能になる。

　一方、開発途上国の政権の中には、国内の政治・社会問題などには口を出さず、また先進諸国や国際機関に頼るよりも手っ取り早い——融資条件などが一見緩く、決定・実行がスピーディーな——中国からのプロジェクトのオファーをむしろ好み、その有効性、経済性、透明性などを吟味せずに受け入れるケースがみうけられる。それが「債務の罠」への陥りやすさに繋がっている面は否めない（金子 2017）。

　これまでにみたとおり、ナジブ政権期のマレーシアにもこのパターンが

当てはまる。中進国として一定の債務返済能力を持つマレーシアの場合、「債務の罠」に陥る蓋然性は実際には低いが、「中進国の罠」から脱するための明確なビジョンと政策を欠き、かつ首相レベルのコンプライアンスが大幅に欠如するこの時期の体制は、「債務の罠」への陥りやすい要素を抱えていたといえよう。実際に中国は、1MDBの不正で国際的な批判に晒されていたナジブ政権を救済し、その体制を是正させるのではなくむしろ継続・延命させる方向で関与しており、同政権もそれに依存していたのである。

3. 政権交代後の対中政策──マハティール政権の対中国観と開発戦略

(1)「一帯一路」プロジェクトの見直し

2018年5月の総選挙で、野党連合「希望連盟（PH）」が事前の予想を覆して与党連合を破り、建国後61年目にして初の政権交代が起こった。ナジブ首相は、上記のように自らの汚職疑惑に対する国内の捜査を骨抜きにして追求を逃れたほか、選挙前には政府・与党批判を抑えるために反フェイクニュース法を制定し、またマハティール元首相が打倒ナジブを掲げて結成した野党「マレーシア統一プリブミ党（PPBM）」の活動停止を命じるなど強権的な野党潰しの手を講じたが、結局、国民の間で募った同首相への強い不信感に押し潰された。つまり民主主義が機能したのである。野党連合の会長として選挙戦を闘ったマハティールは、新政権の首相に就任すると1MDBの不正疑惑の捜査や政府債務削減の検討を皮切りに、公約に挙げた改革を矢継ぎ早に実行していった[10]。

その公約の重要10項目の中に「外国が受注した大型事業に関する詳細な調査」があった。この大型事業とは中国企業が融資または請け負った「一帯一路」プロジェクトを指しており、それらへの評価はナジブ政権の中国一辺倒の経済外交への評価とともに総選挙の争点となった。マハティールは、2016年2月にUMNOを離党する以前から、彼自身のブログ（Che Det）などでの言論活動を通して1MDBの巨額負債と不適切な運営に

ついて再三訴えていた。首相の不正資金疑惑が表明化してからは、その隠蔽を図る政府機関の言動とともに、国益を毀損する行為として厳しく糾弾し、ナジブの首相辞任を求めて世論を喚起していた。さらに、同政権下での中国からの大規模な投融資の流入にも批判の目を向けてきた。

　例えば、東海岸鉄道や高速鉄道の建設については、割高な中国からの資金を大量に借り入れて中国企業に建設を請け負わせ、巨額の政府債務を将来に残すとともに国家の独立性を失わせるものと非難し、またフォレスト・シティ開発については、マレーシアの土地を外国人に売却し、そこに大量の移民が流入して地元の産業を脅かすような事態は容認できないと主張していた[11]。

　このような主張は、新政権発足後に一部の「一帯一路」プロジェクトの見直しを行い、その中の東海岸鉄道、高速鉄道、二つのパイプラインの建設プロジェクトを中止または延期するという形で実現した。これら事業のうち二つの鉄道建設は投資額が1、2番目の規模であり、また高速鉄道を除く3件は、見直しの過程で1MDB救済のために投資資金の一部が流用された疑いが指摘された案件であった。2018年8月に新首相として初めて訪中したマハティールは、習主席、李首相と会談し、財政再建の必要性を理由に東海岸鉄道と二つのパイプライン建設を中止する方針を伝えた。中国側もこれに理解を示したという（『日本経済新聞』2018年8月20日、21日）。高速鉄道に関しては、シンガポール政府との合意のみで財源確保や入札の段階に入っていなかったため、両国政府間の協議によって2020年5月までの計画延期とそれに対するマレーシアからの賠償金の支払いが決まった。

（2）新政権の対中政策と対中国観

　マハティール新政権の対中政策については、前政権の中国への過度な依存に対する厳しい批判や上記プロジェクトの中止決定などから、中国とは距離を置く方向で政策転換がなされるとの見方が強かった。しかし、マハティールは選挙前のナジブ批判の最中にあっても、「他の国からの投資と同様に、中国からの投資も間違いなく歓迎する。反対するのは中国からだからではなく、その中身に問題があるからだ」（Mahathir 2017）と、むしろ

自ら「反中国」ではないことを主張していた。2018年8月の訪中時にも「訪中の趣旨は中国への友好政策は不変だと表明すること」と述べている（『日本経済新聞』2018年8月20日））。

　中国首脳との会談では、中止を表明したプロジェクトについても引き続き協議を続ける余地を残し、また両国間の貿易拡大やバイオ燃料の共同開発、さらに自由貿易体制の維持に協力することなどで合意している。中国側もマハティール首相を手厚く迎え、米中対立下にあってトランプ米政権への牽制も意識してか、マレーシア重視の姿勢と良好な両国関係を強くアピールした。さらにこの訪中期間にマハティールは、前政権時代にマレーシアに大規模な投資を行った吉利汽車（国産車メーカーのプロトン社と提携）とアリババ集団（IT部門でマレーシアに積極的に投資）を自ら訪問し、両社の社長と協力拡大について協議している（同上）。

　このような言動から、中国の経済的台頭とその圧倒的な影響力を現実として受け入れ、戦略的視点から国益に合致する協力を主体的に選んで推進していくマハティールの対中姿勢がうかがえる。このような対中国観は、彼の第1期首相時代の1990年代に形成された。そもそもマハティールの対外観の根底には、欧米的価値観（欧米型自由民主主義、欧米的人権概念など）の絶対視や押し付け、さらに欧米主導の国際秩序形成などへの反発があり、開発途上国は欧米先進国の植民地主義やその名残から解放され自立すべきとの持論がある（金子 2014a）。

　中国については、国内の華人への対抗意識から芽生えたマレー民族主義を糧に政治の道に入ったマハティールにとって、当初は嫌悪や脅威の対象でしかなかった。しかし、冷戦崩壊以降、中国訪問を重ねて同国の現実を知り、経済成長の潜在力を高く評価するようになると従来の中国脅威論を撤回して、むしろ中国との友好協力に高い優先順位を置くようになった。自ら政財界の代表団を引き連れて中国詣を繰り返し、対中経済外交を先導した。また、1990年にアジア諸国のみによる初の地域協力枠組みである東アジア経済協議体（EAEC）構想を最初に中国に向けて提案し、その後も中国を含めた地域統合を主張してきた[12]（金子 2014a）。政権交代後の対中政策を分析する際、このような首相の対中国観はヒントになる。

(3)「一帯一路」プロジェクトの再開と先端技術への関心

　上記のようなマハティールの対中国観とマレーシア政治・経済の現実の上に、新政権の政策は2019年4月に新たな展開をみせた。マハティール首相は、北京で開催された第2回「一帯一路」フォーラム（2019年4月25〜27日）に合わせて2度目の訪中を果たし、「一帯一路」への全面的協力を表明したほか、中国政府との間で新たな三つの協定に調印した。そのうちの二つは「一帯一路」プロジェクトの再開に関するものであった。

　一つ目の協定は、前年に中止した東海岸鉄道プロジェクトの再開についてである。事前交渉の中で、当初の建設費用655億RM（再査定後の試算）を440億RMに削減すること、また中国からの作業員や建設資財を使うため地元への還元が少ないとの批判を受けて、再委託（下請け）会社の約4割をマレーシア企業に割り当てることが合意された。当初の契約内容をマレーシアに有利に変更するという譲歩を中国から引き出した点で画期的であった。

　二つ目は、ナジブ政権時代に1MBD問題との絡みもあって中断していた「バンダル・マレーシア」開発プロジェクト（表8-1参照）の再開である。これは首都クアラルンプール南部の大規模再開発事業で、完成すれば中国南部と東南アジア地域を縦断する交通網（中国の昆明とシンガポールを鉄道で結ぶ南北回廊など）のハブにもなる。中止前とほぼ同じ条件で中国国有企業が融資と建設で参加することになり、さらにファーウェイとアリババ集団がここに進出する可能性もある。シンガポールとの間の高速鉄道（2020年5月まで計画延期）の始発駅の設置も想定されており、高速鉄道の受注を目指す中国側の関心は高い（Lye 2018a;『日本経済新聞』2019年4月12日、19日）。これら二つのプロジェクトは特に戦略性が高いものとして習政権が積極的に推進を図ろうとしていた事業である。

　三つ目の協定は、中国がマレーシア産パーム油を5年間で45.6億RM購入するという大型契約についてである。マレーシアにとっては、生産量の8割を輸出するEUの規制強化によって同地域向け輸出が減少する懸念があっただけに大きな「助け船」となった。ある意味では、二つの「一帯一

路」プロジェクトの再開とセットでのパッケージ・ディールともいえよう（Lye 2018a;『日本経済新聞』2019年3月15日）。

　これら政府間の協定締結とともに注目されるのは、この訪中時に、中国で最高水準のAI技術を持つ民間企業をマハティール首相自身が訪問して回ったことである。同首相は、ファーウェイの北京研究センターを訪れて創業者と会談し、クラウド・サービスやAI技術の都市開発、交通、製造業などへの応用について説明を受け、続いてAI開発や顔認証で名高いセンスタイム（SenseTime: 商湯科技）の北京オフィスを訪問して自動運転、スマートシティ、教育、医療などへのAI技術の応用状況を視察した。そして、センスタイムを含めた企業連合によるマレーシア初のAI工業団地の建設に関する協定に調印したのである（Lye 2018a）。

　マハティール首相は、「米国はいつまでも優越した国ではないという事実を認めるべき」（『日本経済新聞』2019年6月22日）と指摘し、トランプ米政権によるファーウェイ排除と他国に同調を求める圧力に対抗するかのように、ファーウェイはじめ中国のIT、AI企業と積極的に提携関係を結ぶ姿勢をみせた。これはもちろん中国にとっても大きな「助け船」となる。このようなマハティールの動きは彼の対米観、対中国観を反映している面もあろうが、もう一方で「中所得国の罠」を脱するために先進技術を持った企業との提携と当該産業のマレーシアへの導入をできるだけ低コストで実現しようとする政策とみることができる。中国がこれら先端技術の分野で先進国に匹敵する水準に達したことを自ら確かめたうえで、自国への導入を図ろうとする新政権の取り組みといえる。かつて「ルック・イースト」政策として日本の技術や労働倫理の導入を進めたやり方を彷彿とさせる。

おわりに──対中依存から主体的な「ルック・チャイナ」政策へ

　これまで、ナジブ政権が過度の中国依存に陥って多額の債務を積み上げた過程と要因について考察し、また中国傾斜を批判してきた野党への政権交代を経て何が変わり、何が変わらなかったかを検討してきた。最後に、政権交代後の変化とその効果についてまとめておく。

この点を考えるうえでまず最高権力者としての両首相を比べると、ガバナンス能力やコンプライアンスの面で違いは著しい。本章は首相個人の資質の分析に主眼を置いてはいないが、本ケースではこの影響はかなり大きいといえる。特にナジブ首相は、現役時に当事者として巨額の公金横領や国際的マネーロンダリングに手を染めるという前代未聞の汚職事件に関わった。またそのスキャンダルを封じ込めるために強権的手法を多用した。下野後まもなく、同首相はこれらに関する容疑で逮捕・起訴されている（2019年11月時点で公判中）。マレーシアの政治システムが持つ民主主義的要素が機能して選挙による政権交代が起こったのである。この点は、過度な対中依存、ひいては「債務の罠」を回避する重要な分岐点であった。

　ただし、それまでの間に中国の戦略的利益追求への意欲が強くにじむ「一帯一路」プロジェクトを数多く受け入れることになった。もちろん、マレーシアにとっても成長路線へ復帰は喫緊の課題であり、海外からの資金と技術の導入は不可欠であった。しかし、それだけではなく、ナジブ政権下で国益とリスクのバランスが精査されないまま、首相個人の利益・保身や政権保持の目的で、依存先が内政不干渉を掲げる中国一辺倒に傾いていった点は看過できない。中国もナジブ個人および政権の弱みを巧みに突いて利を得た面がある。結果的にマレーシアは、実際のインフラ・ニーズに比して過剰な債務負担を抱えるに至った[13]。

　一方、マハティール首相率いる新政権は、前政権の負の遺産を払拭すべく改革主義的な政策を打ち出した。対中政策については、公約に従って中国が関与する大型プロジェクトの見直しを行い、その一部中止を決めた。国際社会には、これを中国主導の国際秩序構築や同国の覇権主義的傾向に歯止めをかける契機と見る向きもあったが、マハティール首相は中止の理由はあくまで債務削減による財政再建であり、中国からの投資自体は歓迎する姿勢をとった。実際に、数カ月間の交渉の末、建設費用の削減をはじめ契約条件をマレーシアに有利に改訂することを中国側に受け入れさせたうえで、中止した事業を再開させ、おまけに「一帯一路」への全面的支持を表明したのである。

　では、対中姿勢を一つの対抗軸として政権交代したにもかかわらず、な

ぜ中国への傾斜が変わらないのか。いくつかの背景や理由を指摘してきた。中止した場合の違約金・賠償金の支払いや現下の経済低迷といった現実的理由もあろうが、新政権の場合、マハティールの対外観、対中国観の影響を考える必要がある。欧米指向が強く心情的にはアメリカにシンパシーを感じながら、現実即応的なニーズに従って短視眼的に中国傾斜を強めたナジブとは対照的に、マハティールは基本的に欧米（特に米）主導の国際秩序のあり方に不信感を持っており、他方で中国台頭の現実を直視して戦略的な観点から対中友好を維持・促進する姿勢を貫いてきた。この認識と方針は新政権の政策にも反映されたのである。

　この他に中国への期待と傾斜が続くより重要な理由がある。「中進国の罠」から脱して先進国入りするという20年来の課題への取り組みにおける中国の位置付けと活用法である。成長の糧として中国の資本と技術を活用する方針は前政権時代に始まった。ただし、ナジブ政権の特に後半期はスキャンダルにまみれてこの課題にまともに向き合えない状況であった。一方、マハティール政権は発足当初からこの課題に積極的に取り組んだ。ポイントは、IT、AI、高度製造業などの分野で先進技術を持つ中国企業との提携、マレーシアへの誘致、さらに技術移転による地場企業の競争力強化である。これらを中国の政府・企業と組んで比較的低コストで実現することによって、結果として生産性の高い産業を同国に根付かせようという政策である。マハティール自身の中国での「訪問外交」は、アリババ集団、ファーウェイ、ZTE、センスタイムなどへも及び、またプロトン社の経営権を得た吉利汽車とは、電気自動車（EV）の技術移転で提携拡大を進めた（『日本経済新聞』2018年8月18日、11月27日）。中国の先端技術水準が、ファーウェイの次世代通信規格「5G」技術にも示されるように、日米欧の水準に匹敵もしくは上回るとの知見を自ら得たうえで、政府主導で積極的に自国の産業高度化に活用しようとする「ルック・チャイナ」政策といえよう。

　このように、政権交代前後で中国傾斜という外観は同じでも中身はかなり異なる。中国依存のジレンマに対するマレーシアでの政権交代の効果は、中国との「一帯一路」プロジェクトの契約をめぐる再交渉を通して自国に有利な条件を引き出した点、および受動的な対中依存から産業の高度化を

実現するための主体的な政策選択として（先進諸国ではなく）中国の先進企業との提携を深めた点の二つを挙げることができる。もとより、その政権交代を民意によってもたらした民主主義の機能の存在を忘れることはできない。マレーシアの改革はまだ緒に就いたばかりだが、中国との関係においてジレンマを抱える他の多くの開発途上国にとっても一つのモデルとなるのではないだろうか。

表10-1　マレーシアにおける主要な「一帯一路」プロジェクト

分野	プロジェクト	中国の参加企業と参加形態
鉄道	東海岸鉄道（ECRL）建設：総延長600km以上。中国輸出入銀行が融資（85％）、中国企業が建設（総工費650億RM→440億RMに削減）〈＊本文参照〉	中国輸出入銀行（国有）、中国交通建設集団（CCCC：国有）
	西海岸鉄道（WCRL：グマス―ジョホール・バル間197km）の電化・複線化（80億RM）	中国中鉄（CREC：国有）など中国企業3社へ委託
	高速鉄道（HSR：クアラルンプール―シンガポール間）建設：2016年にシンガポールとの間で覚書締結。2018年の政権交代後に2020年5月まで計画延期が決定	（入札では中国企業と日本などの企業による競合が予想される）
港湾	マラッカ・ゲートウェイ開発：マラッカ沖合の三つの人工島に港湾施設（深水港など）、工業団地などを建設する総合開発（430億RM）	中国電信集団（チャイナテレコム：国有）、深圳港（広東省）、日照港（山東省）とマレーシア企業が提携
	クアラ・リンギ国際港（マラッカ州）のコンテナ・ターミナルと燃料備蓄基地の建設（29.2億ドル）（2016年）	中国中鉄（CREC：国有）による融資
	クアンタン港の拡張事業：大型船入港のための浚渫工事（80億RM）	広西チワン族自治区企業（国有）とマレーシア企業との合弁
橋梁	ペナン第二大橋（東南アジア最長：24km）：中国政府が融資（総工費45億RMのうち26億RM）（2008年着工）	中国港湾行程（CHEC：国有）がマレーシア企業（UEM）と提携
埋立工事	ペナンのスリ・タンジョン・ペナン湾岸の埋め立て（23億RM）（2015年）	中国交通建設集団（CCCC：国有）
	クアンタン臨海リゾート都市開発：沿岸埋立てとリゾート開発	中交疏浚（CCCC Dredging：国有）が50％出資
工業団地	中馬欽州工業団地（広西チワン自治区欽州市）建設：MCKIPとの姉妹団地（2011年）	欽州金谷投資（国有）などとマレーシア企業との合弁

工業団地	マレーシア・中国クアンタン工業団地（MCKIP）建設（2012年）	広西北部湾銀行（国有）など（49%）とマレーシア企業（51%）の合弁
	プカン・グリーン・テクノロジー工業団地（GTP）：クアンタン南部の東海岸都市にバイオマス・太陽熱発電所建設（20億RM）（2016年）	中国核建（HXCC：国有）がマレーシア企業と提携
電力	独立系発電会社エドラ社（1MDB傘下）の中国国有企業への売却（98.3億RM）	中国広核集団（CGN：国有）
パイプライン	石油パイプライン（MPP）建設：マラッカ・ケダ間600km（53.5億RM）	中国石油天然気管道局（CPPB：国有）、中国輸出入銀行（国有）が融資（85%）
	ガスパイプライン（TSGP）建設：サバ州横断662km（40.6億RM）	同上
不動産開発	「バンダル・マレーシア」開発：クアラルンプール南部の空軍飛行場跡地（1MDBが政府から購入）の再開発。高速鉄道（HSR）駅、大量高速輸送システム（MRT）ハブ、IT拠点（電子商取引センター等）、オフィスビル、住宅などの総合開発（総額1,400億RM）。	開発主体バンダル・マレーシア社の株式（60%）を中国中鉄とマレーシア企業のコンソーシアムに売却する契約が2017年に白紙撤回。2019年に契約の復活が表明。マレーシア政府が40%出資。
	国際金融特区「トゥン・ラザク・エクスチェンジ」（TRX：クアラルンプール）開発：452mの超高層タワー建設など。1MDBと中国輸出入銀行など中国国有企業との共同開発（総工費35億RM）	中国輸出入銀行（国有）、中国交通建設集団（CCCC：国有）、中国建築（CSCEC）、中国建設銀行（国有）
	「フォレスト・シティ」開発：ジョホール海峡の人工島四つに住宅、オフィス、ホテル、学校などを含む大型総合都市開発（総額1,050億RM）（2015年）〈＊本文参照〉	カントリー・ガーデン（碧桂園：中国民間）による投資
	「3Nvenue」（クアラルンプール）開発：市内2.4万㎡の複合型不動産開発（21億RM）	中国中鉄（CREC：国有）の30%出資によるマレーシア企業との合弁
	サバ州コタキナバルの多目的商業ハブ開発（51億ドル）	中国中鉄（CREC：国有）とマレーシアのTitijaya Land社との合弁事業
	ジョホール臨海都市ダンガ・ベイ複合開発：「イスカンダル計画」の一環（32億ドル）	緑地集団（Greenland Group：中国民間）
製造業	サマラジュ工業団地（サラワク州）に能力500万トンの鉄鋼工場（30億ドル）	河北新武安鉄鋼集団（中国民間）と中冶海外工程（中国民間）

分野	プロジェクト	中国の参加企業と参加形態
製造業	マレーシア・中国クアンタン工業団地（MCKIP）に高炭素鋼棒、線材、H形鋼など能力350万トンの鋼材工場（Alliance Steel社）建設（2014年）	広西チワン族自治区企業（国有）、広西盛隆冶金（中国民間）
	プロトン社の株式49.9%を中国自動車メーカーが取得（2017年）	吉利汽車（Geely Automobile：中国民間）
情報通信（IT）	デジタル自由貿易特区（DFTZ：クアラルンプール）を設立（2017年）	アリババ集団（阿里巴巴集団：中国民間）
	世界電子貿易プラットフォーム（eWTP）設立（2017年）	アリババ集団（阿里巴巴集団：中国民間）
	ロボット未来都市（ジョホール州）構想：ロボット産業のハブ化（150億RM）	新松机器人自動化（Siasun Robot and Automation：中国民間）
水産	マグロ漁業センター（クアラ・クダ）：インド洋漁業基地と加工工場（30億RM）	魯海丰集団（Lu Hai Feng Group：中国民間）

注 ：RM：リンギット、国有：中国の国有企業、中国民間：中国の民間企業
出所：小野沢（2017）を基に、『日本経済新聞』、『アジア動向年報』（各年版）、『NNA Asia アジア経済ニュース』（オンライン）、『ロイター（オンラインニュース）』、*BBC News* (online)、*The Star online* などを参照のうえ一部内容を加筆。

【注】————————————

1)「一帯一路」構想については、本書の「まえがき」において定義、捉え方、認識などを示してあるのでそれらを参照のこと。また本節末尾に簡単な定義を記しておいた。なお本章の記述では「一帯一路」とのみ記した場合には「一帯一路」構想全般を指すこととし、具体的な内容を示す場合にはプロジェクト、戦略、事業といった語を適宜付加して示す。

2) 2008年5月に開設して以来、マハティールの言論活動の中心となってきたブログ *Che Det* <http://chedet.cc> に、国内外の情勢に対する彼の見解が多数掲載されている。*Che Det* は大学時代にシンガポールの *Strait Times* 紙にエッセイを寄稿していた時のペンネーム。

3) 2108年8月の訪中時における中国の李克強首相との共同記者会見の場での発言。マハティールによる「一帯一路」批判との受け止め方もあったが、マハティール自身は後の会見でこの発言は特定の国を指したものではないと述べている。'Transcript of Mahathir Press Conference, Beijing, 21 August 2018', *1 Media.My* <http://www.1media.my/2018/08/transcript-of-mahathir-press-conference.html>

4) 貿易相手国のランキング一覧は、『アジア動向年報』の2007年版と2018年版の国別貿易量の統計を基に作成。

5) 東南アジア諸国の海上輸送に占める中国発着の割合は、2000年の6.1%から2015年

には18.8％へと大きく増加している（本図 2016）。

6）日本の円借款による鉄道関連事業援助では金利は0.1〜1.5％程度で返済期間もより長い。例えば、インドの高速鉄道建設の円借款では、融資総額は全事業費の81％、金利0.1％、返済は15年据置の50年償還となっている（日本国土交通省HP ＜http://www.mlit.go.jp/common/001113197.pdf＞）。なお、総事業費は約1億8,000億円と試算されている。

7）例えば、経済学者のジョモ・スンダラムは採算性の試算に基づいて同プロジェクトの導入に反対した（*Malaysiakini*, 3 May 2018 ＜https://www.malaysiakini.com/news/480348＞）

8）購入者の内訳については諸説ある。2018年12月の『NNA』（アジア経済情報の配信社）の2018年12月の取材レポートによると、売約済み物件の購入者の国籍は、中国（香港含む）約70％、マレーシア約20％、残り10％が22カ国（日本は約1％）とされる。「フォレスト・シティーの今」『NNAカンパサール——アジア経済を視る』No.47、2018年12月号 ＜https://www.nna.jp/nnakanpasar/backnumber/181201/feature_001/＞参照。

9）1MDB問題に関して詳しくは、伊賀（2018）、*BBC News* (2019) など参照。

10）ナジブは2018年7月に逮捕され、職権濫用、背任、横領などの罪で起訴された。総選挙の分析については、中村（2018a）参照。

11）Mahathir (2016) 'Najib's China Trap'、Mahathir (2017) 'FDI from China' など参照。

12）ナジブ政権期に加盟した「環太平洋経済連携協定（TPP）」ついてマハティールは、アメリカが自由貿易を盾に中国に対抗するために参加国を取り込もうとするもので、本来、中国が参加しないTPPは意味がないとして反対し、中国の参加を想定している「アジア地域包括的経済連携（RCEP）」を推進すべきと主張してきた。『日経ビジネス』2014年6月9日参照。

13）本稿では触れなかったが、リーダー個人や政権が中国に過度に依存し、経済面で「借り」を作ることは、安全保障など他の面で代償を求められる可能性あり得る。具体的には南シナ海問題での中国に対する譲歩などが考えられる。

【参考資料】

〈日本語〉

伊賀　司（2018）「〈マレーシア〉ナジブはなぜ失脚しないのか」外山文子・日下亘・伊賀司・見市健編著『21世紀期東南アジアの強権政治——「ストロングマン」時代の到来』明石書店、2018年。

小野沢純（2017）「マレーシアにおける「一帯一路」戦略」『国際貿易と投資』No.110、2017年12月。

金子芳樹（2014a）「マレーシアにおけるアジア主義——マハティールの欧米観とアジア観」長谷川雄一編『アジア主義思想と現代』慶應義塾大学出版会、2014年。

―――（2014b）「ASEAN諸国における権威主義体制の漸進的変化——マレーシア、シンガポール、ブルネイの場合」黒柳米司編『「米中対峙」下のASEAN』明石書店、

2014年。

金子芳樹（2017）「ASEAN創設50年——その成果と米中対峙新時代の「中国傾斜」」
　　『東亜』No.603、2017年9月号。

末廣　昭（2014）『新興アジア経済論——キャッチアップを超えて』岩波書店。

本図宏子（2016）「マレーシアの海運事情と拡大する中国の影響」日本海事センター
　　『日本海事新聞』2016年6月。

中村　昭（2018）「マレーシア経済の現状と展望」『国際通貨研究所ニューズレター』
　　No.21、2018年10月12日。

中村正志（2018a）「『新しいマレーシア』の誕生——政権交代の背景と展望」日本貿易
　　振興機構アジア経済研究所『IDEスクエア——論考』2018年9月 <http://hdl.handle.
　　net/2344/00050486>

―――（2018b）「政権交代で対中戦略を見直すマレーシア」日本貿易振興機構アジア経
　　済研究所『IDEスクエア —— 世界を見る目』2018年10月 <http://hdl.handle.
　　net/2344/00050601>

〈英語〉

Lye Liang Fook (2018) 'Mahathir's China Visit and Malaysia-China Relations: The View from
　　China', *ISEAS Perspective*, 2018 No.53 (7 September 2018) .

―― (2019) "China-Malaysia Relations Back on Track?", *ISEAS Perspective*, 2019 No.38 (15 May
　　2019) .

Mahathir Mohamad (2016) 'Najib's China Trap', *Che Det* (16 November 2016) 〈http://chedet.
　　cc/?p=2347〉

―― (2017) 'FDI from China', *Che Det* (20 January 2017) 〈http://chedet.cc/?p=2414〉

Tham Siew Yean (2018) 'Chinese Investment in Malaysia: Five Years into the BRI', *ISEAS
　　Perspective*, 2018 No.11 (27 February 2018).

Tham Siew Yean (2019) 'The Belt and Road Initiative in Malaysia: Case of the Kuantan Port',
　　ISEAS Perspective, 2019 No.3 (15 January 2019).

Tom Wright and Bradley Hope (2018) *Billion Dollar Whale: The Man Who Fooled Wall Street,
　　Hollywood, and the World*, Hachette Books.

BBC News (online)(2019)'1MDB: The playboys, PMs and partygoers around a global financial
　　scandal' 9 August 2019 <https://www.bbc.com/news/world-asia-46341603>

〈その他〉

『日本経済新聞』、『アジア動向年報』（各年版）、『NNA Asiaアジア経済ニュース』（オンラ
　　イン）、『ロイター（オンラインニュース）』、*BBC News (online)*、*ISEAS Perspective*（各号）、
　　The Star Online、*Malaysiakini* など。

第*11*章

自立した外交を目指して
東ティモールの対中国外交とその意味

井上 浩子

はじめに

　本章の目的は、東南アジアの小国であるティモール・レステ民主共和国
（以下、東ティモール）が、21世紀の大国である中華人民共和国（以下、中国）
とどのような関係を構築してきたのか、またその背景は何だったのか、を
考察することにある。

　2010年に世界第2位の経済大国となった中国は、アジアインフラ投資銀
行（Asian Infrastructure Investment Bank: AIIB）の設立や、「一帯一路」構想の提
示など、新たな対外政策を打ち出して独自の政治経済秩序の構築を目指し
てきた。また南シナ海における人工島の建設、人民解放軍海軍艦隊の各地
への派遣など、地政学的な影響の拡大を企図するかのような動きも見せる
ようになっている。

　一方の東ティモールは、2002年5月に正式に独立したばかりのごく若い
国である。本章を執筆している2019年は、独立を決定することになった
1999年8月の住民投票から数えて20年目の節目の年にあたる。この20年
の間、東ティモールは、国際社会における承認を獲得し、国内社会の安定
を図ることで、主権国家としての地位の確立を目指してきた。主権国家と
しての安定が一定達成された後は、さらなる発展を目指して経済開発に取

り組んでいる。独立国家としての創設期にあった東ティモールは、中国に
どのような可能性を見出し、中国とどのような外交関係を築いてきたのだ
ろうか。

　小国は一般に、外交交渉を行うための資源に欠き、そのため外交交渉に
おいて相対的に脆弱な立場に置かれがちである。しかし小国の研究者は、
資源に欠く小国であっても規模の大きな諸外国の意のままになるわけでは
ないこと、むしろさまざまな外交戦略を用いながら自国の目的、国家目標
を達成するために活動していること、を明らかにしてきた。例えば、小国
は、「何かの貢献者である」という国際的な評判、あるいは「ブローカー
として利用可能である」といった諸外国からの認識を、自国の交渉力増大
のために利用することもある。また小国は、ある大国を別の大国からの
「シェルター」として利用したり、複数の大国と友好関係を築いてリスク
を分散する「ヘッジング」をすることで、より国力の大きな国の前に自国
の選択肢を広げる場合もある（Thorhallsson 2018; Simpson 2018）[1]。

　本章はこうした小国研究の立場に立ちつつ、過去20年間の東ティモー
ルの対中国外交を振り返り、東ティモールがどのような対外認識の下、ど
のような戦略を用いながら対中国関係を築いていったのかを明らかにする。
そして東ティモールと中国との二国間関係が現在に至るまでどのような発
展を遂げてきたのかを概観する。

　本章では、東ティモールがどのような国家目標を持っていたのかによっ
て、三つの時期を設定して検証する。第1節では、東ティモールの独立が
決定した1999年9月から正式な独立を果たした2002年5月、そしてその後
しばらくの期間を考察する。この時期は、東ティモールが独立し、他国と
の外交関係を樹立することを重要目標とした時期である。第2節では、
2002年頃から2012年頃までの東ティモール＝中国関係を考察する。2002
年に正式に独立国家となった後も、国内の治安回復、制度構築など内的主
権の確立に注力した東ティモールにとって、この時期、外交においても平
和構築への支援を取り付けることが重要とされた。第3節では、2012年末
を以て国連が撤退した後、すなわち2013年頃から現在までを考察の対象
とする。国内社会が一定程度安定すると、国連が東ティモールから撤退し

た。東ティモールはこの時期、外的主権を実質的なものにするため、自律的な外交を模索するようになっていった。

1. 国家承認の取り付けと外交関係の樹立
—— 1999〜2002年

　1999年8月30日の住民投票によって独立が決定した東ティモールは、独立国家としての国際的な地位を確立することに注力することになった。まず東ティモールにとって重要であったのが、諸外国から国家承認を取り付けること、外交関係を樹立することであった。また各種国際機関に加盟すること、主要な国際条約を署名・批准すること、それを通して国際社会に一定の地位を築くことも急がれた。

　こうした中でも中国との外交関係の樹立は優先度の高いものであった。正式な独立に先立つ2000年1月、元ゲリラ指導者で後に初代大統領となるシャナナ・グスマンが、独立を目指す運動の渉外・外交担当であったラモス・ホルタらとともに、中国・北京を訪問した（Storey 2010: 277）。これは中国側の招待に応じて実現した訪問であり、この中国訪問を皮切りに、グスマンらは18日間にわたるアジア諸国歴訪を行った。4日間にわたる中国滞在中、グスマンら東ティモールの指導者は、胡錦濤国家副主席、唐家璇外交部長を含む中国の指導者と面会を行った（Xinhua News Agency 20, January 2000）。

　この訪問は、独立以降の外交関係を見据えて、大国・中国と良好な関係を築きたい東ティモールと、アジア太平洋地域で新たに独立国となる東ティモールに影響力を確保したい中国との思惑が一致して行われたものであったが、双方が一定の成果を見出す結果となった。会談では、胡副主席が、独立という東ティモール人民の選択を尊重することを表明し、他方、グスマンは、独立後の中国との外交関係の樹立を希望し、中国の「一つの中国」政策を支持する旨を表明した。東ティモールが「一つの中国」政策を受け入れた結果、他の太平洋島嶼諸国が台湾と外交関係を結ぶ中、中国は、東ティモールに台湾の外交拠点が設けられるのを阻止することに成功

した形となった（O'clery 2000）。一方で東ティモールは、中国から、東ティモールの主権行使と国連主導での独立への準備への支持のほか、国連暫定行政府の下で通貨として米ドルが導入されたことへの理解を取り付けた（O'clery 2000）。またこの訪問中、東ティモール側は、独立後に加盟を申請することになるであろう東南アジア諸国連合（ASEAN）について、中国から加盟支持の言質を得た。加えて、およそ600万ドルの復興支援を取り付けることにも成功した（O'clery 2000; Storey 2010: 277）。

　グスマンは中国とのこの会談で、1970年代の中国から東ティモールへの支援、とくに中国による東ティモール人民の民族自決の権利に対する支援に感謝を伝え、中国を「信頼できる友人」と呼んだ（Xinhua News Agency, 27 January 2000）。これは、1970年代から1980年代にかけて、中国が、東ティモールを侵略・併合したインドネシアへの非難を表明し、インドネシアに対抗してゲリラ闘争を行った東ティモール民族解放戦線への支援を行ったことを指したもので、中国による東ティモールの民族自決運動支援の歴史に言及して、両国が「特別な関係」にあることを強調するものであった。こうした両国間の歴史的経緯は、東ティモール独立後の両国の外交儀礼の中でもたびたび言及され、現在では両国の「特別な関係」を象徴する出来事とされるようになっている。

　こうした事前外交を経て、中国は、東ティモールと正式な外交関係を樹立した最初の国となった。東ティモールでは、2002年5月20日、各国の要人を招いて独立記念式典が行われ、この式典の直後、東ティモール政府は中国政府とともに共同声明を発表し、両国の外交関係の樹立を宣言した。声明の中で両国は、「主権と領域的一体性に対する相互の尊重を基礎とした友好関係」を樹立することを約束し、特に経済関係において二国間の協力を促進することを約束した（Xinhua News Agency, 20 May 2000）。2000年9月に東ティモールのディリに中国の外交窓口となる事務所が開設されていたが、2004年12月には北京に在中国・東ティモール大使館が開設された（EIU Views Wire, 13 January 2005）。

　中国との関係構築を急いだ東ティモールだったが、実は、この時期の東ティモールにとっての外交上の最重要課題は、インドネシアおよびオース

トラリアとの関係構築であった。インドネシアとの外交関係の構築は、早期の国境画定と領土的一体性の確保のためにも喫緊の課題であった。加えて、インドネシアとの間には足掛け25年にわたる占領・統治期の暴力などに関して解決しなければならない問題が山積していた。他方のオーストラリアは、インドネシアによる東ティモール併合を公に承認し、ティモール島とオーストラリア大陸との間の海洋境界についてインドネシアと合意していた。そのためオーストラリアとの間では、独立した領域国家としての東ティモールの地位を確認すること、およびティモール海の海洋境界に関して交渉を開始することが目指された。

　また独立前後の東ティモールにとっては、国際機関への参加と、それを通じた国際社会での地位の確立も重要な外交目標であった。特に普遍的国際機関への加盟は国際社会の新たな一員となる第一歩とされ、東ティモールは2002年5月の独立と同時に国際連合に加盟した。また地域機構への加盟も重視され、ASEANへの加盟は重要な外交課題の一つと位置付けられた。さらに、公用語をポルトガル語とすることやポルトガルに倣った国家制度・法制度を導入することが決まったこともあり、ポルトガルを含むポルトガル語圏の諸国との協力関係の構築がはかられた。どの諸外国と友好関係を結ぶかという問題は、どのような国家制度・法制度を導入するのか、という国内的な政策とも密接にリンクしていたといえる（Strating 2019）。

　一方の中国は、こうした東ティモールの多国間外交をよく理解し、ここにも外交的機会を見出そうとした。例えば中国は、2001年1月の会談の際に東ティモールのASEAN加盟に対する支持を表明した。これは東ティモールへの支援であると同時に、将来的にASEANの中に自国の友好国を確保することを期待したものでもあった。また中国は、2003年、ポルトガルの統治を経て1999年に中国に復帰したマカオを拠点に、「中国・ポルトガル語圏諸国経済貿易協力フォーラム」（通称マカオ・フォーラム）を設立した。ポルトガルとのつながりを強調したい東ティモールは参加を決定し、中国はフォーラムの主催国として東ティモールを含む参加国との関係強化の機会を得ることとなった（Mendes 2014）。

2. 復興支援・開発援助の取り付けと軍事的協力関係の構築 ── 2002〜12年

(1) 新たな復興支援国・開発援助国として

　国家承認の取り付け、外交関係の樹立が主たる目的であった独立直後の時期を過ぎると、東ティモールは諸外国との間で、より広い政治的、経済的な関係の構築を目指すようになった。中国との間でも、2000年代前半、要人の交流が盛んに行われ、関係の発展が目指された。東ティモールが独立した翌年の2003年9月には、マリ・アルカティリ首相が訪中し、胡錦濤・国家主席、呉邦国・全国人民代表大会常務委員長などと会談を行った (Xinhua News Agency, 18 September 2003)。また2004年12月、在中国・東ティモール大使館が開設された際には、ラモス・ホルタ外務大臣が訪中し、大使館開設の記念行事を執り行っている (EIU View Wire, 13 January 2005)。中国側は、こうした東ティモールの要人の訪中の費用を負担したり、在中国ティモール・レステ大使館開設のために建物を準備するなど、経済的な支援を行うことで東ティモールとの関係重視をアピールした。他方、東ティモールは、在中国・東ティモール大使館開設に合わせて、中国国営企業であるペトロ・チャイナにティモール海の油田の埋蔵量に関する予備的調査を許可するなどして、東ティモールの天然資源に関心を持つ中国に応えた (Xinhua News Agency, 18 September 2003; EIU View Wire, 13 January 2005)。

　中国から東ティモールへの復興支援・開発援助は、両国の関係構築の中で重要な位置を占めていた。先述したように、東ティモールは、2000年1月のグスマンの訪中の際に中国から600万ドルの復興支援の約束を取り付けていたが、翌2001年3月にはさらに400万ドルの無償資金援助を取り付けている。また2002年5月の外交関係樹立宣言の同日には、東ティモールのラモス・ホルタ外務大臣が、中国の外務大臣・唐家璇とともに経済貿易協力協定に署名し、同時に中国から600万ドルの無償資金供与の約束を取り付けた (Storey 2010: 277)。中国からの東ティモールへの援助の詳細な額を明らかにすることは困難であるが、中国の東南アジア政策を研究するストーリーは、2010年までにおよそ3,400万ドルの資金が中国から東ティ

モールへ提供されたと推測している（Storey, 2010: 278）。

　中国による援助の特徴は、それが金銭の形で東ティモールに渡ることはめったになく、多くの場合、中国側からの要請で建物の建設や物品の購入に充てられ、「目に見えるもの」として東ティモールに提供されたという点にある。例えば、ディリ市内に立つ外務省庁舎は、中国からの700万ドルの援助金で建設され、2008年に東ティモール側に引き渡されたものである。また大統領府庁舎と防衛省庁舎も、中国からの600万ドルと900万ドルの援助金で建設され、それぞれ2009年と2012年に東ティモール側に引き渡された（Storey 2010, 278; Strating 2019）。このほかにも税関に設置するためのX線システムなどが中国から東ティモールに提供された（RDTL, 20 March 2012）。

　また中国から東ティモールへの援助は、職業訓練や教育の分野でも行われた。2002年から2010年の間に、東ティモール人行政官や技術官400人余りが、中国で行われた訓練プログラムに参加した。また東ティモール人大学生向けの奨学金制度も整えられ、多くの大学生が中国に留学した。さらに2004年からは、20人以上の中国人医療スタッフからなる医療チームが東ティモールに派遣され、東ティモールの医療改善に貢献したほか、農業、都市計画、観光などのさまざまな分野で中国から専門家が派遣され、東ティモールで技術指導にあたった（Storey 2010: 278）。

　こうした中国からの数々の「プレゼント」は東ティモールに対する中国の影響力が伸長していることの証左と見做されることが多いが、中国からの支援の額自体は他の援助国からの援助と比べるとそれほど大きいものではなかった。例えば東ティモールにとっての最大の援助国であるポルトガルは、1999年から2007年の間に4億7,200万ドルを、二番目の援助国であるオーストラリアは、同じく1999年から2007年の間に4億3,000万ドルを援助しており、両国はこれに加えて、東ティモールで展開された国連平和構築ミッションの費用の相当な部分を負担している（Storey 2010: 278; Starting 2019: 308）。また日本やアメリカ、ヨーロッパ連合なども東ティモールに多額の援助を行っている。東ティモールがオーストラリアやポルトガルといった「地理的あるいは歴史的に近い国」、日本

やアメリカなどとの外交関係を重視した背景には、これらの国々が主要援助国であったことがあった（RDTL 2007）[2]。

　その一方で、東ティモールと国連や主要援助国との間には、制度の運用や政策決定の在り方についての見解の相違があり、それがもとで不和も生じていた。そしてこうした開発パートナーとの軋轢は、東ティモールが中国の援助外交にオルタナティブとしての可能性を見出し、関係発展を模索することに拍車をかけるようになる背景にもなっていた。国連や主要援助国は、東ティモール政府による制度運用や政策決定について、その合法性や透明性に関して懸念を表明することがあり、これに対し東ティモール側が国際社会による価値や考え方の押し付けとして反発することが増えた。2010年に行われた開発パートナーとの国際会議では、グスマン首相が、「（主要援助国が）我々が賛成しない分野で、我々に行動計画を押し付けようとする」として不満を表明する事態まで発生した（RDTL, 7 April 2010; Sahin 2102）[3]。

　その一方で中国は、援助に条件を付さず、また折に触れて被援助国である東ティモールとの「平等な関係」を強調するなど、欧米先進諸国を中心とする主要援助国とは大きく異なったアプローチで東ティモールとの関係を築こうとしていた。こうした中国のアプローチは、主要な援助国との関係に不満を抱くようになっていた東ティモールにとって魅力的であった。中国の援助で建設された防衛省庁舎の落成式での、「（中国の）友好のジェスチャーはそれが何のひも付きでないからこそ、より重要なのです」（RDTL 3 April 2012）というグスマン首相の言葉は、中国への謝意であると同時に、「ひも付き」の援助を行う主要援助国への批判でもあった。

(2) 軍事的協力関係の構築

　2000年代も半ばを過ぎると、東ティモールは外交主体としての自信を深め、徐々に自律的な外交を展開するようになった（Sahin 2012）。安全保障政策の面でも、中国との関係を梃子に他国との関係に変化を目指す動きがみられるようになった。こうした東ティモールの外交方針を象徴する出来事となったのが、中国との軍事的な協力関係の構築、特に同国からの警

備艇の購入であった。2010年3月、東ティモールのジュリオ・ピント防衛国務大臣が、中国を訪問して梁光烈・国防部部長と会談を行い、両国がより緊密な軍事協力関係を築いていくことで合意した（Xinhua News Agency, 30 March 2010）。さらに2010年6月、東ティモールは、海上パトロール用の警備艇2隻を、警備艇搭載用の武器とともに、中国から購入した。この2隻の警備艇の購入価格は2,800万ドルであったが、2009年の東ティモールの国家予算が6億8,000万ドルであることを考えると、2隻の警備艇購入は東ティモールにとってかなり大きな買い物であったといえる（Strating 2019: 212）。

　この一件は東ティモールの友好国や主要援助国、とくにオーストラリアに大きな衝撃を与えた。これに先立つ2007年には、東ティモール領内に中国が運用を担うレーダーを設置することを中国が提案し、東ティモールがこれを断るという出来事が起きていた（Dorling 2011）。この一件について東ティモールからの通知を受けていたオーストラリアは、自国の安全保障にもかかわる問題として中国の東ティモールでのプレゼンスに神経をとがらせていたところでもあった[4]。東ティモールと中国との新たな関係は、オーストラリアが「同盟」とも呼ぶ両国関係、およびオーストラリアが前提とする地域秩序への大きな挑戦と映ったのである。

　一方の東ティモールにとって、警備艇を中国から購入するという選択は、自国の自律的な安全保障を模索した結果でもあった。東ティモールは、国連の支援の下で国家構築を行った際、東ティモール国防軍（F-FDTL）を組織する一方、海と空の安全保障については近隣の友好国、特にオーストラリアに依存する体制を敷いた。しかし独立後、オーストラリアとの間での海洋境界問題を一つの理由として、海の安全保障を重視する動きが国内で生じるようになると、東ティモールは警備艇や武器の購入を模索するようになっていった。実際、東ティモールは、オーストラリアとの間でも海上警備艇購入に関する交渉を行っている。しかし、警備艇は武器を搭載しないことの他、警備艇にオーストラリア人の船長や航海士を搭乗させること、警備艇における通信はすべてオーストラリアを経由して行うことなどをオーストラリアが東ティモールに要求し、これを受け入れることができな

い東ティモールとの間で交渉が決裂していた。東ティモールが先述のように中国からの警備艇購入に舵を切ったのには、こうした背景があったのである（Strating 2019: 212-13）[5]。

　ところでこの一件に関してラモス・ホルタ大統領は、オーストラリアが「（自前で）警備能力を保有することの重要性」（SBS Dateline, 27 March 2011）を理解しようとしないことを批判しながら中国からの警備艇と武器購入を正当化したが、同時に「オーストラリアやインドネシアとのより近しい海洋協力関係を構築することを望む」（SBS Dateline, 27 March 2011）とも述べている。ホルタの発言は、中国という新しい選択肢を示しつつ、オーストラリアという既存の安全保障パートナーとの協力関係維持にも含みを残すことで外交関係の幅を広げようとするものであり、自律的な外交を目指す東ティモールの外交姿勢が表れているということができるだろう。

3. 社会開発・経済開発のパートナーとして
── 2013年～現在

(1) 経済的パートナーとして

　2012年末に国連東ティモール統合ミッション（UNMIT）が撤退したことで、東ティモールは国内の統治と対外関係の構築を独立して行っていくこととなった。こうした中、東ティモールにとって、中国をはじめとする諸外国との関係はより一層重要なものとなった。国連の完全撤退に先立つ2012年5月20日、東ティモールは独立10周年を迎え、東ティモールと中国との外交関係も10周年を迎えた。ディリで行われた独立10周年記念行事には、王志珍中国人民政治協商会議・第11期全国委員会副主席が習近平国家主席の特別代理として出席した。また同5月30日には、北京で両国の国交樹立10周年を祝う記念行事が行われ、東ティモール側からはザカリアス・アルバノ・ダ・コスタ外務大臣が出席した。これらの行事では、東ティモールは引き続き「一つの中国」政策を支持することを表明し、これに応えて中国は経済・貿易、農業・エネルギーなどの分野でのさらなる協力をする意思を表明した。

2010年代になっても、中国から東ティモールへの援助は引き続き活発である。保健分野では、2013年には中国から東ティモールに救急車6台が提供されたほか（RDTL, 23 January 2013）、2016年には中国の支援で、ディリ市内の国立病院に人工透析器が設置されることが発表された。2016年5月には、両国間で経済・技術協定が結ばれたのと同時に、中国が東ティモールに対し保健と教育の分野で1,500万ドル相当の支援を行うことが合意された。また同年には、女性や子供の保健や教育を支援するための資金として4万5,000ドルが中国から大統領府に提供された。また2017年には、東ティモール初のデジタルテレビ設備が中国の支援で整備されることになった（井上　2018）。

　中国による支援は人的・技術的な面でも活発である。中国は、犯罪捜査や農業などの様々な分野で専門家を派遣して東ティモールのキャパシティー・ビルディングに貢献してきた。東ティモール人の行政官や技術官を中国に招聘して行う訓練プログラムのほか、機械整備や観光学、中国語を学ぶ東ティモール人学生のための留学奨学金制度も整えられた。中国が2004年から行ってきた医療チームの東ティモールへの派遣は2010年代に入っても続けられ、2017年にはこれをさらに2年延長することが決定した。2016年12月には、初めて中国人民解放軍の病院船「ピース・アーク」がディリに寄港し、8日間の日程で医療活動支援を行い、東ティモール内外で大きく報道された（井上 2018, 423-424）。

　しかし、この時期の両国の関係は、何といっても、経済分野での関係強化が重要である。その端緒となったのは、2014年4月のボアオフォーラムであった。ボアオフォーラムは、2001年から中国政府が中心となって毎年海南省ボアオで開催される国際的な経済会議で、アジア版ダボス会議とも称される。中国は2014年、ここで一帯一路構想とそれを通じたアジア共同体構想を発表したが、フォーラムに出席したグスマン首相は、習近平中国国家主席らと会談を行い、これらの構想への賛意を示した（Xinhua News Agency, 8 April 2014）。さらに両国が発表した共同声明では、中国による21世紀海洋シルクロード構想やAIIBへの東ティモール政府の参加が表明された（Government of Timor-Leste and Government of China 2014）。

2016年9月には、東ティモール政府は、中国が主導するAIIBへの参加プロセスの開始を決定し、翌2017年3月には、AIIBへの参加を決定した。2017年4月には東ティモールが中国の特恵関税適用対象国となっている。

　両国の経済的な協力関係の深化は、道路建設や港湾設備整備事業などの大規模プロジェクトへの中国企業の参加にも象徴される。2014年8月には、ティモール島を縦断して北岸と南岸を結ぶ道路の復旧工事が中国企業も参加して始まり、2016年7月にはディリ県ハリラランと山岳部のアイレウ県ラウララを結ぶ部分の工事が完了した（RDTL, 29 August 2016）。2016年1月には、タシ・マネ・プロジェクトと名付けられたティモール島南岸の開発事業の一環として、西部のコバリマ県から東部のヴィケケ県までの150km余りを結ぶ高速道路の建設が、中国企業である中国海外工程も参加して始まった。2018年11月には、高速道路の最初の建設セクションであるコバリマ県のスアイとファトゥカイ間約34kmが完成し、落成式が行われた[6]。また2018年には、ディリの西方10kmに位置するティバール港で港湾設備の建設が始まり、中国交通建設股份有限公司の子会社にあたる中国港湾工程有限責任公司がフランス企業とともに請け負うことになった（RDTL, 15 March 2018）。

　中国政府や、関連する銀行などからの融資や投資も盛んである。2015年12月、東ティモール政府が、ディリ市内の下水システム整備のために中国の政府系銀行である中国輸出入銀行から5,000万ドルの借款を受けることが発表された（Timor-Leste Ministry of Finance 2015）。2016年10月には、マカオ・フォーラムの第5回閣僚級会議が開かれ、東ティモールは他のポルトガル語諸国とともに中国から年間2億6,700万ユーロの提供を受けることとなった。

　中国との経済関係の強化が進んだ背景には、大規模開発事業で経済の高成長を維持したい東ティモール政府の方針があった。東ティモールでは、独立後も経済状況が改善せず、独立の恩恵に与かることができていないと考える勢力の不満は政治不安の要因の一つになっていた。そのため2007年に発足したグスマン政権は、『戦略的開発計画2011-2030』で、東ティモールを2030年までに「上位中所得国（upper-middle income country）」にする

という野心的な目標を掲げ、その手段としてタシ・マネ・プロジェクトと呼ばれるティモール島南岸の石油産業開発プロジェクトなど、大規模開発事業を計画した（RDTL 2011）。このようにしてはじまった東ティモール国内の様々な開発事業には、諸外国の企業と並んで、数多くの中国企業が参加し、重要な役割を果たすようになっている（La'o Hamutuk, 25 April 2013）。

　2012年以降に中国との経済協力が進んだもう一つの背景としては、国連ミッションの撤退後に東ティモールが置かれた状況が重要である。2012年に国連ミッションが撤退すると、オーストラリアや日本を含む伝統的な援助国の「東ティモール離れ」が進んでいった。また東ティモールは、長らくオーストラリアと友好関係を築いてきたが、2011年、ティモール海条約締結過程においてオーストラリアがスパイ行為を行ってきたことが発覚したことで、両国関係は一気に冷え込んだ。このような既存の友好国との関係の変化の中で、東ティモールは、あえて中国と良好な関係を作ることでこれを梃子に外交の選択肢を広げようとしたのであった。

(2) 主権と領土の一体性をめぐって

　このように経済面でも、軍事面でも、慎重に中国との友好関係を構築してきた東ティモールであるが、一方で中国との良好な関係を保つこと自体に腐心してきたわけではなかったという点は重要である。そのことは、中国の南シナ海への進出について、東ティモールが示した態度にも明らかである。

　例えば、2015年に行われたASEAN地域フォーラムの高官級会合では、出席したロベルト・ソアレス外務副大臣が、中国の南シナ海への海洋進出を念頭に、関係諸国に「1982年の国際海洋法条約の原則に従って行動する」ことを求める発言を行った（RDTL 11 June 2015）。2016年3月にタウル・マタン・ルアック大統領が日本を訪問した際には、東ティモールはさらに踏み込むかたちで、「南シナ海の最近の情勢についての深刻な懸念」を表明する日本との共同声明を発表した。この中で東ティモールと日本は、「現状を変更したり、緊張を高めるような一国主義的な行動」に反対し、中国を強くけん制した[7]。これを受けて中国は東ティモールを名前を出さ

ずに批判した（CGNT, 17 March 2016）。

　2016年7月、国際仲裁裁判所が中国の南シナ海の領有権の主張に法的根拠がない旨を一部認める決定を行ったが、その際には東ティモールはさらに畳みかけている。「海の『憲法』ともよばれる国連海洋法条約の重要性を確認する」旨を閣議決定し、「平和を促進し、諸国民の権利を守り、紛争解決のメカニズムを提供する国際的なルールを強く支持する」政府方針を改めて公表したのである（RDTL, 15 July 2016）。

　実はこの時期、東ティモールは、オーストラリアとの間でティモール海の海洋境界をめぐる係争のただ中にあった。東ティモールは、オーストラリアとの間で結ばれていた「特定海事アレンジメント協定」の無効確認を求めて2013年に常設仲裁裁判所に提訴していたが、2017年までに東ティモールの求めていた国連海洋法条約に基づいた審理が行われるところとなった。中国の海洋進出問題に対する東ティモールの厳しい姿勢の背景には、主権と領土の一体性をめぐる議論に関して国際法の遵守を強調し、その逸脱を厳しく非難することで、自国の領土・領域の保全に資する外交を展開したい考えがあった。

　その後も、オーストラリアとの間の係争を抱える東ティモールは、中国との関係を梃子にオーストラリアをけん制する動きを見せている。ラモス・ホルタは、2017年5月にオーストラリアを訪問した際、「（オーストラリアとの）油田問題は東ティモールを中国寄りにするだけだ」と述べ、オーストラリアに油田問題で譲歩するように働きかけた（ABC Premium News, 5 May 2017）。中国にとっては、東ティモールとオーストラリアが抱える領海問題は基本的に関心の外にあった。ただしこの問題の存在は、南シナ海問題で揺れる中国に対し、オーストラリアが必ずしも非難できる立場にない立場に置かれるという点で、中国にとっては悪いものではなかったといえる。

おわりに

　2017年8月、東ティモールにおける中国の影響力の拡大を報じる英語の

記事がインターネット上で発表された。その記事は、2016年に中国海軍の軍艦が東ティモールを訪問したことや、同国で中国の援助金が増大していること、そして建設現場などにおける中国人労働者の多さをとりあげ、「東南アジアの最も若い国が新しいシュガーダディーを見つけた」というセンセーショナルな言葉を用いて、東ティモールにおいて中国の影響力が拡大していると報じた（Nikkei Asian Review, 26 August 2007）。

　これに対してすぐに反応したのが、この記事の中でインタビューも受けていた東ティモール元大統領のラモス・ホルタであった。ホルタは、これまでに同国にはアメリカ、オーストラリア、フランスなどの軍艦が何度も寄港しており、これらの軍艦すべてが「温かく迎えられてきた」ことを指摘して、たった一度の中国の軍艦の寄港を取り沙汰する記事に苦言を呈した。またホルタは、東ティモール政府が、ティモール島南岸の石油プラント基地建築に関しては7億ドルの契約を、ディリの港湾設備建設に関しては4億ドルの契約を、それぞれ韓国企業とフランス企業と交わしたことを明らかにし、これまで政府が外国企業と結んだ最大規模の契約は中国企業とのものではないことを指摘した。そしてホルタは、「危険な中国人という先入観を持って」その証拠を探すために東ティモールに「1日、2日立ち寄るだけ」の外国人ジャーナリストを痛烈に批判した[8]。

　一国の国家元首であった人物が、特定のメディア報道についてこのような形で反論するのは一般的に大変珍しいことであろうし、それは東ティモールにおいても同じである。ホルタがこのような異例ともいえる対応をした背景には[9]、中国への外交的な配慮があったかもしれない。しかし同時に、この記事が外交主体としての東ティモールを軽視するような視点を有していることを考えれば、長きにわたって東ティモールの外交を担い、同国の外交の顔でもあり続けてきたホルタが、この記事の内容そのものを看過し得ないものと考えたのであっても不思議はない。実際、反論の記事の中でホルタは、東ティモールが「中国と大変友好的な関係にあること」を指摘するとともに、「オーストラリアもインドネシアも、東ティモールにとって大変重要な国である」ことを強調し、東ティモールが多角的な外交を展開していることを強調している。

出来事としての珍しさもさることながら、この一件は、「拡大する中国の影響力」に関する情報をどのように収集し分析し記述すべきなのかという、ジャーナリズムとアカデミズムに共通する問いを私たちに投げかけている。本稿で触れたように、東ティモールの正式な独立が決定してから20年、中国政府は東ティモールに対して財政的な援助の他、キャパシティー・ビルディングなどを通した支援、さらには物品の提供や庁舎の建設などの援助を行ってきた。2010年代に入ってからは、中国企業もまた東ティモールでの経済活動の幅を広げており、海洋シルクロードへの参加、AIIBへの参加などもこれを後押ししている。中国との貿易額も年々増大し、現在では中国はインドネシアに次ぐ重要な貿易相手国となっている[10]。

　こうした東ティモールにおける中国のプレゼンスの拡大は、オーストラリアやインドネシア、その同盟国の視点からは、既存の地域秩序への挑戦と捉えられてきた。例えばオーストラリアの主要紙『ジ・オーストラリアン』は、2019年6月に中国輸出入銀行がティモール海のグレーター・サンライズ油田／ガス田への投資を行う旨を報じ、中国の影響力の拡大を論じた。この記事の報道内容は後に東ティモール政府によって否定されたが、こうした記事は、オーストラリアが中国の東ティモールへの進出に非常な関心を寄せていること、さらにはオーストラリアが東ティモールを中国との覇権が争われる場と認識していること、を示しているといえるだろう。

　たしかに東ティモールは、東南アジアの中でも飛びぬけて若く小さな国である。そのため外交交渉を行うための資源に欠き、外交交渉において相対的に脆弱な立場に置かれがちであることも事実である。しかし東ティモールが、主権国家としての地位を築くため、慎重に中国との関係を構築してきたことは、本章で明らかにしてきた通りである。それは東ティモールが、変容する諸国家間のパワーバランスの中で、多様な戦略を用いて自らの主権の確立と維持を図ってきた姿であると言い換えることができる。そのような見方をしたとき、「拡大する中国の影響力」は東ティモールを一方的に飲み込む力ではなく、変容する国際政治の構造を形作る力の一つ、と言うことになるだろう。

【注】

1) 小国は、このほかにも、外交上のアジェンダに優先順位を設定して資源を集中したり、小国ゆえの外交団のフレキシブルさを活用したり、他の中小国との連携を図ったり、国際制度を利用したり、様々な戦略を以て目標を達成しようともする。

2) RDTL, *Program of the IV Constitutional Government* (2007-2012).

3) 同じ2010年4月には、東ティモールが主導して、開発途上国から構成される国際機関g7+が立ち上げられた。ここでは東ティモールをはじめとする開発途上国の不満を反映して、「開発途上国と開発パートナーとの間の信頼関係の欠如」に取り組むことが中心的な課題とされた。*Dili Declaration: A new vision for peacebuilding and statebuilding, 10 April 2010.*

4) オーストラリアはこの一件の後、中国の東ティモールへの軍事影響力に神経をとがらせるようになった。2009年のオーストラリア防衛白書は「オーストラリアへの空域や海域に対する我々のコントロールを脅かすようないかなる軍事大国も、我々に対して軍事力を向けられる近隣諸国の基地にアクセスを持たないこと」を重視するとしており、東ティモールに中国が伸長してくることへの警戒感をにじませました。Commonwealth of Australia, *Defense White Paper 2009*, p.42.

5) 2011年9月には、東ティモールはこれとは別に韓国から海上警備艇2隻を購入している。*RDTL,* 27 September 2011, "Timor-Leste receives three patrol vessels from the South Korean Government."

6) 東ティモールにおける高速道路建設の様子は、新華社通信のYouTubeサイトなどでも報じられている。*New China TV,* 24 December 2017, "Chinese firm builds first expressway for Timor-Leste." https://www.youtube.com/watch?v=4BKJDe4T4aQ

7) *Joint Press Release by Japan and the Democratic Republic of Timor-Leste,* "Advanced Partnership towards Growth and Prosperity" (15 March 2016)

8) ラモス・ホルタは、その後の中国訪問中の記者会見ではこの記事を再度取り上げて議論している。José Manuel Ramos-Horta, 'Chinese Influence in Timor-Leste? Who is too worried about it?', *Global Times,* 1 September 2017.

9) https://www.scmp.com/week-asia/geopolitics/article/2163107/chinese-influence-rise-east-timor-nonsense-says-former

10) 輸入先として、2015年にはインドネシア（29.8％）、シンガポール（19.8％）に次ぎ、中国は第3位（10.8％）であった。2016年にはインドネシア（31.2％）に次いで中国は第2位（19.2％）となり、2017年にも第1位がインドネシア（32.0％）、第2位が中国（15.1％）となっている。

【参考文献】

〈日本語〉

井上浩子、「FRETILIN=民主党政権の発足と野党連合との攻防」『アジア動向年報2018
年版』417-432頁、日本貿易振興機構アジア経済研究所、2018年。

〈英語〉

ABC Premium News, "Jose Ramos-Horta warns gas dispute with Australia risks pushing East
Timor closer to China." (5 May 2017)

BBC Monitoring Asia Pacific, "China seeks to boost ties with East Timor." (31 May 2012)

Carvalho, Raquel, "Chinese influence on rise in East Timor? 'Nonsense', says former president
Jose Ramos-Horta," *This week in Asia.* (6 September 2018)

Commonwealth of Australia, *Defense White Paper 2009.*

CGTN, "China rejects criticism for Japan, East Timor." (17 March 2016) https://www.youtube.
com/watch?v=T74V1GZFTVk

Dorling, Philip, "Chinese bid to set up East Timor spy base," *The Sydney Morning Herald.* (10 May
2011)

Dupont, Alan, "Australia must not lose East Timor to China," *The Australian.* (2 July 2019)

EIU Views Wire, "East Timor Politics: East Timor opens an embassy in China." (13 January
2005 a)

――――, "East Timor Politics: East Timor opens an embassy in China." (13 January 2005 b)

Government of Timor-Leste and Government of China, *Joint Statement between the People's
Republic of China and The Democratic Republic of Timor-Leste on Establishing Comprehensive
Partnership of Good-neighbourly Friendship, Mutual Trust and Mutual Benefit.* (14 April
2014) http://timor-leste.gov.tl/?p=9967&lang=en&lang=en

Government of Timor-Leste and Government of Japan, *Joint Press Release by Japan and the
Democratic Republic of Timor-Leste, "Advanced Partnership towards Growth and Prosperity."*
(15 March 2016) https://www.mofa.go.jp/s_sa/sea2/tp/page4e_000390.html

g7+, *Dili Declaration: A new vision for peacebuilding and statebuilding,* (10 April 2010)

Harris, Vandra, and Andrew O'Neil, "Timor-Leste's future(s): Security and stability 2010-20." in
Security, Development and Nation-Building in Timor-Lese: A cross-sectoral assessment, edited
by Vandra Hrris and Andrew Goldsmith, Abingdon: Routledge. 2011.

La'o Hamutuk, "The Suai Supply Base: Part of the Tasi Mane South Coast Petroleum
Infrastructure Project." (25 April 2013, updated 2 April 2019).
https://www.laohamutuk.org/Oil/TasiMane/13SSBen.htm

Mendes, Carmen Amado, "Macau in China's relations with the lusophone world", *The Revista
Brasileira de Politica Internacional,* vol. 57 (2014): 225-242.

New China TV, "Chinese firm builds first expressway for Timor-Leste." (24 December 2017)
https://www.youtube.com/watch?v=4BKJDe4T4aQ

Nikkei Asian Review, "China in East Timor: concern in Indonesia and Australia. Southeast Asia's youngest country has a new sugar daddy," (26 August 2017). https://asia.nikkei.com/Politics/China-in-East-Timor-concern-in-Indonesia-and-Australia

O'clery, Conor, "East Timor hopes to establish diplomatic ties with China," *Irish Times.* (26 January 2000)

Ramos-Horta, José Manuel, 'Chinese Influence in Timor-Leste? Who is too worried about it?,' *Global Times.* (1 September 2017) http://www.globaltimes.cn/content/1064315.shtml

RDTL (Government of Timor-Leste), "Timor-Leste receives three patrol vessels from the South Korean Government." (27 September 2011) http://timor-leste.gov.tl/?p=5788&lang=en&lang=en

——, "Custom service receives X-ray systems." (20 March 2012) http://timor-leste.gov.tl/?p=6682&lang=en&lang=en

——, *Address by His Excellency the Prime Minister and Minister of Defense and Security Kay Rala Xanana Gusmão at the Inauguration of the Building of the Ministry of Defense and F-FDTL Headquarters.* (3 April 2012)

——, *"Ministry of Health receives six ambulances donated by the Chinese Government."* (23 January 2013) http://timor-leste.gov.tl/?p=7616&lang=en&lang=en

——, *Timor-Leste Strategic Development Plan 2011-2030*, Dili, 2011. http://timor-leste.gov.tl/wp-content/uploads/2012/02/Strategic-Development-Plan_EN.pdf

——, "Vice Minister of Foreign Affairs in a high-level meeting at the ASEAN Regional Frum." (11 June 2015) http://timor-leste.gov.tl/?p=12536&lang=en&lang=en

——, "Government reaffirms commitment to UNCLOS as the 'constitution of the sea.'" (15 July 2016) http://timor-leste.gov.tl/?p=15784&lang=en&lang=en

——, "The Ministry of Public Works inaugurates the Hali-Laran to Laulara road." (29 August 2016) http://timor-leste.gov.tl/?p=16117&lang=en&lang=en

——, "Government signs agreement for the construction of the Tibar Port and delivers environmental license." (15 March 2018) http://timor-leste.gov.tl/?p=19669&lang=en

——, "Ceremony to launch the construction of the Port of Tibar." (30 August 2018) http://timor-leste.gov.tl/?p=20345&lang=en&lang=en

——, *Program of the IV Constitutional Government (2007-2012)*, 2007. http://timor-leste.gov.tl/?p=16&lang=en&lang=en

——, *Speech by His Excellency the Prime Minister Kay Rala Xanana Gusmão at the start of the Timor-Leste and development Partners Meeting.* (7 April 2010)

Sambhi, Natalie, "Finding Partners: Timor-Leste's Evolving Security Ties with Southeast Asia," *Maritime Dispute Resolution and the Future of the Asian Order*, Pell Center for International Relations and Public Policy, 2019.

SBS Dateline, "Courting East Timor." (27 March 2011) https://www.sbs.com.au/ondemand/video/11765315655/courting-east-timor

Simpson, Archie W., "Realism, Small States and Neutrality." in *Realism in Practice: An Appraisal*, edited by Davide Orsi, J. R. Avgustin, and Max Nurnus, Bristol: E-International Relations Publishing, 2018.

Storey, Ian, *Southeast Asia and the Rise of China*, Abingdon: Routledge, 2010.

Strating, Rebecca, *The Post-Colonial Security Dilemma: Timor-Leste and the International Community*, Singapore: ISEAS Publishing, 2019.

Thorhallsson, Baldur, "Studying small states: A review," *Small States & Territories*, Vol. 1, No. 1, 2018, pp. 17-34.

Timor-Leste Ministry of Finance, *GoTL signed loan agreement with Exim Bank of China to construct and upgrade Dili drainage system*, 2015. https://www.mof.gov.tl/gotl-signed-loan-agreement-with-exim-bank-of-china-to-construct-and-upgrade-dili-drainage-system/?lang=en

Tobin, Meaghan, "Chinese cash: enough to keep East Timor out of ASEAN?," *South China Morning Post*. (3 August 2019)

Xinhua News Agency, "China hopes for Stable Transition in East Timor." (20 January 2000)

――, "China FM spokesman: East Timor leader's tour successful." (27 January 2000)

――, "Joint Communique on the Establishment of Diplomatic Relations Between the Government of the People's Republic of China and the Government of the Democratic Republic of East Timor." (20 May 2000)

――, "Chinese President Hu Jintao discusses ties with East Timor PM Alkatiri." (18 September 2003)

――, "Roundup: China vows to continue support for Timor-Leste." (18 May 2012)

――, "China, Timor-Leste pledge closer military cooperation." (30 May 2012)

――, "China, Timor-Leste announce all-round cooperative partnership." (8 April 2014)

あとがき

　この「あとがき」を書いている日、つまり2019年11月9日は、ちょうど東西冷戦の象徴だったベルリンの壁が崩壊して30周年にあたる。当時の東ドイツ出身の現ドイツ首相メルケルは記念式典で「自由、民主主義、平等、法の支配、人権擁護といった価値観は自明のものではない。何度も息を吹き込み守っていかなければならない」と述べたという（『朝日新聞』2019年11月10日）。

　メルケル首相の発言の背景には現代の国際社会を鑑みると、自由も、民主主義も、平等も、法の支配も、さらには人権もすべて後退している現実を反映していることを物語っているのではないか。選挙は実施されているものの、自由は保障されていない。つまり、表現の自由は事実上封印され、もし政府への批判を公にすると逮捕や国外追放につながるような国々が増大している。

　2017年1月に米国大統領になったトランプは「自国第一主義」を唱え、メキシコ国境には壁を作り、中南米からの移民を排斥し、「米中貿易戦争」を象徴とする保護主義貿易を推進し、パリ協定からの脱退などの多国間協調主義から単独主義へとシフトしている。米国の経済制裁の再開でイラン経済は悪化の一途を辿っている。イラン国民の生活は困窮を極め、社会の混乱が続いている。

　他方で、2012年に中国共産党総書記、翌年13年に国家主席に就いた習近平は「中華民族の偉大な復興」を目指した「社会主義現代化強国」を推し進めている。南沙諸島での軍事拠点化も海洋強国への道筋であり、テロリストの冠をつけた少数民族への弾圧も大国化への道として正当化する。現在学生たちが中心となり、自由を求めて闘う香港の「一国二制度」問題はどう展開していくのか。

　法の支配に基づく個人の諸権利が尊重され、それを裏づける選挙で公共政策が推進されるようなリベラル・デモクラシーが後退し、現代の国際社会は非リベラルなデモクラシーと非民主的なリベラリズムが錯綜している

（ヤシャ・モク）。第4章の黒柳論文の「シャープ・パワー」は、従来のハード・パワーやソフト・パワーとは異なる新たなパワーの類型を紹介する。それは中国やロシアの権威主義国家が民主主義の脆弱性を背景に当該国の分断を行っているのだという。

　また、先進国も途上国も、人びとを豊にするはずであったグローバル化に裏切られるかのように、国内格差が増大し、富の不平等が蔓延し、弱者の人権が損なわれている。国際NGO「オックスファム」によると、世界でもっと裕福な8人の資産の合計が、世界の人口のうち、経済的に恵まれない下半分の約36億人の資産に相当するという報告書を出している（2016年度）。

　SDGs（持続可能な開発目標）の「誰も取り残さない社会」という標語はいまや誰でもが知っている。2000年に国連総会で合意されたミレニアム開発目標（MDGs）を引き継ぐ形で2015年の国連総会首脳会合で合意された。MDGsが途上国の抱える諸問題に焦点を当てていたのに対して、SDGsはむしろ国際公約として国際社会全体が取り組むべき17の達成目標を掲げている。要するに、途上国に限らず先進国を含むすべての人びとが、国境を越えたあらゆる人びとの基本的な人権を保障し、人間の尊厳を回復するという目標が確認されたのである。

　本書は、イシュー編と各国編に分かれている。とはいえ各章の底流の問題意識は、SDGsの17の目標と直接・間接的に関わるテーマであるともいえよう。もちろん、本書の役割はSDGsの現状分析ではなく、米中対峙を背景にした東南アジアへの影響を考察することである。中国の台頭と強国への戦略を象徴する「一帯一路」構想は、東南アジアのみならず世界規模で大きな影響を及ぼしている。その現実を鑑みて、各論考は冷静に分析している。

　本書は、15年に及ぶ「21世紀アジア研究会」の第4冊目の研究成果である。改めて読者の皆様にご批判を含めて読んでいただければ幸いである。本研究会もこの間、メンバーの入れ替えや新しいメンバーの参加をみてきた。ヨーロッパ連合（EU）との比較、「自由で開かれたインド太平洋」（FOIP）構想との比較研究も行っているが、原則手弁当で毎月開催される

本研究会の軸足は ASEAN 研究であることはいうまでもない。

　今回の4冊目の出版にあたっても、明石書店社長の大江道雅氏の支援なくしては実現できなかった。大江氏には出版にあたって様々なご助言をいただいた。また、編集作業は秋耕社の小林一郎氏にお世話になった。記して両氏に感謝を申し上げたい。

編者を代表して　山 田　　満

索 引

276

編著者・執筆者紹介 （執筆順、〔 〕内は本書担当）

【編著者】

金子 芳樹（かねこ　よしき）〔まえがき、第10章〕

　1957年生まれ。獨協大学外国語学部教授。東南アジアの政治と国際関係専攻。著書に『マレーシアの政治とエスニシティ——華人政治と国民統合』（晃洋書房、2001年）、『ASEANを知るための50章』（共編著、明石書店、2015年）、『東南アジア現代政治入門（改訂版）』（共著、ミネルヴァ書房、2017年）、『現代の国際政治〔第4版〕』（共編著、ミネルヴァ書房、2019年）など。

山田　満（やまだ　みつる）〔第5章、あとがき〕

　1955年生まれ。早稲田大学社会科学総合学術院教授。国際協力論、平和構築論専攻。著書に『東南アジアの紛争予防と「人間の安全保障」』（明石書店、2016年）、『難民を知るための基礎知識』（共編著、明石書店、2017年）、『新しい国際協力論』（改訂版）（編著、明石書店、2018年）など。

吉野 文雄（よしの　ふみお）〔第6章〕

　1957年生まれ。拓殖大学国際学部教授。アジア経済論、国際経済学専攻。編著書に『東南アジアと中国・華僑』（成文堂、2012年）。著書に『東アジア共同体は本当に必要なのか』（北星堂、2006年）、『ASEANとAPEC——東アジアの地域主義』（鳳書房、2007年）など。

【執筆者】

浅野　亮（あさの　りょう）〔第1章〕

　1955年生まれ。同志社大学法学部教授、現代中国政治、安全保障専攻。著書に『東アジア政治のダイナミズム〈講座 東アジア近現代史5〉』（共著、青木書店、2002年）、『中国をめぐる安全保障』（共著、ミネルヴァ書房、2007年）、『中国、台湾〈世界政治叢書8〉』（共著、ミネルヴァ書房、2008年）、『中国の軍隊』（創土社、2009年）など。

福田　保（ふくだ　たもつ）〔第2章〕

　1975年生まれ。東洋英和女学院大学国際社会学部准教授。専攻は国際関係論、特に東南アジアおよびアジア太平洋の国際関係。編著書に『アジアの国際関係——移行期の地域秩序』（編著、春風社、2018年）、著書に『アメリカにとって同盟とはなにか』（共著、中央公論新社、2013年）、『ASEANを知るための50章』（共著、明石書店、2015年）など。

平川 幸子（ひらかわ　さちこ）［第3章］
　早稲田大学留学センター准教授。東アジア国際政治、アジア地域統合論。編著書に
『歴史の中のアジア地域統合』（共編著、勁草書房、2012年）、『アジア地域統合学
総説と資料』（共編著、勁草書房、2013年）、著書に、『「二つの中国」と日本方式
——外交ジレンマ解決の起源と応用』（勁草書房、2012年）、論文に、「中国のエネル
ギー政策と地域主義外交——『一帯一路』のモデルとしての中央アジア」（『アジア太
平洋討究』30号、2018年）、「リベラルなアジア太平洋地域秩序と日本外交——
ASEAN共同体と台湾に光を」（『問題と研究』46巻3号、2017年）など。

黒柳 米司（くろやなぎ　よねじ）［第4章］
　1944年生まれ。大東文化大学名誉教授。東南アジア政治、ASEAN研究。主要業績に、
『ASEAN全体像の検証』（日本国際政治学会機関誌『国際政治』第116号責任編集、
1997年）、編著書に『東南・南アジア・オセアニア』（自由国民社、2001年）、『アジ
ア地域秩序とASEANの挑戦——「東アジア共同体」をめざして』（明石書店、2005
年）、著書に『ASEAN35年の軌跡 —— ‘ASEAN Way’の効用と限界』（有信堂、2003
年）など。

稲田 十一（いなだ　じゅういち）［第7章］
　1956年生まれ。専修大学経済学部教授。国際協力論、ODA政策決定、紛争と開発、
ガバナンス論。編著書に『アジア金融危機の政治経済学〈JIIA研究4〉』（共編著、日
本国際問題研究所、2001年）、『開発と平和——脆弱国家支援論』（編著、有斐閣、
2009年）、著書に、『国際協力のレジーム分析』（有信堂高文社、2013年）、『紛争後の
復興開発を考える』（創成社、2014年）、『国際協力——その新しい潮流（第3版）』
（共著、有斐閣、2016年）、『社会調査からみる途上国開発』（明石書店、2017年）など。

小笠原 高雪（おがさわら　たかゆき）［第8章］
　1961年生まれ。山梨学院大学法学部教授。国際政治、東南アジア政治。編著書に
『ユーラシアの紛争と平和』（共編、明石書店、2008年）、著書に『メコン地域開発』
（共著、アジア経済研究所、2005年）、『対テロ国際協力の構図』（共著、ミネルヴァ
書房、2010年）、『平和構築へのアプローチ』（共著、吉田書店、2013年）など。

工藤 年博（くどう　としひろ）［第9章］
　1963年生まれ。政策研究大学院大学教授。ミャンマー地域研究、開発経済論専攻。
編著書に『ミャンマー経済の実像——なぜ軍政は生き残れたのか』（アジア経済研究
所、2008年）『ミャンマー政治の実像——軍政23年の功罪と新政権のゆくえ』（同、
2012年）、『ポスト軍政のミャンマー——改革の実像』（同、2015年）など。

井上 浩子（いのうえ　ひろこ）［第11章］
　　大東文化大学法学部准教授。国際関係学と東南アジアの政治専攻。主要業績に「リベ
　　ラル平和構築とローカルな法秩序」（『国際政治』185号、2016年）、「東ティモールに
　　おける移行期正義の20年」（『国際問題』679号、2019年）、著書に『国際文化関係史
　　研究』（共著、東京大学出版会、2013年）、『市民社会の成熟と国際関係』（共著、志
　　学社、2014年）など。

「一帯一路」時代のASEAN
──中国傾斜のなかで分裂・分断に向かうのか

2020 年 1 月 20 日　初版第 1 刷発行

編著者	金　子　芳　樹
	山　田　　　満
	吉　野　文　雄
発行者	大　江　道　雅
発行所	株式会社明石書店

〒 101-0021 東京都千代田区外神田 6-9-5
電　話　03（5818）1171
ＦＡＸ　03（5818）1174
振　替　00100-7-24505
http://www.akashi.co.jp

組版	有限会社秋耕社
装丁	明石書店デザイン室
印刷／製本	モリモト印刷株式会社

ISBN978-4-7503-4962-6
（定価はカバーに表示してあります）

Printed in Japan

「米中対峙」時代の ASEAN

共同体への深化と対外関与の拡大

黒柳米司 [編著]

◎A5判／並製／288頁　◎2,800円

中国の台頭は東アジア地域に「米中対峙」状況をもたらした。強大な両国のはざまで、ASEANはその「共同体」構築に向けて域内協力をいかに深化しているのか、また他方で域外諸国への関与をいかに拡大し得ているのか。多様な局面から考察する。

〈価格は本体価格です〉

アジア地域秩序とASEANの挑戦

「東アジア共同体」をめざして

黒柳米司 [編著]

◎A5判／並製／304頁　◎2,500円

2020年に「ASEAN共同体」樹立をめざすASEAN諸国。80年代の成功と97年の危機、その成功の鍵と限界を、民主化、経済協力、安全保障といったさまざまな面から検証し、ASEANを軸とした21世紀アジアの新地域秩序への道を模索する。

【内容構成】

〈価格は本体価格です〉

ASEAN
再活性化への課題

東アジア共同体・民主化・平和構築

黒柳米司 [編著]

◎A5判／並製／240頁　◎2,700円

地域協力機構としてのASEANが、とりまく地域国際環境の変容と域内諸国の対ASEANコミットメントの実態との両側面で機能しうるか否かを、「ASEAN幻想論」「ASEAN二層化」「民主化」「反テロ戦争」のキーワードを基に明らかにする。

【内容構成】

〈価格は本体価格です〉

エリア・スタディーズ139

ASEAN を知るための50章

黒柳米司、金子芳樹、吉野文雄 [編著]

◎四六判／並製／332頁　◎2,000円

1967年、混乱と貧困につきまとわれた東南アジアに ASEAN が結成された。本書は ASEAN を多面的に取り上げ、それへの関心を導くとともに、アジア太平洋地域の複雑で微妙な文脈のなかでASEANを理解する視線を養う一助とならんと編集された。

【内容構成】

I　ASEAN生成発展の歴史
第1章 ASEAN前史／第2章 ASEANの誕生／第3章 ASEANの発展過程／第4章 ASEAN拡大の軌跡／第5章 ポスト冷戦期のASEAN／【コラム1】ASEANの名称

II　ASEANの制度と機構
第6章 「バンコク宣言」／第7章 ASEANの事務組織／第8章 意思決定機関／第9章 ASEAN首脳会議／第10章 ASEAN議長国／第11章 ASEAN加盟手続き／第12章 地域機構の国際比較／第13章 トラック2／【コラム2】ASEAN事務総長

III　ASEAN連帯強化と平和維持
第14章 ASEANWay／第15章 内政不干渉原則／第16章 ASEANのテロ対策／第17章 東南アジア友好協力条約／第18章 プレア・ビヒア寺院紛争／第19章 タイの政情不安とASEAN／第20章 ASEAN域内紛争／第21章 エスニック問題／第22章 ASEAN憲章／第23章 ASEAN政府間人権委員会／第24章 ASEANと市民社会／第25章 非伝統的安全保障／第26章 東ティモール独立問題／【コラム3】ASEAN域内のイスラーム

IV　経済協力と地域統合
第27章 ASEAN経済協力の史的展開／第28章 アジア通貨危機の衝撃／第29章 ASEAN自由貿易地帯／第30章 大メコン圏開発／第31章 ASEAN型協力の展開／第32章 観光をめぐる協力／第33章 環境問題／第34章 ASEAN連結性強化／【コラム4】東南アジアの企業

V　広域地域秩序の構築
第35章 アジア太平洋経済協力／第36章 ASEANの会議外交／第37章 EAECとASEAN＋3／第38章 東アジア共同体・首脳会談／第39章 TPP・RCEP／第40章 ASEANの「地域間主義」／【コラム5】ASEANハイウェイ

VI　ASEANの対外関係
第41章 対中経済関係／第42章 対中政治関係／第43章 対米関係／第44章 対日関係／第45章 南シナ海問題／第46章 日米中関係とASEANの中心性／【コラム6】孔子学院

VII　ASEANの展望と評価
第47章 政治安全保障共同体／第48章 経済共同体／第49章 社会文化共同体／第50章 ASEANの評価と展望／【コラム7】SEAゲーム

〈価格は本体価格です〉

東南アジアを知るための50章
エリア・スタディーズ 129
今井昭夫編集代表
東京外国語大学東南アジア課程編
山田満編
◎2000円

新しい国際協力論［改訂版］
山田満編
◎2600円

東南アジアの紛争予防と「人間の安全保障」
武力紛争・難民、災害、社会的排除への対応と解決に向けて
山田満編著
◎4000円

アジアの地域統合を考える 戦争をさけるために
羽場久美子編著
◎2800円

社会調査からみる途上国開発 アジア6カ国の社会変容の実像
稲田十一著
◎2500円

開発政治学を学ぶための61冊 開発途上国のガバナンス理解のために
木村宏恒監修 稲田十一、小山田英治、金丸裕志、杉浦功一編著
◎2800円

開発と汚職 開発途上国の汚職・腐敗との闘いにおける新たな挑戦
小山田英治著
◎4800円

中国外交論
趙宏偉著
◎2800円

21世紀東南アジアの強権政治 「ストロングマン」時代の到来
外山文子、日下渉、伊賀司、見市建編著
◎2600円

ロヒンギャ問題とは何か 難民になれない難民
日下部尚徳、石川和雅編著
◎2500円

SDGs時代のグローバル開発協力論 開発援助・パートナーシップの再考
重田康博、真崎克彦、阪本公美子編著
◎2300円

タイの経済と社会 OECD多角的国家分析
OECD開発センター編著 門田清訳
◎4500円

「社会的なもの」の人類学 フィリピンのグローバル化と開発にみるつながりの諸相
関恒樹著
◎5200円

下から構築される中国 「中国的市民社会」のリアリティ
中国社会研究叢書 3 李妍焱著
◎3300円

東アジア海域から眺望する世界史 ネットワークと海域
中国社会研究叢書 7 鈴木英明編著
◎3800円

持続可能な大学の留学生政策 アジア各地と連携した日本語教育に向けて
宮崎里司、春口淳一編著
◎2800円

〈価格は本体価格です〉